다시 재난, 다시 하나님 나라

일러두기

이 책에서 인용한 요엘서는 대한성서공회의 《성경전서 개역개정판》을 저자가 수정한 판이며,
이외의 성경은 《성경전서 새번역》을 따랐습니다. 다른 판본은 표기하였습니다.

다시 재난, 다시 하나님 나라

김형국

위 기 에 도 소 멸 하 지 않 는 공 동 체

비아
토르

위기에도 소멸하지 않는 공동체

프롤로그 사방이 무너질 때

이 책은 원래 저술 계획에 없었습니다. 언젠가는 요엘서를 연구해 성도들과 나누고 싶었지만, 우선순위는 아니었습니다. 솔직히, 쓰고 싶지 않은 책이었습니다. 인간이 마주해야 하는 재난은 언제나 불편하기 때문입니다. 개인의 재난이든, 사회 전체나 온 인류가 겪는 재난이든 재난은 무척 난해한 주제이며, 인류 문명 이래로 무수한 석학과 종교인이 고민한 숙제입니다. 더군다나 역사의 대전환이라고 부를 만한 코로나19 팬데믹이 지구촌을 덮었을 때 몇 차례에 걸쳐서 이 설교를 했는데, 그때는 매우 혼란스러운 상황이었고 이제는 가능하면 기억하기 싫어하는 상황이라서 책으로 엮기가 부담스러웠습니다.

하지만 재난은 피하고 싶다고 해서 피할 수가 없더군요. 재난이 드문드문 찾아오고 그 양태도 매번 달라서 사람들은 처음 당하는 일처럼 놀라지만, 곰곰이 생각해 보면 재난은 우리 인생의 상수입니다. 코로나19 팬데믹으로 사망한 사람 숫자는, 각국 보고를 다 신뢰하기 어렵고 제3세계 통계에는 아예 누락된 수치도 많아서 축소됐겠지만, 그런데도 2022년을 마무리할 즈음에는 700만 명을 넘어선 것으로 보입니다. 20세기 초 홀로코스트에 희생당한 유대인이 600만 명이었으니, 가히 "코로나 홀로코스트"라고 부를 만합니다. 더군다나 코로나19 팬데믹은 전 지구적 재난이라는 점에서 충격이 컸습니다. 물론 이보다 작은 국지적 재난도 지구촌 곳곳에서 끊임없이 일어납니다. 한국 사회도 큰 참사로 매번 슬픔에 잠깁니다. 2014년에 일어난 세월호 참사의 원인을 아직 명쾌하게 규명하지 못했는데, 2022년에는 이태원에서 159명이 그야말로 한 번에 비명횡사했습니다.

이처럼 재난은 우리 주변에 상존합니다. 코로나19가 종식 단계로 들어가면 풍토병 수준으로 격하하겠지만, 인수공통감염병의 끝이 아님은 자명합니다. 또한 경제 위기가 몇십 년 사이에 반복해서 전 세계 곳곳을 나락으로 떨어뜨렸으므로 또 다른 재난이 찾아와도 놀랄 일은 아닙니다. 최근 우크라이나 전쟁을 보면서는, 문명화하고 냉전이 끝난 듯한 현대에도 대규모 전쟁이 가능하다는 사실에 많은 사람이 충격을 받았습니다. 우리는 지정학적으로 분쟁이 일어날 가능성이 매우 큰 지역인 한반도에 거주

합니다. 한국인은 그 아슬아슬함을 외면하려고 하지만, 세계는 한반도 정세를 늘 주목합니다. 요즘 전 세계는 기후 변화가 일으키는 자연재해 때문에 초긴장 상태입니다. 하지만 그 원인인 인간의 탐욕을 제어할 방도를 찾지 못하고 있으니 예고된 재난을 막을 가능성은 거의 없어 보입니다.

거대한 재난만이 아닙니다. 우리가 겪는 크고 작은 인생의 어려움도 재난이라 불릴 만합니다. 육체적·정신적 질병, 불의의 사고, 사회적 차별과 억압, 부조리한 사회제도로 인한 피해, 인간관계의 갈등과 고통…. 우리는 사회나 세계에 닥치는 재난과 함께 자신만의 고통과 어려움을 헤쳐 나가며 살고 있습니다.

그런데 재난은 왜 사라지지 않고 계속해서 우리를 찾아올까요? 학자들은 온갖 전문 지식을 동원해 다양한 해석을 내놓습니다. 그 목소리에 언제나 귀를 기울여야 합니다. 복잡하게 얽힌 현대 사회와 인간을 더욱더 깊이 이해할 수 있고, 그 이해에 기초해 재난을 극복할 대안을 찾을 수도 있기 때문입니다. 정부와 기업, 민간단체는 전문가들의 연구를 바탕으로 대안을 찾고 있습니다. 대중이 외면한다고 해도 이러한 연구와 대안 모색은 꼭 필요합니다.

그러나 그게 전부일까요? 그런 분석만으로 우리가 대안을 찾을 수 있을까요? 찾는다 해도 실행에 옮길 수 있을까요? 의구심과 함께 신에 관해서도 질문하게 됩니다. '신은 이런 재난 중에 뭐 하는 걸까?' 요엘서는 2,000-3,000년 전에 쓰인 고대 문서로,

당시의 큰 재난인 '메뚜기 떼 습격'을 겪은 이스라엘에 여호와 하나님이 전한 메시지를 담고 있습니다. 일견 고대 사회의 글이 오늘날 무슨 의미가 있을까 하는 생각도 듭니다. 하지만 찬찬히 살펴보면 인간이 겪는 재난의 의미, 역사의 흐름, 그 안에서 생존하는 공동체에 관한 놀라운 통찰력을 보여 줍니다. 귀를 기울이면 오늘날에도 명징하게 울려 퍼지는 '신의 소리'를 들을 수 있을지 모릅니다.

요엘서에는 불성실하고 불순종하는 인간이 등장하고, 그들과 끝까지 함께 일하려는 하나님의 이해할 수 없는 소원과 열심이 가득합니다. 놀랍게도 요엘 선지자의 입을 통해 전해지는 하나님의 계획은 이스라엘 역사에서, 그리고 옛 이스라엘을 잇는 '새 이스라엘'에서 실제로 성취됩니다. 더 나아가 그 계획 중 일부는 아직 일어나지 않은 일들까지 알려 줍니다. 요엘서는 이스라엘에 닥친 재난을 통해 하나님의 거대한 이야기를 공개하면서, 우리가 그 이야기의 일부라며 초대의 손을 내밉니다. 그 초대장에 적힌, 인류 역사에서 재난이 반복되는 이유, 그 재난을 통해 하나님께서 온 인류와 그의 백성에게 끊임없이 하신 말씀에서 오늘의 재난을 무사히 통과하는 길을 발견합니다.

《다시 재난, 다시 하나님 나라》는 요엘서를 다섯 부분으로 나누어 살펴봅니다. 1장에서는 재난을 어떻게 해석하는지를 다룹니다. 2장은 현재의 재난이 가리키는 "마지막 날"에 관해 이야기합니다. 3장에서는 실패한 듯 보이는 계획을 불굴의 의지로 이루어 가시는 하나님의 꿈을 조명합니다. 하나님의 거대한 이야기는 심판과 회복으로 나뉘는데, 4장에서는 하나님 심판의 신학을, 5장에서는 하나님의 궁극적인 목적인 회복의 신학을 다룹니다. 재난이라는 무척 불편한 주제를 다루는 듯 보여도, 결국에는 하나님께서 회복하신다는 메시지가 이 책이 전하고 싶은 바입니다.

고대 문서를 지금 우리가 읽고 이해할 수 있는 것은 수천 년간 많은 학자가 보존하고 번역해 왔기 때문입니다. 하지만 요엘서는 여전히 고대 문서이기도 합니다. 제 히브리어 실력이 원어를 직접 번역할 만큼 충분하지 않아서 《성경전서 개역개정판》(이하 개역개정)을 수정해 사용했습니다. 다양한 한글 성경을 원문에 비추어 비교한 결과, 개역개정이 딱딱하지만 그래도 원문을 충실하게 반영하고 있어서 이를 부분적으로 수정했습니다. 수정한 이유는 주석에 붙였습니다. 《성경전서 새번역》(이하 새번역)도 읽기에 편한 번역이지만, 요엘서가 운문이라서 새번역이 자주 쓰는 풀어쓰기 방식으로는 구약성경의 시상이나 이미지를 연결하기가 어려웠습니다. 이 책의 끝에 개정개역 요엘서의 수정본(KHKV)을 싣습니다. 개역개정이나 새번역과 비교해서 읽으면 좋겠습니다. 영어 읽기가 가능한 분은 다양한 영어 성경(NASB, NRSV, NIV, NLT, 문자적 해석에서 풀어쓰기 순으로)을 비교해서 읽어도 도움이 되리라 생각합니다.

성경의 다른 책이 대부분 그렇듯이, 요엘서는 공동체에 전한 메시지이므로 개인이 묵상하고 적용해도 좋지만, 한 공동체에 속하거나 가까운 사람 몇몇이 함께 읽고 토론하면 좋습니다. 요엘서 말씀을 우리 시대에 어떻게 적용할지를 놓고 같이 고민하면서 읽으면 더욱 좋습니다. 이 책은 2022년 초에 나들목네트워크교회 순회 설교와 하나복DNA네트워크 동역수양회에서 전했던 메시지를 다듬어 내놓는 것입니다. 언제나 그렇지만 옛 공동체에 전했던 옛 메시지를 새 공동체에 맞추어 전하는 일은 큰 기쁨이자 무거운 부담입니다. 함께 듣고 고민한 성도들과 목회자 동지들에게 감사의 마음을 전합니다. 이 책을 읽고 나서(혹은 읽으면서) 설교로도 듣기 원하는 독자를 위해 원래 설교를 들을 수 있는 QR코드도 부록 "묵상: 다섯 번의 만남"에 넣었습니다.

이 설교를 하기 전, 2020년 봄에 〈국민일보〉에 기고한 짧은 글도 모아서 책 끝에 붙였습니다. 코로나19가 전국에 빠르게 확산되면서 한국 교회가 혼란에 빠지기 시작했을 때, 한국 교회가 기독교의 본질과 자신의 민낯에 대해 고민할 절호의 기회이자 마지막 기회일 수 있다는 생각에 절박한 심정으로 기고했습니다. 이 책이 탄생한 배경을 담고 있어서 "기록: 코로나19와 한국 교회"라는 제목으로 부록에 넣었습니다.

"하나님 나라로 읽는" 시리즈의 첫 책《도시의 하나님 나라》에 이어 두 번째 책을 낼 수 있도록 적극적으로 지원해 준 비아토르 김도완 대표와 설교를 저술로 바꾸는 작업을 섬세하고 멋지게 감당해 준 이미아직 박동욱 편집장, 그리고 내용과 딱 맞는 디자인으로 책을 완성해 준 즐거운생활 정지현 대표에게도 다시 한

번 감사를 드립니다.

이 책의 주제가 썩 유쾌하지는 않지만, 재난 속에서도 여전히 꽃피고 있는 소망의 메시지도 함께 담고 있습니다. 무거운 경고가 가득하지만, 그보다 더 큰, 그분의 애끓는 사랑 또한 차고 넘칩니다. 전자를 생략하고 후자만 가지려는 한국 교회 상황에서 재난과 소망, 경고와 사랑의 균형을, 아니 재난을 이기는 소망, 경고를 넘어서는 사랑을 발견하고 누리시기를 기도합니다.

코로나19 팬데믹 중에
자기에게 맡겨진 사람들을 지키고 살려 내려고
팬데믹 이전보다 더 많이 수고하고 애쓴
성도 지도자와 목회자들에게
이 책을 드립니다.

차
례

1.

재난을 해석하는 힘

코로나19가 온 인류를 뒤덮기 전에도 인수공통감염병은 존재했습니다. 수렵문화에서 농경문화로 변하고 야생동물을 가축으로 길들이면서, 동물의 바이러스가 인간에게도 퍼지기 시작합니다. 광견병, 말라리아, 페스트같이 인류 역사에 등장한 인수공통감염병은 새로운 바이러스에 속수무책인 인간을 빠르게 감염시켰습니다. 그런데 농경문화가 정착한 지도 오래이고 새로운 야생동물을 가축으로 삼지 않는 현대에도 듣도 보도 못한 인수공통감염병이 빈번하게 등장합니다. 조류인플루엔자(A.I.), 중동호흡기증후군(메르스), 중증급성호흡기증후군(사스), 그리고 코로나바이러스감염증-19(코로나19)까지 계속해서 새로 등장합니다. 무슨 일일까요?

인류가 서식지를 넓히고 있기 때문입니다. 그러면서 인간과 접촉이 없던 동물이 인간 사이로 들어오게 되었습니다. 자연히 그들 사이에만 있던 바이러스도 인간에게 더 자주, 더 넓게 퍼져 나가기 시작합니다. 코로나19를 인간에게 옮긴 매개체로 박쥐를 자주 언급하는데, 문제는 박쥐의 종류가 너무 다양하고, 그 서식지도 지구 온난화로 북쪽으로 점점 넓어지고 있다는 점입니다. 게다가 인간에게 새로운 바이러스를 옮기는 매개체는 박쥐 말고도 다수 존재하기 때문에 앞으로도 새로운 인수공통감염병이 등장할 가능성이 매우 큽니다. 게다가 지금은 말 그대로 세계가 한 마을인 시대라서 한 지역에서 시작한 감염병이 순식간에 전 세계로 퍼져 나갑니다.

인간의 서식지 확대와 세계화는 신자유주의 경제 체제로 인해 더욱 강화하고 있습니다. 이 체제는 인간의 욕망을 무한대로 긍정하고, 그 탐욕을 극대화하여 동력을 얻습니다. 자신의 욕망을 긍정하게 만드는 데서 멈추지 않고, 그 욕망을 무한대로 키워서 없던 소비 욕구까지 부추깁니다. 필요하지 않은 것들까지 구매하게 하고, 그마저도 끊임없이 새로운 상품으로 대체하게 만듭니다. 욕망의 무한 긍정과 이익 극대화! 이러한 경제 체제에서 인간은 자신의 욕망을 절제하려고 노력하기보다는, 그 욕망을 소중히 여기고 더욱 확장해 주는 마케팅과 기술의 발전에 마음을 빼앗깁니다. 거대 자본에 기초한 초국적 기업의 이 같은 활동과 이를 암묵적으로 지원하며 나라의 부흥을 꾀하는 각 국가의 성장주의는 인간과 모든 생명체가 공생하는 지구가 아니라, 인류만 홀로 살아남는 인간만의 지구를 만들어 가고 있습니다.

코로나19는 이처럼 자연과학이나 사회과학적 현상으로 설명할 수 있습니다. 이러한 접근이 매우 중요하지만, 하나님께서 우주와 인류 역사를 주관한다고 믿는 그리스도인은 하나님께서 코로나19와 같은 재난을 어떻게 생각하시는지가 무척 궁금합니다. "대체 이런 재난에 대한 하나님 생각은 무엇이며, 우리 그리스도인들이 이런 상황을 어떻게 해석하고, 또 이 속에서 어떻게 살라고 말씀하시는가?"

요엘서의 지혜

성경의 요엘서에도 전 지구적 재난은 아니었으나 인간의 힘으로는 어찌할 수 없는 '불가항력적 재난'이 나옵니다. 그런 재난을 당한 이스라엘에 하나님께서 말씀하십니다. 그 메시지를 담고 있는 책이 요엘서입니다.

요엘서의 메뚜기 떼 재앙을 보면 떠오르는 재앙이 있습니다. 이스라엘 백성이 이집트를 탈출할 때 이집트에 임한 재앙 중 하나였습니다. 그래서인지 현대 독자들은 이런 재앙에 별다른 감흥이 없을 수 있습니다. 성경 속 이야기를 역사적 사건보다는 신화로 보는 경향이 강하기 때문입니다. 그러나 '메뚜기 떼 습격'은 오래된 이야기나 신화가 아니라 지금도 일어나는 재난입니다. 2019년에 북아프리카에서 발생한 메뚜기 떼 습격은 에티오피아와 소말리아에는 25년 만에, 케냐에는 70년 만에 몰아친 최악의 재난이었습니다. 너무 먼 나라 이야기인가요. 가까운 중국을 봅시다. 2020년에 윈난성을 중심으로 거대한 메뚜기 떼가 출현했습니다. 당시 국내 언론은 이 메뚜기 떼가 우리나라에 넘어오지나 않을까 하여 우려하는 기사를 쓰기도 했습니다. 아프리카와 서아시아 사막에 주로 서식하는 이 메뚜기 떼는 하루에 150킬로미터를 이동하고, 1제곱킬로미터 안에 8천만 마리가 모여서 떼로 이동합니다. 8천만 마리! 상상되나요? 이들이 날아오르면 하늘이 새까매집니다. 이 메뚜기 떼가 초토화하는 면적만 약 100제곱킬로미터(약 3천만 평)에 다다르니, 그 피해를 상상하기 힘들 정도입니다.

하루에 먹어 치우는 작물만도 인간 3만 5천 명이 하루에 먹는 양입니다.[1]

이 같은 메뚜기 재앙도 과학적으로 설명할 수 있습니다. "원래 건조하던 지역에 비가 많이 내려 습지가 되고 물이 많아지면서 메뚜기들이 갑자기 증식하고, 숫자가 늘어난 메뚜기 떼가 먹이를 찾아 이동하면서 나타난 현상이다." 과학은 자연현상을 인과관계로 설명합니다. 하지만 하나님은 자연현상 뒤에서, 그 현상을 통해서 일하십니다. 요엘서는 이스라엘 역사에 나타난 메뚜기 떼 재앙을 통해 하나님께서 무슨 말씀을 하시는지를 알려 줍니다. 우리는 요엘서에서 불가항력적 재난 뒤에 숨은 하나님의 뜻을 엿볼 수 있습니다. 따라서 현재 우리가 겪는 재난에 대한 하나님의 생각에 관심이 있는 그리스도인이라면 요엘서를 주목해서 읽을 필요가 있습니다. 요엘서 1장을 읽어 봅시다.

1 브두엘의 아들 요엘에게 임한 여호와의 말씀이라.

2 "늙은 자들아, 너희는 이것을 들으라.
   땅의 모든 주민아, 너희는 귀를 기울이라.

---

1 이정호, "사막메뚜기 떼의 습격에 식량자원 쑥대밭…신음하는 아프리카," 〈경향신문〉, 2020. 12. 20., https://www.khan.co.kr/environment/environment-general/article/202012202116005

너희의 날에나 너희 조상들의 날에 이런 일이 있었느냐?[2]

3 너희는 이 일을 너희 자녀에게 말하고,

너희 자녀는 자기 자녀에게 말하고,

그 자녀는 후세에 말하라.

4 팥중이가 남긴 것을 메뚜기가 먹고,

메뚜기가 남긴 것을 느치가 먹고,

느치가 남긴 것을 황충이 먹었도다.

5 취하는 자들아, 너희는 깨어나서[3] 울라.

포도주를 마시는 자들아, 너희는 통곡하라.[4]

이는 단 포도주가 너희 입에서 끊어졌기 때문이다.

6 다른 한 민족이 나의 땅에 올라왔고,

그들은 강하고 수가 많으며,

그들의 이빨은 사자의 이빨 같고,

암사자의 송곳니[5]를 가졌도다.

---

2 2-8절은 하나님의 신탁으로 보아야 한다. 7절에서 "나의 포도나무", "나의 무화과나무"라고 표현하고 있기 때문이다. 9절의 "여호와의 성전"과 "여호와께 수종 드는"은 이 구절 이후가 선지자의 말임을 시사한다(비교. 13, 14절).

3 술에서 깨어난다는 의미이프로 "깨어"가 아닌 "깨어나서"로 번역했다.

4 "통곡하다"는 1장에서만 3회(5, 11, 13절) 등장한다. 통일성을 위해 "통곡하라"로 번역했다.

5 개역개정에서 "어금니"로 번역한 שֵׁן(셴)은 일반적으로 치아를 가리키

1
재난을
해석하는 힘

7 그들이 나의 포도나무를 멸하며

나의 무화과나무를 긁어 말갛게 벗겨 버리니

그 모든 가지가 하얗게 되었도다.

8 너희는 어렸을 때 약혼한 남자를 잃고

베옷을 입은[6] 처녀처럼 애곡하라."[7]

9 소제와 전제가 여호와의 성전에서 끊어졌고,

여호와께 수종 드는 제사장은 슬퍼하도다.

10 밭이 황무하고 토지가 슬퍼하니[8]

곡식이 떨어지며 새 포도주가 말랐고 기름이 다하였도다.

11 농부들아, 부끄러워하라,

는데, 본문의 공격성을 고려하면, 송곳니fangs(대다수 영어 성경)로 번역하는 것이 더 적절하다.

6 '허리띠를 졸라맨다'는 뜻으로 "베로 동이고"로도 번역할 수 있으나, 베옷을 입는다는 뜻이므로 13절에서도 동일하게 "베옷을 입다"로 번역했다.

7 "처녀로 말미암아 굵은 베로 동이고 애곡함같이 할지어다"라는 어순은 히브리어의 비교를 잘 설명해 주지 못한다.

8 "마르니"라고 의역이 가능한 이 단어는 본문에서 반복되는 애곡과 애통의 언어군을 볼 때 본래 뜻인 슬퍼하다mourn와 애도하다lament가 더욱 적절하고, 9절의 제사장에게도 적용되었다. 반면, "말랐다"라는 단어는 실제로 포도주(10절), 포도나무(12절, 시들었고), 모든 나무(12절, 시들었으니), 사람의 즐거움(12절), 곡식(17절, 시들었고), 시내(20절)에 집중적으로 쓰인다.

포도원을 가꾸는 자들아, 통곡하라.[9]

이는 밀과 보리 때문이라.

밭의 소산이 다 없어졌기 때문이다.

12 포도나무가 시들었고 무화과나무가 말랐으며,

석류나무와 대추나무와 사과나무와 밭의 모든 나무가 다 시들

었으니,

이러므로 사람의 즐거움이 말랐도다.

13 제사장들아, 베옷을 입어라.

그리고 슬피 울라.

제단에서 수종 드는 자들아, 통곡하라.

나의 하나님께 수종 드는 자들아[10],

와서 굵은 베옷을 입고 밤을 지새워라.[11]

이는 소제와 전제를 너희 하나님의 성전에 드리지 못함이로다.

14 금식일을 정하라. 성회를 소집하라.

장로들과 이 땅의 모든 주민을 너희 하나님 여호와의 성전으

---

9 8절, 11절의 명령문에서 개역개정의 "너희는"을 뺐다. 모두 명령문이므로 주어가 불필요하며, 절박성을 약화하기 때문이다.

10 개역개정은 "너희"라는 주어를 4회 반복하는데(14절에서도 1회), 이 명령문은 동사들을 집중적으로 배치하여 급박함과 절실함을 나타내므로 "너희"를 생략하는 것이 의미 전달에 적절하다.

11 "밤을 지새워라"는 한 단어로, '투숙하다, 묵다, 밤을 지새우다'라는 뜻이다.

1
재난을
해석하는 힘

로 모으라.

그리고 여호와께 부르짖어라.[12]

15 슬프다, 그날이여!

여호와의 날이 가까웠나니,

곧 멸망같이 전능자로부터 이르리라.

16 먹을 것이 우리 눈앞에서 끊어지지 아니하였느냐,

기쁨과 즐거움이 우리 하나님의 성전에서 끊어지지 아니하였

느냐.

17 씨가 흙덩이 아래에서 썩어졌고 창고가 비었고 곳간이 무너

졌으니

이는 곡식이 시들었기 때문이다.

18 가축이 울부짖고 소 떼가 헤매니[13] 이는 꼴이 없음이라.

양 떼도 괴로워하도다.[14]

19 여호와여, 내가 주님께 부르짖습니다.

불이 목장의 풀을 살랐고

---

12 명령어가 반복되므로 "~고"로 이어지는 번역보다 단문으로 끊는 번역이 좋다.

13 개역개정이 "소란하다"고 번역한 גוק(부크)는 목적 없이 방황한다는 뜻이므로 "헤매니"로 번역했다.

14 개역개정이 "피곤하도다"라고 번역한 단어는 '죄를 범하다, 유죄로 판결받다, 형벌을 당하다' 등의 의미로 사용되는 단어이다. 문맥을 고려해 "괴로워하도다"라고 번역했다.

다시 재난
다시
하나님 나라

불꽃이 들의 모든 나무를 살랐기 때문입니다.

20 들짐승도 주를 향하여 헐떡거리오니

시내가 다 말랐고 들의 풀이 불에 타 버렸습니다.

요엘서는 짧은 선지서 열두 권을 하나로 묶은 소선지서 중 하나인데, 그 시작이 좀 독특합니다. 소선지서에 속하는 나머지 열한 권은 책 첫머리에서 시대 상황을 언급합니다. 어느 왕이 다스리던 시대이다, 이때 이스라엘은 어떠했다는 식의 이야기가 꼭 나오는데, 요엘서는 그렇지 않습니다. "브두엘의 아들 요엘에게 임한 여호와의 말씀이라"라는 문장으로 시작하면서 역사적 배경을 따로 언급하지 않습니다. 그래서 학자들은 요엘서의 작성 연대를 기원전 9세기부터 2세기까지로 다양하게 추측합니다. 정경에서의 위치와 요엘서에 나오는 여러 단어와 표현으로 그 연대를 추정하는데, 정확한 연대는 알 수 없습니다(저는 대략 기원전 5세기 정도로 보는데, 그 이유는 2장에서 다룹니다).

연대는 정확히 알 수 없으나 분명한 사실은 요엘서가 당시 독자들에게는 자명한 역사적 사건을 놓고 하나님의 뜻을 전하고 있다는 것입니다. 이를 통해 지금 성경을 읽는 현대의 그리스도인은 하나님이 불가항력적 재난을 맞은 하나님의 백성에게 무슨 말씀을 하고 싶어 하는지를 알 수 있습니다. 요엘서는 우리가 맞닥뜨린 재난의 실체가 무엇이며, 왜 일어났고, 또 어떻게 그 재난을 통과해야 하는지에 대한 지혜를 들려줍니다.

1
재난을
해석하는 힘

재난은 무엇인가

요엘서는 메뚜기 떼가 네 차례에 걸쳐 습격했다고 전합니다. "팥중이가 남긴 것을 메뚜기가 먹고, 메뚜기가 남긴 것을 느치가 먹고, 느치가 남긴 것을 황충이 먹었도다"(4절). 고대 히브리어라서 팥중이, 메뚜기, 느치, 황충이 무엇을 가리키는지는 정확히 알 수 없습니다. 어떤 학자들은 네 종류의 메뚜기라고 하고, 또 다른 학자들은 메뚜기 유충에서 성충까지를 구분하여 표현했다고 합니다. 두 설명 중 무엇이 맞는지는 알 수 없지만, 메뚜기를 가리키는 네 단어가 한 지면에 등장하는 본문은 구약성경에서 여기가 유일합니다. 중요한 것은 메뚜기 떼가 한 차례, 두 차례, 세 차례, 네 차례 오면서 남김없이 다 먹어 치웠다는 것입니다.

또다시 찾아온다

한 번이 아니라 연속해서 오는 재앙은 데자뷔처럼 다가옵니다. 코로나19 팬데믹이 닥친 지 얼마 안 돼서 이 본문을 읽다가 소름이 확 돋았습니다. 처음에는 코로나19도 이름이 하나였습니다. 그런데 변종이 생기면서 새로운 이름이 계속 등장합니다. 알파, 베타, 감마, 델타, 뮤, 오미크론까지 넘어갑니다. 새로운 이름이 얼마나 더 이어질지 알 수 없습니다.

계속 변이하며 찾아오는 코로나바이러스처럼 서로 다른 메뚜기 떼가 차례로 찾아와 작물을 싹쓸이했습니다. 속수무책으로 받아들여만 했던 메뚜기 재앙은 이스라엘 민족의 삶의 근간을 흔들어 놓습니다. 요엘 선지자는 "강하고 수가 많"은 한 민족(6절)처럼 보이는 메뚜기 떼로 인해 포도나무와 무화과나무가 "말갛게 벗겨 버리니 그 모든 가지가 하얗게 되었도다"(7절)라고 적습니다. 포도나무와 무화과나무는 이스라엘의 기초 산업이기도 했고, 이스라엘을 상징하는 표현입니다. 이스라엘의 생존 기반이 허물어지고, 더 나아가 이스라엘 자체가 무너지고 있다는 암시입니다.

요엘 선지자가 보기에 이처럼 이스라엘의 뿌리까지 흔드는 재앙은 유례가 없었습니다. 그래서인지 2-3절에서 "늙은 자들아, 너희는 이것을 들어라. 땅의 모든 주민아, 너희는 귀를 기울이라. 너희의 날에나 너희 조상들의 날에 이런 일이 있었느냐? 너희는 이 일을 너희 자녀에게 말하고, 너희 자녀는 자기 자녀에게 말하고, 그 자녀는 후세에 말하라"라고 합니다. 메뚜기 재앙은 이제까지 없었던 절망, 한 번도 경험해 보지 못한 것으로, 이렇게까지 심한 재앙은 없었다는 것입니다. 그래서 자자손손 전하라고 이야기합니다. 하지만 이 표현은 다소 과장된 면이 있습니다. 이스라엘 민족이 이집트를 탈출하면서 겪었던 메뚜기 재앙도 이보다 덜하지 않았습니다. 따라서 요엘 선지자의 표현은 문학적 수사로서 이번 재앙이 처음 겪는 일처럼 심각하다고 강조하는 것이며, 이 재앙을 직접 겪지 않은 후대에까지 이 재앙의 의미를 전하려

1
재난을
해석하는 힘

는 긴박함을 담고 있습니다.

코로나19같이 온 인류를 덮친 재난도 처음인 듯하나, 가만히 생각해 보면 반복해서 일어나고 있습니다. 조금만 시간을 거슬러 올라가 봅시다. 2007-2008년에는 리먼 브라더스 파산으로 시작한 국제금융위기로 전 세계가 고통을 겪었고, 많은 회사가 문을 닫고 수많은 사람이 극단적 선택을 했습니다. 그 10년 전쯤에는 IMF 외환위기가 우리나라를 덮쳤습니다. 온 국민이 금반지까지 모으면서 위기를 극복했으나, 사업이 망하고 직장을 잃고 가정이 파탄 난 이들이 적지 않았습니다. 그보다 10년 전에는 독재에 저항하는 민주화 운동으로 우리 사회 전체가 고통의 시간을 보냈습니다. 1980년에 부산과 마산에서 시작한 저항 운동은 신군부의 광주 학살로 이어졌습니다. 하지만 1960년대에서 1980년대까지 우리 사회가 가난과 싸우고 독재에 맞서며 겪은 어려움은 그 10년 전에 발발한 한국전쟁에 비하면 또 아무것도 아니었습니다. 참전했던 한 미군 장군은 우리나라가 신석기시대로 돌아갔다고 말할 정도였습니다. 이 끔찍한 재앙이 고작 70년 전 일입니다. 그런데 이 동족상잔의 사건은 일제강점기에서 해방된 지 채 5년 남짓 되었을 때 일어났습니다. 1905년부터 1945년까지를 통과한 세대는 일제에 강제노역으로, 위안부로 동원되며 이루 말할 수 없는 고난을 겪었습니다. 이처럼 100년도 채 되지 않는 시간 동안 어쩔 수 없이 당해야만 했던 재난이 거듭해서 찾아오고 있습니다. 이전에도 있었다면 앞으로는 어떨까요? 인류가 미처

손쓸 수 없는 재앙은 당연히 계속 찾아옵니다.

그래서 제가 보기에는 코로나19가 대단한 것이 아니라 인간이 더 대단합니다. 불가항력적 재난을 계속 겪으면서도 매번 처음 겪는다는 듯이 놀라니 말입니다. 재난은 인류 역사에 반복해서 나타납니다. '코로나19가 지나가면 괜찮겠지'라고 생각하는 사람만큼 어리석은 사람도 없습니다. 물론 코로나19가 범유행(팬데믹)에서 풍토병(엔데믹)으로 바뀌면 우리 일상은 상당한 정도로 회복되겠지요. 하지만 이후로 더는 재난이 없겠지 하는 착각이야말로 인간의 '오만함'입니다. 그래서 요엘 선지자는 쉽게 망각하는 이들에게 이번 재앙의 심각성을 잊지 말고, 그 재앙 가운데 드러나는 이 세상의 실상을 후세에 전하라고 합니다. "너희 자녀에게 말하고…그 자녀는 후세에 말하라."

누구도 피할 수 없다

불가항력적 재난은 온 사회에, 심지어 생태계 전반에까지 영향을 미칩니다. 요엘 선지자는 5절에서 "취하는 자들아, 너희는 깨어나서 울라. 포도주 마시는 자들아, 너희는 통곡하라"라고 명령합니다. 재난이 덮쳤는데도 누군가는 취해 있었습니다. 이런 상황에서도 포도주를 마시는 사람이 있었습니다. 그들은 누굴까요? 기득권을 누리는 이들입니다. 잘살고 있는 이들에게 "너희도 이 재앙을 피하지 못하니 눈물을 쏟고 통곡하라"라고 경고합니다. 이들은 그때까지도 사태의 심각성을 깨닫지 못했는지 모릅니다. 그래서 선지자는 "포도주를 구할 수가 없잖아. 심각한 상황이야"라며 거듭 경고합니다. 8절에서는 "너희는 어렸을 때 약혼한 남자를 잃고 베옷을 입은 처녀처럼 애곡하라"라고 합니다. 여기서 "너희"는 모든 이스라엘 백성을 가리킵니다. 모든 이스라엘 사람에게 약혼한 남자를 잃은 것처럼 울고 통곡하라는 것입니다. 좀 잘산다는 사람부터 누구라도 할 것 없이 다 이 재난을 피할 수 없으니 슬퍼하라며, 참혹한 진실을 무겁게 전합니다.

슬픈 울음은 산업 전반으로 확장됩니다. 11절에서는 "농부들아, 부끄러워하라. 포도원을 가꾸는 자들아, 통곡하라"라고 합니다. 농부들과 포도원을 가꾸는 자들은 누구일까요? 당시는 농경 사회여서 이들은 한 나라의 주력 산업을 이끄는 중심이었습니다. 그런데 그들의 "밀과 보리…밭의 소산이 다 없어졌"다고 선지자는 증언합니다. 더 나아가 12절에서는 "포도나무가 시들었고 무화과나무가 말랐으며, 석류나무와 대추나무와 사과나무와 밭의 모든 나무가 다 시들었"다고 말합니다. 당시 이스라엘 사회를 지탱하며 먹거리를 제공했던 모든 과실나무가 다 시들었습니다. 산업이 마비되고, 전 사회적으로 "사람의 즐거움이 말랐"습니다.

불가항력적 재난이 닥치면 전 산업이 영향을 받습니다. 코로나19로 인해 영세자영업자들을 포함한 소상공인과 특수형태 근로종사자, 프리랜서들이 얼마나 큰 고통을 겪었습니까. 거대 자본을 가진 극히 일부를 제외하고 대다수가 어려움을 겪었습니다.

당연히 사회 전반에 걸쳐 즐거움도 사라졌습니다. 고대 사회는 오늘날처럼 자본이 절대적으로 지배하거나 그에 따라 사회가 다양하게 분화하지 않아서 일부 기득권자도 재난의 영향을 피해 가기 어려웠습니다. 그래서 "취하는 자들"과 "포도주를 마시는 자들"도 애곡해야 했습니다.

10절에서는 "밭이 황무하고 토지가 슬퍼"했다고 기록합니다. 밭과 토지는 농경사회의 산업 기반만이 아니라 생태계 전반을 가리킵니다. 18절부터 20절에서는 "가축이 울부짖고 소 떼가 헤매니 이는 꼴이 없음이라. 양 떼도 괴로워하도다. 여호와여, 내가 주께 부르짖습니다. 불이 목장의 풀을 살랐고, 불꽃이 들의 모든 나무를 살랐기 때문입니다. 들짐승도 주를 향하여 헐떡거리오니, 시내가 다 말랐고 들의 풀이 불에 타 버렸습니다"라고 합니다. 아마도 엎친 데 덮친 격으로 불가항력적 재앙과 함께 대규모 화재가 일어난 듯합니다. "불"과 "불꽃" 같은 표현이 이를 시사합니다.

19절의 "불이 목장의 풀을 살랐고, 불꽃이 들의 모든 나무를 살랐"다는 표현이 가리키는 대규모 화재는 상징하는 의미가 큽니다. 사방에서 일어나는 큰불만큼 무너지는 생태계를 강렬하게 보여 주는 예는 많지 않습니다. 최근 들어 유례없는 산불 소식이 자주 들립니다. 미국 서부, 호주, 브라질까지, 대규모 산불은 인공위성에까지 찍힐 정도라고 합니다. 다른 나라 이야기만이 아닙니다. 우리나라 산불 규모도 계속해서 최고 기록을 경신하고 있습니다.

1
재난을
해석하는 힘

요엘서는 화재로 풀과 물이 다 마르고, 그 안에서 들짐승도 부르짖는다고 이야기합니다. 이는 우리가 모두 연결되어 있음을 잘 보여 줍니다. 재앙은 인간만이 아니라 전 생태계가 함께 겪는 고통입니다. 땅의 살아 있는 모든 생명체가 함께 고통을 겪습니다.

코로나19 또한 인간 사회는 물론이고 전 생태계가 연결되어 있다는 사실을 확실하게 보여 주었습니다. 인수공통감염병이 주기적으로 발생한다는 것 자체가 인간의 생명과 말 못 하는 식물과 동물의 생명이 서로 연결되어 있음을 증명합니다. 앞서 적었듯이 인간의 서식지가 넓어지고 원래는 접촉이 없던 동물과 교류할 기회가 많아지면서 동물에게만 있던 바이러스가 인간에게도 급속하게 퍼졌습니다. 하지만 그뿐만이 아닙니다. 인간의 화석 연료 사용 증가로 이산화탄소 배출이 심각하게 증가하고 지구는 점점 뜨거워지고 있습니다. 이로 인해 남극과 북극은 물론이고 동토였던 시베리아 같은 곳이 녹으면서 오랜 기간 그 안에 잠자고 있던 바이러스가 새로 나타나기도 합니다.

또한 많은 생물학자가 인간이라는 종이 지구를 점령해 나가면서 생물종 다양성이 줄어들고, 생태계의 지속가능성도 무너지고 있다고 경고합니다. 최근 꿀벌이 사라졌다는 기사를 자주 접합니다. 꿀벌이 사라지면 식물의 수분이 일어나지 않아서 곡식 생산량이 줄고, 결국 식량난으로 인해 갈등이 심화하고 국가 간 분쟁이 일어나지 않을까 우려하는 목소리도 있습니다. 아주 작은 생명체이지만 그 고리가 끊기면 상상하기 어려운 일이 일어날 수

— 34

있습니다. 우리 인간의 즐거움과 편의, 쾌락, 탐욕을 채우려고 생태계의 수많은 연결 고리를 끊어 내며 파괴하고 있습니다.

이처럼 오늘날 우리가 직면한 문제는 한둘이 아닙니다. 그런데 그저 코로나19만 지나가고 마스크 벗고 자유로워지면 된다고 생각합니다. 요엘 선지자는 메뚜기 재앙으로 이스라엘 전체가 무너지고 있다고 지적합니다. 우리는 메뚜기 재앙보다 훨씬 더 메커니즘이 복잡하고 심각한 위기를 경험하고 있습니다. 어쩌면 인류는 '인간의 욕망'이라는 폭주 기관차에 올라타고 궤멸의 종착역을 향해 내달리고 있는지 모릅니다.

예배가 무너지고 영성이 고갈된다

그렇다면 이처럼 큰 재앙이 덮쳤을 때 이스라엘의 종교 활동은 어땠을까요? 요엘 선지자는 9절에서 "소제와 전제가 여호와의 성전에서 끊어졌고, 여호와께 수종 드는 제사장은 슬퍼하도다"라고 말합니다. 소제는 곡식을 태워 드리는 제사이고, 전제는 포도주를 부어 드리는 제사이며, 매일매일 드리는 예배를 가리킵니다. 그런데 그 제사가 성전에서 끊어졌습니다. 제사드릴 곡식과 포도주가 동난 것입니다. 그래서 여호와를 수종 드는 제사장들이 슬퍼합니다. 큰 재난은 산업을 흔들고, 산업이 지탱하던 종교까지 같이 허물어뜨렸습니다.

재난의 영향은 제사가 끊어지고 제사장들이 슬퍼하는 데서 끝나지 않고 더 심각한 위기로 뻗어 나갑니다. 요엘 선지자는 16절에서 "먹을 것이 우리 눈앞에서 끊어지지 아니하였느냐, 기쁨과 즐거움이 우리 하나님의 성전에서 끊어지지 아니하였느냐"라고 묻습니다. 이스라엘 민족의 영성이 고갈된 것입니다. 여기서 우리는 기독교 영성이 무엇인지를 확인할 수 있습니다. 하나님을 기뻐하고 즐거워하는 것이 기독교 영성의 핵심입니다. 힘들게 기도하고, 금욕적으로 생활하며, 억지로 종교적 의무를 다해야 신앙이 깊어진다고 오해하는 분이 많습니다. 심지어 신앙생활은 기쁨이나 즐거움과는 상관없다고 생각합니다. 그러나 기독교의 영성은 끊어졌던 하나님과의 관계가 회복되고, 하나님으로 인해 삶 전체에 새로운 생명이 가득 차서 풍성해지는 것입니다. 하나님을 알아 가면 하나님을 사랑하지 않을 수 없고, 하나님을 사랑하면 예배하지 않을 수 없게 됩니다. 하나님은 우리와 살아 있는 관계를 맺으며 그 안에서 생명과 지혜와 힘을 공급해 주시고, 우리는 하나님 앞에서 참된 쉼과 회복과 용기를 얻습니다. 그리스도인은 세상이 주지 못하는 이러한 "기쁨과 즐거움"을 점점 더 깊이 알아 가며 누리는 사람들입니다.

그런데 영적으로 어린 사람이 이런 놀라운 복을 혼자서 스스로 배우고 누리기는 쉽지 않습니다. 아무리 맛있는 음식도 스스로 요리해서 먹으려면 배우고 익혀야 합니다. 예배도 마찬가지입니다. 그냥 앉아서 설교만 듣는다고 예배 안에 담긴 기쁨과 즐거움을 오롯이 누리기는 어렵습니다. 그래서 '성전에' 모이는 것, — 36

즉 공동체로 드리는 예배가 중요합니다. 하나님과의 관계가 깊어서 홀로 매일 예배를 드리며 살아갈 줄 아는 이들도 공동체로 모여서 드리는 예배를 소중히 여깁니다. 그런데 하물며 영적으로 어린 사람은 어떨까요? 일주일에 한 번 드리는 예배가 그들에게는 영적 생명의 최후 보루입니다. 하루에 성경 한두 장 읽기도 어렵고, 기도도 10-20분 하기 어려운 사람에게 '성전에서 드리는 예배'는 필수입니다. 그런데 재앙으로 인해 그 예배가 사라진 것입니다.

코로나19가 전국으로 확산되던 초기에 한국 교회는 감염의 온상처럼 여겨졌습니다. 다른 모임들처럼 주일 예배도 통제되었고, 대다수 교회가 심각한 위기를 맞았습니다. 일제강점기에도, 한국전쟁 중에도 멈추지 않았던 예배가 멈추었기 때문입니다. 주일 예배를 신앙생활의 전부처럼 여겼던 대다수 교인과 목회자는 '패닉 상태'에 빠졌습니다. 온라인 예배로 전환하면서 일주일에 한 번 드리던 예배조차 거실에서 잠옷 차림으로 시청하는 방식으로 바뀌었습니다. 예배를 드리기 위해 예배당까지 오는 수고도 사라졌고, 다른 사람을 의식해 바른 자세로 앉아서 졸지 않으려 했던 노력도 더는 하지 않게 되었습니다. 그 무엇보다 원하는 시간에 언제든지 시청해도 되는 예배로 바뀌었습니다. 온라인으로 예배를 드리면서 그렇지 않아도 약했던 예배가 더욱 약해지고 영성은 고갈되기 시작했습니다.

코로나19의 확산으로 사적 모임이 4인 이하로 제한되자 소모임이나 가정교회를 중시하고 공동체성이 강한 교회조차 함께 모이기가 힘들어졌습니다. 많은 그리스도인이 시민 정신을 발휘해서 모임을 최소화했고, 그러다 보니 작은 규모의 공동체 예배도 사적 모임으로 분류하여 축소하거나 취소했습니다. 주일 예배를 인도하고 교회 내 여러 프로그램을 진행했던 목회자들은 시간이 많이 남는다고 하고, 소모임이나 가정교회를 이끄는 성도 지도자들 사이에도 이참에 방학하거나 잠시 쉬어 가자는 분위기가 생겼습니다. 하지만 자신이 맡아서 돌보는 양 떼의 예배가 더욱 깊어지기를 바라고 그들의 영적 건강을 염려하는 목회자나 성도 지도자들은 무거운 부담과 고통을 느꼈습니다.

모이는 예배가 힘들어지면서 공동체성이 무너진 것은 차치하더라도 더 큰 문제가 생겼습니다. 온라인 예배가 일반화되면서 예배의 영성이 심각하게 훼손되었습니다. 앞서 짧게 적었듯이 예배가 VOD Video On Demand(주문형 비디오)가 되었기 때문입니다. 자신이 필요할 때, 그것도 예배 앞뒤는 자르고 설교만 챙겨서, 심지어 1.5배속으로 듣습니다. 주일 예배가 WOD Worship On Demand(주문형 예배)가 된 셈입니다. 시간이 나고 예배드리고 싶을 때 "하나님, 이리 오세요. 예배 좀 받으세요"라거나 "아, 졸려요. 잠시 쉬었다 가지요. 아니, 이따가 다시 하지요"라는 태도로 드리는 예배가 예배일 수 있을까요? VOD는 가능해도 WOD는 불가능합니다. 불가항력적 재난이 덮치면 사람들이 정신을 차리고 하나님께 더 매달릴 것 같지만, 실제로는 예배가 무너지고 영성이 고갈되는 경우가 비일비재합니다.

재난은 왜 찾아오는가

불가항력적 재난의 발생 원인을 과학적으로 완전히 규명하기는 어렵습니다. 그만큼 우리가 사는 세상은 복잡하고 시시각각 변화합니다. 인류의 지식이 크게 발전하긴 했지만, 재난과 연결된 모든 인과관계를 파악하기는 불가능합니다. 그러나 우리는 이러한 자연적이고 사회적인 현상 뒤에 숨겨진 하나님의 뜻이 궁금합니다. 하나님께서 이 같은 재난을 우리에게 허락하신 까닭은 무엇일까요? 재난을 통해 무슨 말씀을 하고 싶으신 걸까요? 재난이 우리에게 주는 의미는 무엇일까요?

세상은 망가지고 깨졌다

요엘서 본문을 다시 살펴보면 반복해서 나오는 구절이 있습니다. 5절에서는 "취하는 자들아, 너희는 깨어나서 울라. 포도주를 마시는 자들아, 너희는 통곡하라"라고 합니다. 다시 말해 부유하고 풍요로운 자들에게 통곡하라고 합니다. 8절에서는 "약혼한 남자를 잃고 베옷을 입은 처녀처럼 애곡하라"라고 합니다. 11절에서는 "농부들아, 부끄러워하라, 포도원을 가꾸는 자들아, 통곡하라"라고 합니다. 심지어 10절에서는 "토지가 슬퍼"한다고도 합니다. 애통하고 통곡하라는 말이 반복해서 등장합니다.

하나님은 왜 통곡하고 울라고 하실까요? 무엇 때문일까요? 전 사회적 재난이 반복해서 일어나면, 사람들은 '어떻게 되겠지. 나만 힘든 게 아니라 다 어려운데 뭐. 이러다 또 지나가겠지'라고 생각합니다. 맞습니다. 모두 지나갑니다. 그런데 하나님은 인내하며 그냥 지나가기를 기다리라고 하지 않으십니다. 통곡하며 슬피 울라고 하십니다. 왜 그러실까요? 깨진 세상을 외면하지 말고 직면하라는 명령입니다. 힘들고 어려우니 징징 짜듯이 울라는 게 아닙니다. 우리가 사는 세상이 얼마나 철저하게 망가져 있는지 정신을 차리고 똑바로 보라는 것입니다.

특히 술에 취하고 포도주를 마시는 자들, 즉 부요한 자들에게도 통곡하라고 하십니다. 하나님은 이들에게도 "너희가 기득권층이라서 이 재앙을 피할 수 있다고 생각하지? 너희도 정신 차려야 해"라고 말씀하십니다. 부요하고 힘 있는 사람들은 온 세상을 덮치는 어려움조차 피해 갑니다. 실제로 고대 도시에 역병이 돌면, 시골집이나 산속 별장으로 피할 수 있는 사람들이 있었습니다. 오늘날도 코로나19 팬데믹 초기에 일부 유명인이 섬이나 아예 바다에 요트를 띄워 피신한 사진을 소셜미디어에 올려 여론의 뭇매를 맞기도 했습니다. 코로나19 같은 감염병은 모두가 감염 대상이라서 무척 평등한 질병이라고 생각했습니다. 하지만 그 안에서도 불평등은 존재했습니다. 사회적·경제적 기득권층이 상대적으로 코로나19에서 더 자유롭다는 사실을 발견했습니다.

여러분과 저는 어디에 속할까요? 60세가 넘은 저는 '국가가 공인한 어르신'이라서 코로나19 백신을 먼저 맞을 수 있었습니다. 2차 백신을 접종한 지 얼마 지나지 않아 3차 부스터 샷을 맞으라는 안내 문자가 왔습니다. 순간 고민했습니다. 백신의 안전성이나 효과를 의심해서는 아니었습니다. 백신이 제3세계, 특히 아프리카에는 거의 보급되지 않고 있다는 소식을 들었기 때문입니다. 거대 제약사들이 백신 구매가 가능한 나라들에는 백신을 공급했지만, 구매가 어려운 가난한 나라에는 인도적 지원을 제대로 하지 않았습니다. 이번 기회로 막대한 수입을 올릴 수 있는 제약사들과 자국민의 안전을 우선시하는 부국들은 가난한 나라들을 크게 신경 쓰지 않았습니다. 하나로 연결된 세상이라서 모두가 백신을 접종해야 바이러스 확산을 막을 수 있는데도 그랬습니다. 결국 백신 접종률이 낮은 지역에서 코로나19 변종들이 발생했고, 잘사는 나라들에도 퍼져 나갔습니다. 세계는 연결돼 있습니다. 부자들끼리만 잘 살 수 없습니다.

모든 사람이 당연하다고 생각하는 것을 당연하게 여기지 말아야 합니다. 저는 요엘서를 공부하면서 하나님이 제게도 "통곡하고 애곡하라"라고 말씀하신다는 것을 깨달았습니다. 코로나19로 모두가 힘들었지만, 생업에 특별히 영향을 받지 않은 분들도 계시고, 실제로 그리 어렵지 않은 분들이 계십니다. 만약 감염되는 것 말고는 별로 걱정할 것도 없고, 사는 것도 그다지 불편하지 않고 별반 위협이 없다면, 기득권층입니다. "난 별로 어렵지 않더라. 음식은 배달해서 먹고, 영화도 집에서 스트리밍 서비스로 보니까 더 편해"라고 말할 수 있다면 우리는 이미 기득권층입니다. "취하는 자들"과 "포도주를 마시는 자들"은 코로나19 상황에서도 있었습니다.

하나님은 이런 사람들에게 "네가 괜찮다고 망가진 세상이 괜찮은 게 아니다. 너에게 특별한 위협도 없고, 그럭저럭 살아가는 데 큰 어려움이 없다고 해도, 문제가 없는 것이 아니다. 너에게 큰 고통이 없다고 해도 모두가 이 재난 가운데 있으며, 특별한 어려움이 없는 너 역시 깨진 세상을 똑바로 보고 함께 울어야 한다"라고 말씀하십니다. 우리가 살고 있는 세상의 민낯을 외면하지 말고, 깨진 세상의 실상을 직면하라고 하십니다. 정기적으로 백신 맞으면서 배달 음식 시켜 먹고, 온라인으로 쇼핑하고 다양한 볼거리를 즐기며, 안전한 곳으로 휴가 가는 우리에게 하나님은 말씀하십니다. 인간의 탐욕을 무한 긍정하고 그 탐욕에 기초해 움직이는 경제 체제와 문화에 속해 있고, 그 부조리한 구조에 소극적으로라도 참여하고 있다는 사실을 직면하라고 말씀하십니다. "재앙이 지나가기만 기다리지 말고, 깨진 세상을 직면하라"가 하나님께서 불가항력적 재난을 통해 우리에게 주시는 첫 번째 메시지입니다. "정신을 똑바로 차리고 통곡하며 슬피 울어라. 재난당한 세상을 직면해라!"

— 42

다른 이유는 없다, 인간이 문제이다

재난당한 세상을 자기 일로 여기고 직면하면, 자연스럽게 그 다음 단계로 나아가게 됩니다. '어째서 이런 일이 일어났을까?' 하나님께서 재난을 통해 주기 원하는 두 번째 메시지는 바로 그 원인과 관련 있습니다. 그런데 요엘서는 재앙의 원인을 직접적으로 제시하지 않습니다. 다른 소선지서 열한 권은 하나님께서 재앙을 통해 심판하시는 이유를 적시합니다. 요엘서는 다른 소선지서와 달리 재앙이 임한 원인을 밝히지는 않지만, 소선지서 중에 배치된 위치로 단서를 찾을 수 있습니다. 요엘서는 호세아서와 아모스서 사이에 자리하는데, 호세아서의 주제는 영적 간음이며, 아모스서의 주제는 사회적 불의입니다. 영적 간음과 사회적 불의는 이스라엘의 대표적 죄악입니다. 따라서 요엘서는 영적 간음과 사회적 불의라는 두 주제를 연결하고 포괄하고 있습니다. 요엘 선지자는 이스라엘의 구체적인 죄를 열거할 필요가 없었습니다. 요엘서가 쓰인 시기나 상황을 밝히지 않은 이유는 당시 이스라엘이 저지른 죄가 너무나 분명해서 독자들이 잘 알고 있었기 때문입니다. 그만큼 재앙이 임한 이유가 너무나 명확했습니다.

이스라엘은 하나님과 언약을 맺은 하나님의 백성이었습니다. 하나님만 섬기고, 하나님에게서 자기 정체성은 물론이고 살아갈 힘과 지혜를 얻도록 아주 특별한 선택을 받았습니다. 하지만 우리가 잘 알듯이 그들은 하나님을 버리고 세상의 신과 힘을 섬겼습니다. 좀 더 정확히 말하자면, 그들이 하나님을 떠난 적은 없습니다. 하나님을 떠나지 않고 하나님을 섬기되 동시에 다른 신도 같이 섬겼습니다. 구약성경 선지자들은 이런 모습을 간음이라고 표현합니다. 배우자가 있는데도 그 사람을 두고 또 다른 관계를 맺기 때문입니다. 간음은 유쾌하지 않은 단어이나 그 의미는 꼭 기억해야 합니다. 배타적이고 유일해야 할 관계를 다른 존재와도 맺는 것입니다. 이스라엘의 죄는 하나님을 떠난 것이 아니라, 하나님과 다른 존재를 동시에 신으로 모시고 섬긴 것입니다.

이는 지난 2천 년간 교회가 늘 씨름했던 주제이고, 특히 오늘날 한국 그리스도인이 주의를 기울여야 하는 문제입니다. 교회 와서 예배를 드리는 사람치고 하나님을 안 믿는 사람이 있을까요. 다 하나님을 믿습니다. 하지만 하나님을 믿는다고 하면서 하나님보다 더 중요한 게 있다면, 그게 바로 호세아서가 이야기하는 영적 간음입니다. 돈이든 성공이든 자기 사업이든 자기 가족이든 자기 건강이든, 심지어 자기가 충성을 다하는 사역조차도, 그것이 무엇이든지 간에 이 모든 것의 핵심이 자기 자신이라면 그것이 영적 간음입니다. 오늘날 문화는 무엇보다 자기 자신을 추구하라고 부추깁니다. 자신을 최고 권위의 자리에 앉혀 놓고 하나님 뜻을 따를지 말지도 자신의 유불리나 편의에 따라 결정합니다. 하나님을 믿으면서도 자기가 모든 판단의 기준입니다. 우리는 잘 알죠. 하나님도 그 아래 있다는 것을요. 입으로는 늘 하나님을 이야기하면서도 마음으로는 늘 자기가 중심입니다.

영적 간음은 사회적 불의로 나타납니다. 이스라엘과 유다뿐 아니라 그 주변국의 사회적 불의를 질타하는 내용이 요엘서 다음에 이어지는 아모스서의 주제입니다. 두려워할 대상, 더 높은 권위의 존재, 추구할 가치, 이런 것들이 없는 사람이나 사회는 자기 생각과 이익과 기준에 따라 정의의 개념을 굽힐 수 있습니다. 자기보다 우월해서 두려워할 대상, 책임감 있게 대답해야 할 존재가 없으면, 정의는 늘 상대적 개념으로 전락합니다. 다른 사람 입장에 서서 공동선을 추구하는 일은 평화로울 때나 자기 권리가 충분히 확보되었을 때나 가능하고, 자기가 손해를 봐야 하는 상황에서는 절충점을 찾기가 힘듭니다. 누구나 가지고 있는 자기중심성 때문입니다. 인류가 교육과 제도로도 해결하지 못하는 난제가 바로 인간의 자기중심성입니다. 자기중심성을 강화하고 제어하지 않는 세상에서는 절충과 타협을 통한 최소한의 정의 실현조차 기대하기 어렵습니다. 이 때문에 오늘도 개인과 개인, 집단과 집단, 국가와 국가 간의 끊임없는 갈등과 더욱더 교활하고 정교하게 기획된 불의가 뉴스를 가득 채웁니다.

　오늘날 인류에 임한 재난의 이유를 자연과학이나 사회과학적 측면에서 설명할 수도 있습니다. 하지만 요엘 선지자와 성경 전체의 관점은 인간이 주인인 하나님을 무시하고 자신과 돈과 쾌락을 신으로 섬기는 데서 일어났다고 봅니다. 불가항력적 재난 속에서 사회적 불의와 불평등이 오히려 더 강화하는 현상과 그 근본 원인을 우리는 숙고해야 합니다. 망가지는 지구를 위해 재생 에너지 기술 등이 발전하고 정부와 대기업이 탄소 제로 정책을 실행할 것으로 생각하고는 여전히 자기 욕망에 따라 사는 우리를 이제는 돌아보라고 말씀하십니다. 인류가 당하는 재난의 근본 원인이 인간 자신에게 있음을 숙고하라고 하나님은 그때나 지금이나 똑같이 촉구하고 계십니다.

마지막 심판을 예고한다

요엘 선지자는 파국이 다가온다고 경고합니다. 1장의 핵심 구절인 15절에서 이렇게 말합니다. "슬프다, 그날이여! 여호와의 날이 가까웠나니, 곧 멸망같이 전능자로부터 이르리라." "여호와의 날"은 구약성경의 중요한 주제로 하나님께서 인간을 찾아오시는 날입니다. 그날에 하나님은 악한 세상을 심판하고 하나님 백성을 구원하며 깨진 세상을 회복하십니다. 하나님을 두려워하지 않고 사람을 가벼이 여기는 세상이 그 심판의 대상인데, 선지서에서는 놀랍게도 하나님을 떠난 이스라엘도 그 심판의 대상이 됩니다. 요엘 선지자는 "메뚜기 재앙을 겪고 있는 사람들아, 사실 이런 재난은 앞으로 다가올 여호와 심판의 날의 전조일 뿐이야. 그때는 소망이 완전히 사라지고 멸망만 있을 거야"라고 경고합니다.

요엘서의 역사적 배경이 이스라엘이 남북 왕국으로 나뉜 때이든, 패망하여 포로로 잡혀간 때이든, 아니면 그 일부가 돌아와 나라를 재건하는 때이든, 하나님의 메시지는 분명합니다. 그들이

— 46

겪고 있는 재앙은 이스라엘에 마지막 심판의 날이 다가오고 있음을 알리는 경고라는 것입니다. 하나님께서 이방 나라를 심판했듯이 이스라엘도 우상숭배와 사회적 불의로 인해 심판을 피하지 못한다는 말씀입니다. 그러나 이스라엘은 이 경고의 말씀을 받아들이지 않고 무시했습니다. 그래서 결국은 심판을 당합니다.

그렇다면 이 말씀이 우리에게 전하는 의미는 무엇일까요? 하나님은 망가진 세상을 회복하기를 원하십니다. 하나님을 두려워하지 않고, 하나님 형상으로 지어진 인간이 인간 대접을 받지 못하고, 하나님의 아름다움을 드러내었으나 점점 제 모습을 잃어가는 창조세계를 회복하고 싶어 하십니다. 그런데 회복은 심판을 전제합니다. 창조세계를 훼손한 불의를 심판하지 않고는 회복을 이룰 수 없기 때문입니다. 그래서 "여호와의 날"은 심판이 먼저 이루어지고, 이어서 회복이 오는 날입니다. 우리가 잘 알듯이 심판과 회복을 위해 세상에 온 분이 바로 메시아이신 예수이십니다. 메시아 예수는 이 세상을 심판하러 오셨습니다. 사람들이 예수를 환영할 수만은 없었던 이유는 그가 "여호와의 날"에 심판을 선언하기 위해 오셨기 때문입니다.

그런데 메시아 예수는 인간이 받아야 할 그 심판을 자신이 받습니다. 심판의 대가로 십자가에서 죽고, 그 죽음을 받아들인 사람에게는 하나님 나라에 들어갈 특권을 줍니다. 우리는 어떤 사람들인가요? 예수께로 피한 자들입니다. 아무 자격이 없는데도 메시아를 믿어서 하나님의 심판에서 구제된 사람들입니다. 하나님은 우리뿐 아니라 모든 사람이 돌아올 수 있도록 마지막 날까지 하나님의 완전한 마지막 심판을 유예하셨습니다. 요엘서 2장에서 여호와의 날이 어떻게 이를지와 피할 길이 무엇인지는 더욱 자세히 설명합니다. 그 전에 "슬프다, 그날이여! 여호와의 날이 가까웠나니, 곧 멸망같이 전능자로부터 이르리라"라는 15절 말씀은 우리가 당하는 재난이 마지막 심판의 전조라고 분명히 알려 줍니다.

우리가 오늘날 경험하는 불가항력적 재난 역시 하나님의 마지막 심판을 기억하라는 하나님의 메시지입니다. 그러므로 오늘날 불가항력적 재난이 우리를 찾아오면 심각하게 생각해 봐야 합니다. '하나님을 무시하고 인간을 자기중심에 세운 인류 전체와 개개인이 하나님의 심판을 피하지 못하겠구나' 하고 깨달아야 합니다. 하나님의 마지막 심판은 인류 역사 속에서 일어날 수도 있고, 각 개인이 생을 마감하고 하나님의 심판대 앞에 서서 경험할 수도 있습니다. 인류 역사의 마지막이든, 개인의 마지막이든, 우리는 하나님께서 그때까지 유예하신 마지막 심판에 이릅니다. 그러니 불가항력적 재난이 임했을 때 마지막 날을 기억하라는 요엘 선지자의 목소리는 이스라엘 민족뿐 아니라 우리에게도 여전히 유효한 경고입니다.

우리는 세상이 얼마나 망가졌는지 잘 인식하지 못한 채 하루하루 살아갑니다. 그러다가 불가항력적 재난이 우리를 찾아와 덮칠 때, 온 세계를 뒤흔들 때 비로소 눈을 뜨게 됩니다. 그때 우리

는 깨지고 망가진 세상을 똑바로 보고, 그 원인이 우리 자신에게
있음을 숙고하고, 언젠가는 마지막 날이 다가온다는 사실을 깨달
아야 합니다.

재난은 어떻게 맞아야 하는가

그렇다면 코로나19 같은 불가항력적 재난을 겪으면서 깨진 세
상을 직면하고, 근본 원인을 숙고하고, 하나님의 마지막 심판을
깨달은 이들은 어떻게 살아야 할까요? 어떻게 이 난세를 뚫고 나
가야 할까요?

각성하도록 서로 도우며

먼저, 깨지고 망가진 세상을 직면한 사람은 각성하고 돌아서
야 합니다. 요엘 선지자는 13절에서 "제사장들아, 베옷을 입어
라. 그리고 슬피 울라. 제단에서 수종 드는 자들아, 통곡하라. 나
의 하나님께 수종 드는 자들아, 와서 굵은 베옷을 입고 밤을 지새
워라. 이는 소제와 전제를 너희 하나님의 성전에 드리지 못함이
로다"라고 말합니다. 요엘 선지자는 슬피 울고 통곡하라고 또다
시 촉구합니다. 제사장과 제단에서 수종 드는 자들부터 "굵은 베
옷을 입고 밤을 지새워라"라고 합니다. 각성하고 하나님께 진실

하게 나아가라는 요청입니다.

바로 이어서 14절에서는 "금식일을 정하라. 성회를 소집하라. 장로들과 이 땅의 모든 주민을 너희 하나님 여호와의 성전으로 모으라. 그리고 여호와께 부르짖어라"라고 합니다. 구약시대에 금식은 자주 시행하는 영적 관습이 아니었습니다. 1년에 한 번 속죄일에 하는 정기 금식이 있었고, 심각한 위기가 찾아오면 하나님의 도우심을 구하기 위해 하나님 앞에서 회개하고 금식했습니다. 어떤 사람들은 금식을 단식투쟁이라고 생각합니다. "우리가 굶고 있거든요, 하나님? 그러니까 우리 이야기를 들어주세요"라며 배수진을 칩니다. 하지만 금식은 단식투쟁이 아닙니다. 그리스도인의 금식은 "하나님, 당신만이 우리의 해결책이십니다. 우리가 생명을 거는 분은 오직 당신뿐입니다. 그래서 우리가 사는 데 필요한 모든 음식을 끊고 우리의 생명줄인 당신만 의지합니다"라며 몸으로 드리는 고백이 금식입니다.

14절에서 "금식일을 정하라"라고 요청한 다음에 바로 이어서 "성회를 소집하라"라고 합니다. 이스라엘 민족은 주로 축제로 모였습니다. 초막절이나 무교절이 끝나면 다 같이 모여서 경축하고 축제를 열었습니다. 하지만 여기서 말하는 성회는 회개와 고백을 위한 모임입니다. 각자 알아서 회개하고 고백하라는 게 아니라, 성전에 다 같이 모여서 하라고 합니다. 재앙으로 닥친 위기가 일차적으로는 공동체의 문제이기 때문입니다. 개인주의가 팽배한 현대 문화에서는 개인의 회개를 주로 강조합니다. 하지만 사회

— 50

전체나 생태계 전체에 재앙이 덮치면 온 공동체가 다 함께 하나님 앞에 나아가야 합니다.

개인 영성에 기대서만은 회개와 각성이 실제로, 또 충분히 이루어지기 어렵습니다. 우리를 따끔하게 질책하는 성경 본문을 읽거나 설교를 들으면 고개가 끄덕여집니다. 그 심각성을 깊이 깨닫고 골방으로 들어가는 사람이야말로 영적으로 성숙하고 깨어 있는 사람입니다. 하지만 우리 대부분은 함께 모여서 각성하고 정신 차리도록 서로 도와주어야 합니다. 그렇다고 일상을 다 멈추고 모두 모여서 종교 행사를 열라는 게 아닙니다. 모여서 함께 각성하고, 일상으로 돌아가 깨어 있는 상태를 유지하며 살아가야 합니다.

깨어 있는 상태로 산다는 것은 금욕적으로 살거나 심각한 표정을 하고 사는 것이 아닙니다. 세상의 실상을 마음에 두고, 쉽사리 세상의 일부가 되지 않으려 애쓰며, 세상이 주는 재미와 만족에 자기 영혼을 내주지 않는 것입니다. 절망스러운 상황에서도 무기력해지거나 냉소적으로 변하지 않고, 일상에서 하나님께서 허락하신 감사와 기쁨을 누리는 삶입니다. 물론 그 모든 감사와 기쁨의 순간에도 하나님의 심판이 임박한 깨진 세상의 실상은 잊지 않습니다.

그런데 "성회를 소집하라"라는 선지자의 경고조차 따르기 어렵게 만드는 재앙이 닥친다면 어떻게 될까요? 코로나19 같은 재앙이 그랬습니다. 재난 앞에서 하나님을 찾을 실마리조차 약화하거나 불능으로 만들기 때문입니다. 그런데도 함께 모여서 서로 각성시키는 일을 게을리하지 않는 이들이 있었습니다. 코로나19 팬데믹이 닥쳤을 때, 모두가 움츠러들고 자발적으로 격리되어 서로의 영적 각성을 지켜 주기가 어려웠습니다. 그럴 때도 일부 그리스도인과 교회 안의 작은 공동체들은 비대면으로 모여서 기도하거나 온라인상에서 함께 말씀을 읽고 서로를 챙겼습니다. 해이해진 모습이 있다면 하나님 앞에서 회개하도록, 또 세상이 흩뿌리는 탐욕에 경계심을 늦추지 않도록 서로를 각성시켰습니다. 그들은 자연스럽게 다음 단계로 나아갈 수 있습니다.

주님을 찾고 의지하며

깨진 세상의 실상을 직면하고 각성한 사람들은 하나님 외에는 소망이 없다는 사실을 절감합니다. 요엘 선지자는 19-20절에서 "여호와여, 내가 주님께 부르짖습니다. 불이 목장의 풀을 살랐고, 불꽃이 들의 모든 나무를 살랐기 때문입니다. 들짐승도 주를 향하여 헐떡거리오니, 시내가 다 말랐고 들의 풀이 불에 타 버렸습니다"라고 말합니다. 14절에서는 "부르짖어라"라는 번역이 적절하지만, 20절에서는 "부르짖습니다"보다는 '주님을 구한다' 또는 '주님을 찾는다'라는 의미가 더 강하게 나타납니다. 위기 상황에서는 소리 높여 부르짖어서만은 안 되고, 하나님을 간절히 찾아야 하기 때문입니다. "하나님, 당신만이 우리의 유일한 해결책이십니다. 온 인류가, 온 사회가, 모든 사람이 하나님을 떠나서 엉망이 됐습니다. 하나님, 우리는 하나님을 찾겠습니다. 하나님 당신만이 해결책이십니다"라고 구해야 합니다. 20절의 "들짐승도 주를 향하여 헐떡거리오니"라는 표현은 동물조차 하나님을 찾아 헐떡거린다는 의미입니다. 세상 미물조차 주님만이 생명줄이라며 하나님을 찾는데, 하나님 형상으로 지어졌고, 하나님 마음을 알 수 있는 인간이 해야 할 일은 무엇일까요?

주님을 찾는다는 것은 무엇보다 우리가 실제로 의지하는 가짜 신과 우상을 제거하는 것입니다. 하나님보다 더 간절히 찾고 우선순위에 두었던 돈, 명예, 성공, 가족, 안위, 사역 등, 그 무엇이든 전부 다 하나님 아래 복속시키는 것입니다. 이것이 하나님을 찾는 것입니다. 그리스도인들이 수많은 예배에서 하나님께 부르짖으면서도 숨겨 놓은 우상을 그대로 둔 채 하나님을 찾는 경우가 많습니다. 하나님만이 자신에게 참 신인지를 묻지 않고, 하나님만 주님으로 의지하지도 않으면서, 즉 하나님을 진실로 찾지도 않으면서 부르짖는 모습은 예배당 안에서 종교적 행위를 하는 것일 뿐입니다.

하나님을 진실로 찾고 의지하는 사람은 하나님과의 관계가 회복될 뿐 아니라, 개인적 불의와 사회에 만연한 악을 멀리하려고 애쓰게 됩니다. 한국 사회가 발전하면서 과거의 심각한 부정부패는 하나둘 사라지고 있습니다. 하지만 아직 관행처럼 살아 있는 불법과 차별과 억압이 사회 곳곳에 존재합니다. 어쩔 수 없다고,

모두가 다 그렇게 한다고 합리화하는 대신에 어렵더라도 변화하고 개선할 방법을 찾고 고민하게 됩니다.

다시 한번 강조합니다. 구약시대 이스라엘은 제사를 멈춘 적 없이 지속하면서도 영적 간음과 그에 따른 사회적 불의에서 돌아서지 않았습니다. 오늘날 한국 교회와 그리스도인들도 하나님을 찾고 의지하는 일을 교회에서만 하거나, 그리스도인들끼리 모였을 때만 부르짖는 일로 대체해서는 안 됩니다. 영적 간음과 사회적 불의는 우리 삶의 현장에서 일어나기 때문입니다. "그 열매로 그 나무를 안다"라는 주님의 말씀(마태복음 12:33)을 기억해야 합니다. 우리가 아무리 멋진 찬양과 고백을 드리더라도 개개인의 삶의 열매를, 교회 공동의 열매를 세속 사회에서 어떻게 맺고 있는지를 살펴야 합니다. 열매가 없다면 죽은 나무이거나 가짜 나무입니다. 진실로 주님을 찾고 의지하는 사람은 코로나19 같은 불가항력적 재난을 만나서도 하나님과의 관계가 회복되고 실제 삶의 모습에 변화가 일어납니다.

지도자가 본을 보이며

주님을 찾고 의지하는 일도 각성하고 돌아서는 일처럼 여럿이 같이 해야 합니다. 요엘 선지자가 "제사장들"과 "장로들"을 소환한 이유도 이 때문입니다. 위기가 찾아오면 공동체 지도자는 누구보다 상황을 직시하고 근본 원인을 살핀 다음에, 하나님을 찾

— 54

고 그에게로 돌이키는 일에 앞장서야 합니다. 지도자는 코로나19 같은 전 지구적 재앙이 찾아왔을 때 과학적이고 사회적인 이유도 살펴야 하지만, 그 뒤에 숨은 영적 원인을 분석하고 하나님께서 원하시는 대안을 마련해야 합니다. 하나님께서 공동체에 지도자들을 주신 이유가 바로 이 때문입니다. 그들은 현상 너머의 의미를 밝히고 그에 맞추어 공동체를 이끌어야 합니다!

안타깝게도 코로나19가 우리 사회를 덮쳤을 때, 적지 않은 교회 지도자가 이러한 리더십을 제대로 발휘하지 못했습니다. 팬데믹 사태 자체에 관해 현상적 파악도 하지 못했으니, 현상 뒤에 있는 하나님의 뜻을 분별하여 공동체를 바른길로 이끄는 일은 기대조차 하기 어려웠습니다. 교회는 시민 사회의 일원으로서 감염 확산을 막는 방역에 앞장서야 했고, 이를 잘 감당한 교회도 많았습니다. 하지만 그 와중에 가짜 뉴스를 양산하거나 유통하고, "주일 예배 사수" 같은 표어로 교회를 감염의 온상으로 낙인찍게 만드는 이들도 있었습니다. 일부 교회와 그 지도자가 대책 없이 용감했다면, 대다수 교회는 어땠을까요? "이 모든 것은 지나갈 것이다"라며 막연한 기대를 품었고, 정상 회복 후에 예배당으로 교인들이 돌아올까를 염려하면서도 모두가 대안이라고 이야기하는 온라인 예배에 온 힘을 쏟았습니다. 그에 반해 주일 예배로 모이지 못하는 공동체 식구들의 고갈되는 영성을 살피는 이는 드물었습니다. 교회 사역이 전면 중단되다시피 한 상황에서 교회의 본질이 무엇인지 고민하며 해결책을 고심하는 이 또한 찾기 어려웠습니다. 교회 역사를 보면, 위기 때에 교회 됨을 재정립하고, 함께 위기를 겪고 있는 세상에도 선한 영향력을 끼친 경우가 많았습니다. 재난 상황 속 교회 지도자는 문제의식을 품고 하나님 앞에서 홀로 또 함께 서서 고민하며, 세상을 이해하고 하나님 뜻을 분별하여 대안을 찾아야 합니다.

교회 지도자라고 하면 대개는 목사나 장로를 생각합니다. 맞습니다. 그들은 교회 공동체에서 중차대한 역할을 감당합니다. 하지만 신약성경은 모든 그리스도인이 제사장이라고 가르칩니다. 그래서 개신교의 매우 중요한 가르침이 "전 신자 제사장 priesthood of all believers"이지요! 대제사장 예수께서 자기 몸을 희생제물로 삼으셔서 단 한 번 완전한 제사를 드린 후로, 모든 신자는 "휘장 안에 들어"가고(히브리서 6:19), "휘장 가운데로 열어 놓으신 새로운 살 길"(히브리서 10:20)로 들어갈 수 있는, "택하신 족속이요 왕 같은 제사장"(베드로전서 2:9, 이상 개역개정)이 되었습니다. 그리스도인 중에 우리가 전부 제사장 신분임을 이해하거나 믿는 사람도 적지만, 제사장 역할을 감당할 역량과 성숙함을 갖춘 이는 더 찾기가 힘듭니다. 그러나 건강하고 성경적인 공동체에서는 모든 성도가 제사장으로 발돋움하고 있으므로, '이끄미'의 역할이 중요합니다. 교회의 전체 방향은 주요 지도자가 고민하더라도 '이끄미'들이 누구보다 먼저 "각성하고 돌아서기"와 "주님을 찾고 의지하기" 측면에서 개인적으로 본을 보일 수 있습니다.

가령 코로나19 사태 전에 많은 그리스도인이 교회 소모임이나

— 56

봉사부서에 몸담고 있었습니다. 어떤 이들은 좀 더 공동체성이 강한 가정교회에 속해 있었습니다. 이런 모임의 이끄미라면 제사장으로서 구성원들이 재난 상황에서 어떻게 지내고 있는지를 살피는 것이 당연합니다. 정부가 모임을 규제하고, 교회가 별다른 대책을 내놓지 못해도 자기가 맡은 이들에게 영적 책임감을 느끼며 대안을 찾는 이들이 바로 제사장다운 그리스도인입니다. 단지 바이러스의 매개체가 되지 않아야 한다는 이유로 모든 활동을 중단하는 것은 마뜩잖습니다. 그리스도인의 모든 행동의 중심은 무엇인가요? 서로 사랑하는 것입니다. 재난 상황 중에 안녕한지, 하나님 앞에 깨어 있는지 살피는 것이 사랑의 출발점입니다. 사적 모임이 허용되지 않아 상대적으로 시간 여유가 생겼다면 오히려 이를 선용하여 사랑하는 일을 멈출 이유가 없습니다. 비대면으로 만날 수 있는 기술이 더욱 풍성해지고 다양해졌습니다. 이를 활용해 자신이 맡은 이들을 사랑하는 일을 오히려 더 창의적으로 할 수 있습니다.

그리스도인은 가정에서도 제사장 역할을 할 수 있습니다. 주일 예배를 온라인에서 드리면서 다음 세대 예배가 약해지자, 오히려 부모가 가정에서 해야 할 제사장 역할이 중요해졌습니다. 지금까지는 학교와 학원에 아이들 학업을 맡기듯이 교회학교에 아이들 신앙을 맡겼습니다. 다행인지 불행인지 코로나19로 이같은 패턴이 불가능해졌습니다. 이를 깨달은 몇몇 부모는 집에서 가정예배를 드리고, 자녀들과 성경 공부를 하거나 기독교 서적을 읽고, 일대일 제자훈련을 하기 시작했습니다. 저희 가정도 코로나19가 터지자마자 일주일에 한 번씩 세 자녀와 가정예배를 드렸습니다. 그때까지 해 왔던 개인 큐티만으로는 위기 상황에 충분치 않다고 깨달았기 때문입니다. 함께 저녁을 먹고, 함께 예배를 드리다가 서로 이야기를 들으며 농담도 하고, 그러면서 하나님을 따라가는 삶을 함께 배우고 있습니다. 코로나19가 준 뜻밖의 선물인 셈이지요.

가정이나 직장에서 새로운 생활 방식을 선보일 수도 있습니다. 코로나19로 인해 온라인 주문이 더욱 늘어났습니다. 배달 음식과 택배는 이제 전혀 낯설지 않은 생활 수단으로 자리를 잡았습니다. 하지만 그로 인해 쓰레기 배출량은 폭발적으로 늘고 있습니다. 코로나19가 근본적으로는 인간의 탐욕과 편리가 불러온 재앙인데, 그 원인을 숙고하기보다는 또 다른 편의로 대응하면서 더 큰 재앙을 부르고 있는지 모릅니다. 그럴수록 배달이나 택배로 주문할 경제력이 있더라도 가정에서 함께 음식을 만들어 먹고, 동네 가게를 이용하는 라이프스타일을 가족이나 직장 동료들에게 선보일 수 있습니다. 종이, 물, 전기를 적절하게 사용하는 것 역시 좋은 본이 될 수 있습니다.

물론 이런 작은 일들이 세상을 바꾸거나 우리 상황을 극적으로 변화시키지는 못할 것입니다. 저는 2000년대 초반부터 텀블러를 사용하고 있습니다. 20년이 넘었으니 제가 쓰지 않은 종이컵만 해도 적지 않을 듯합니다. 하지만 지금 가진 텀블러도 여럿 — 58

이고, 잃어버리고 다시 사기도 했습니다. 정확하게 하자면, 텀블러 하나를 만들기 위해 배출하는 탄소량과 종이컵을 만드는 데 들어가는 나무의 양을 비교해서 무엇이 더 나은 선택인지 질문할 수 있습니다. 어느 유명 커피 전문점이 종이 빨대를 쓴다고 하나 실효성은 미지수입니다. 사실 이런 노력들은 세상을 바꾸기 위해서라기보다는 세상이 나를 바꾸는 것을 막기 위해서입니다. 자기 편한 대로 마음껏 소비해도 괜찮다고 부추기는 세상에서 전 생태계가 죽어 가고 있으니 끊임없이 깨어 있으라고 자극하는 효과가 있습니다. 실제로 그렇게 해서 세상이 바뀔지는 알 수 없으나, 세상이 나를 바꾸도록 내버려 두지는 않는 것이지요.

하나님을 찾는다는 것은 다 같이 모여서 "울고 부르짖는 것" 이상입니다. 삶의 구체적인 방식을 바꾸는 것입니다. 코로나19 같은 재난을 통해 세상이 얼마나 망가져 있는지를 깨닫고, 하나님께서 우리 사회와 교회와 개인을 향해 "그날이 가까이 오고 있다"라고 재난을 통해 경고하시는 말씀을 듣고, 삶의 방식과 방향을 바꾸는 것입니다.

혼자서는 어렵다

마지막으로 오늘날 그리스도인이라면 심각하게 고민해야 할 부분이 있습니다. 불가항력적 재난이 닥쳤을 때, 망가지고 깨진 세상을 직면하고 각성해서 돌아서는 일, 근본 원인을 숙고하고 주님을 찾고 의지하는 일, 마지막 날에 대한 경각심을 갖고 서로 본을 보이며 사는 일, 이 모두가 혼자서는 거의 불가능하다는 사실입니다. 평소에 교회를 일주일에 한 번 예배드리러 가는 곳이나 그때 모이는 회중 정도로 여겼던 사람은 코로나19 같은 재난이 닥치면 혼자 온라인 예배를 드리면서 신앙을 지켜야 합니다. 그런데 소셜미디어로 세상의 즐거움을 누리는 시간이 하나님 말씀을 묵상하는 시간보다 훨씬 길고, 대화하며 섞여 살아가는 사람 대부분이 하나님을 인정하지 않는 이들이라면 어떨까요? 그들 대다수가 재난은 어떻게든 곧 지나간다고 생각하고 있는데, 그들에 둘러싸여 재난의 실체가 무엇이며, 왜 찾아왔으며, 어떻게 맞이해야 하는지를 하나님의 관점으로 곰곰이 생각해 볼 여지가 있을까요? 하나님 앞에서 울며 하나님을 구할 수 있을까요? 이 일들은 혼자로는 참 어렵습니다.

'나 홀로 신자'는 큰 재난을 맞아 스스로 살아남아야 합니다. 하지만 그 확률은 지극히 낮습니다. 하나님은 이스라엘의 실패 이후 메시아를 보내셔서 새로운 이스라엘인 교회를 세우셨습니다. 불가항력적 재난은 슬퍼하고 애곡해야 할 일이지만, 교회 공동체에 속해 살아가는 방식이 꼭 필요함을 우리에게 깨닫게 해 주었습니다. 이때 필요한 공동체는 프로그램을 운영하는 기관이나 제도나 조직으로서의 교회가 아닙니다. 예수 메시아를 믿고 따르고, 머지않아 당도할 "여호와의 날"을 기다리며, 이 세상에

— 60

서 자기 몫과 우리 몫을 찾아서 애쓰며 감당하는 공동체가 필요합니다. 진실한 공동체가 우리에게는 절실합니다.

　코로나19로 우리는 예기치 않은 선물을 받았습니다. 그 덕분에 세상과 우리 자신을 진실하게 성찰했고, 우리 신앙생활의 민낯도 부끄럽지만 드러났습니다. 가장 뼈아픈 교훈은, 각성하고 돌아서는 일, 주님을 찾고 의지하는 일을 혼자서 할 수 없다는 것입니다. 우리는 이미 하나님의 새 이스라엘에 속해 있습니다. 그 안에서 앞서거니 뒤서거니 하면서 각성하고 돌아서도록 서로 돕고, 주님을 찾으며 의지해야 합니다. 신실한 하나님은 불가항력적 재난 가운데서도 이 사실을 알려 주시며, 당신의 백성을 돌보고 계십니다.

2.

마지막 날

다시 재난
다시
하나님 나라

당신이 지구를 향해 날아오는 혜성을 관측했다면? 설상가상으로 그 혜성이 여섯 달 안에 지구와 충돌한다면? 그런데 당신은 지역 대학의 이름 없는 교수이고, 혜성의 궤도를 맨 처음 발견한 사람도 당신 연구실의 대학원생이라면…. 그래도 지구 종말을 알게 된 이상 가만있을 수는 없겠지요. 아마도 백방으로 이 사실을 알리고 전 지구적 재앙에 대비해야 한다고 목소리를 높였을 것입니다. 영화 〈돈 룩 업Don't Look Up〉의 내용입니다. 혜성과 충돌한다는 사실을 언론에 알리고 과학계에 제보하고 심지어 대통령까지 만나지만, 대수롭지 않게 여겨집니다. 혜성과의 충돌이라는 관측 가능한 종말이 다가오는데도 대다수는 그 사실을 외면합니다. 그래서 영화 제목도 "위를 보지 마"입니다. 정치·과학·언론계가 자기 이익을 위해 혹세무민하고 대중은 우왕좌왕합니다. 결국 지구는 종말을 맞이하는데, 그 모습이 코미디처럼 그려집니다.

이 영화를 보는 내내 마냥 웃을 수만은 없었습니다. 오늘날 우리와 너무도 닮은 꼴이기 때문입니다. 지구가 점점 거주 불능 상태가 되고 있다고 다양한 분야의 많은 학자가 경고한 지 오래되었습니다. 하지만 전 지구에 영향을 미치는 결정을 내리는 사람들과 집단들은 멋진 연설과 국제회의만 거듭할 뿐, 그들만의 셈법에 따라 움직이며 실제적인 대안은 만들어 내지 못하고 있습니다. 대중은 그들이 어려운 숙제를 해결하리라 막연하게 기대하며, 자신의 편리와 풍요를 보장받는 데만 마음을 쓰는 듯합니다. 우리는 어쩌면 "위는 보지 마. 그냥 땅만 봐. 네 인생만 신경 써"

라고 되뇌며 종말을 향해 가고 있는지도 모릅니다.

오늘에서 내일을 읽기

무슨 일이 일어나고 있는지 잘 모르는 것, 알고 싶지도 않고 알았다 해도 직면하지 않는 것, 누군가가 문제를 해결할 테고 나와 내 가정의 안위만 보장되면 괜찮다는 것, 이런 태도는 인류가 오랫동안 반복해 온 모습입니다. 21세기 영화 〈돈 룩 업〉에서도, 2,500여 년 전에 쓰인 요엘서에서도 이런 모습은 여실히 드러납니다.

앞서 살펴본 요엘서 1장에서는 큰 재앙이 일어났는데도 이런 태도를 보이는 이스라엘에 하나님께서 어떤 말씀을 하셨는지를 기록합니다. 1장 15절에서 "슬프다, 이날이여. 여호와의 날이 가까웠나니"라고 하며, 불가항력적 재난을 당하면 마지막 날인 "여호와의 날"의 전조임을 기억하라고 합니다. 그러니 제발 세상의 민낯을 직면하고, 깨어나 정신을 차리고, 지도자들이 솔선수범해 하나님께 돌아오라고 말합니다.

요엘서 1장이 현재 일어나고 있는 일을 설명하며 이스라엘의 현재 상황을 고발했다면, 2장은 앞으로 일어날 일을 예고합니다. 이는 예언서의 특징이기도 합니다. 예언서라고 하면 보통은 앞으로 일어날 일을 예고만foretelling 한다고 생각하는데, 실제로는 지금 무슨 일이 벌어지고 있는지를 해석하고 설명하는forthtelling 데도 많은 지면을 할애합니다. 요엘서도 1장에서는 "지금 일어나고 있는 일이 무슨 의미인지 아세요?"라며 설명하고, 2장에서는 1장을 토대로 "그래서 앞으로는 이런 일이 일어날 거예요"라고 예언합니다.

요엘 시대에 그랬듯이 지금도 하나님은 현재의 재앙을 통해 앞으로 일어날 일을 알려 주고 계십니다. 많은 사람이 코로나19 팬데믹이 끝나기만을 기다리고 종식되고 나면 잊어버릴지 모르지만, 하나님께서는 불가항력적 재난을 통해 앞으로 다가올 날을 대비하라고 말씀하십니다. 2장 1-17절을 살펴봅시다.

> **1** "시온에서 나팔을 불며
> 나의 거룩한 산에서 경고의 소리를 질러
> 이 땅 주민들로 다 떨게 하라."
> 이는 여호와의 날이 이르게 되었고
> 이제 가까웠기 때문이다.[1]
>
> **2** 곧 어둡고 캄캄한 날이요, 짙은 구름이 덮인 날이라.
> 새벽빛이 산꼭대기에 덮인 것과 같이
> 많고 강한 백성이 이르렀도다.

---

1 בוֹרָק(카로브)는 1장 15절, 2장 1절, 3장 14절에 반복해서 등장하며, 요엘서의 중요 단어이므로 일관적으로 "가까웠다"로 번역했다. 또한 원문에서 두 번 반복되는 왜냐하면כ의 의미를 반영했다.

2
마지막
날

이와 같은 것이 옛날에도 없었고 이후에도 대대로 없으리라.

3 불이 그들의 앞을 사르며 불꽃이 그들의 뒤를 태우니

그들의 예전의 땅은 에덴 동산 같았으나

그들의 나중의 땅은 황폐한 들 같으니

그것을 피한 자가 없도다.

4 그의 모양은 말 같고 그 달리는 것은 기병 같으며

5 그들이 산꼭대기에서 뛰는 소리는 병거 소리와도 같고

불꽃이 검불을 사르는 소리와도 같으며

강한 군사가 줄을 벌이고 싸우는 것 같으니

6 그 앞에서 백성들이 질리고, 무리의 낯빛이 창백해졌도다.[2]

7 그들이 용사같이 달리며 무사 같이 성을 기어오르며

각기 자기의 길로 나아가되 그 줄을 이탈하지 아니하며

8 서로[3] 부딪치지 아니하고 각기 자기의 길로 나아가며

접전을 벌이면서도 대오가 무너지지 아니하며[4]

---

2 "하얘졌도다"(개역개정)는 원래 붉다는 뜻이다. 나훔 2장 10절에서도 "빛을 잃다"로 번역했다. 창백해졌다가 적절한 뜻이며, 구약성경에 2회 등장한다.

3 "피차에"(개역개정)보다 자연스러운 말인 "서로"로 번역했다.

4 "무기를 돌파하고 나아가나 상하지 아니하며"(개역개정)는 무기와 무기가 부딪치는 접전 상황을 표현한 것으로, 그런 상황에서도 군의 대오가 무너지지 않는다는 견고함을 보여 준다.

다시 재난
다시
하나님 나라

9 성에 돌진하여 성벽을 타고 오르며[5]

집에 기어오르며 도둑같이 창으로 들어가니

10 그들[6] 앞에서 땅이 진동하며 하늘이 떨며

해와 달이 캄캄하며 별들이 빛을 거두도다.

11 여호와께서 그의 군대 앞에서 소리를 지르시니

그의 진영은 심히 크고 그의 명령을 행하는 자는 강하도다.

여호와의 날이 크고 심히 두려우니[7] 누가 견뎌 내랴.[8]

12 "그러나 이제라도,"[9] 여호와께서 선언하시도다,

"금식하고 울며 애통하고 마음을 다하여 내게로 돌아오라."[10]

13 너희는 옷을 찢지 말고 마음을 찢고

너희 하나님 여호와께로 돌아오라.

그는 은혜로우시며 자비로우시며 노하기를 더디 하시며

---

5 "성중에 뛰어 들어가며 성 위에 달리며"(개역개정)는 성을 포위하여 성벽에 사다리를 놓고 돌진해 올라가는 모습을 표현한 것으로 보인다.

6 "그"(개역개정)는 다소 모호한 번역이며, 여기서 "그들"은 예루살렘을 공격하는 군대를 구체적으로 가리킨다.

7 문장을 매끄럽게 이해하기 위해 "지르시고", "강하니", "두렵도다"를 "지르시니", "강하도다", "두려우니"로 옮겼다.

8 "당할 자가 누구이랴"(개역개정)의 동사는 '감당하다'라는 뜻이다.

9 매우 중요한 단어가 개역개정에서는 빠졌다. "Yet even now"(NASB, NRSV), "Even now"(NIV)처럼 많은 영어 성경은 이를 반영해 번역했다.

10 여호와의 신탁을 강조하기 위해 문장을 다듬었다.

2
마지막
날

인애가 크시사 뜻을 돌이켜 재앙을 내리지 아니하시나니

14 그가[11] 혹시 마음과 뜻을 돌이키시고 그 뒤에 복을 내리셔서

너희 하나님 여호와께 소제와 전제를 드리게 하실지 누가 알

겠느냐.

15 너희는 시온에서 나팔을 불라.

거룩한 금식일을 정하라. 성회를 소집하라.

16 백성을 모으라. 그 모임을 거룩하게 하라.

장로들을 모으라. 어린이와 젖 먹는 자를 모으라.

신랑을 그 방에서 나오게 하라.

신부도 그 신방에서 나오게 하라.

17 여호와를 섬기는 제사장들로

낭실과 제단 사이에서 울며 이르게 하라.

여호와여 주의 백성을 불쌍히 여기소서.

나라들로 그들을 조롱하여 주의 기업을 욕되게 하지 하옵소서.

어찌하여 사람들로[12]

그들의 하나님이 어디에 있느냐 말하게 하겠나이까.

---

11 "주께서"(개역개정)라는 번역은 여호와라는 이름을 뜻하는 듯한 오해
를 줄 수 있다. 같은 뜻이지만 원문이 3인칭 남성 단수 접미어이므로 "그
가"가 적절하다.

12 18절의 "나라들"과 "사람들"의 히브리어는 다른 단어이나, 70인역에서
는 같은 단어로 번역했다. 히브리어를 고려해 다르게 번역했다. 전자(고
이)는 나라들이며, 후자(암)는 일반적인 사람을 뜻한다.

다시 재난
다시
하나님 나라

"여호와의 날"

구약성경은 후기 예언서로 갈수록 이스라엘을 포함한 온 세상을 하나님께서 심판하고 회복하신다는, 한편으로는 두렵고 다른 한편으로는 소망 가득한 이야기를 들려줍니다. 그 핵심에 "여호와의 날"이 있습니다. 요엘 선지자는 1장에서 이스라엘에 일어난 재앙이 "여호와의 날"의 전조라고 이야기합니다. 이어서 2장에서는 여호와의 날이 구체적으로 어떠한지를 예언합니다. 2장 1절에서 12절까지 메뚜기 재앙과는 급이 다른 그날의 특징을 서술합니다.

1장 15절에서 "슬프다, 그날이여. 여호와의 날이 가까웠다. 멸망같이 전능자가 이를 것이다"라고 예언한 데 이어 2장 1절에서는 "시온에서 나팔을 불어라. 그리고 그 땅 주민들로 다 떨게 하라. 여호와의 날이 이르렀다. 이제 임박하였다"라고 말합니다. 2장 1절에는 1장 15절에는 없던 두 요소가 나옵니다. "나팔을 불라"와 "모든 백성으로 떨게 하라"입니다. 이스라엘 백성은 주로 대관식이나 제위식 때, 그리고 군대가 진군할 때 나팔을 불었습니다. 그런데 나팔을 몹시 부정적으로 쓸 때가 있었습니다. 바로 적의 공격을 경계할 때입니다. 이때 나팔 소리는 아주 두려운 소리입니다. 적군이 강할수록 그 소리는 더 무섭게 들렸겠지요. 그래서 1장에서는 "슬프다" 정도였는데, 2장에서는 훨씬 더 강하게 이야기합니다. "너희가 공격당한다. 슬픈 정도가 아니라 두려워서 몸서리쳐지는 일이다"라고 선언합니다. 이어지는 2장 2절 부터는 실제로 어떤 일이 벌어질지를 알려 줍니다.

2절은 본문 해석의 매우 중요한 열쇠입니다. 2절에서는 "이와 같은 것이 옛날에도 없었고 이후에도 대대로 없으리라"라고 합니다. 기억을 더듬어 봅시다. 1장 2절에서는 "너희의 날에나 너희 조상들의 날에 이런 일이 있었느냐?"라고 물었습니다. 1장에서 이야기한 메뚜기 재앙도 여태까지 없었던 엄청난 일이었는데, 2장에서 예고하는 여호와의 날, 그날에 임할 재앙은 이전에도 없었고 앞으로도 없을 마지막 심판이라고 말합니다.

2장 1-17절에서는 여호와의 날에 일어날 심판, 이스라엘을 향한 전대미문의 침공을 예언합니다. 그리고 이어지는 18-28절에서는 하나님께서 본심을 보이십니다. 여호와의 날에 심판하려고 했으나 너희가 회개하면 돌이키겠다고 하십니다. 그 심판의 계획은 조건적입니다. 하나님은 이스라엘이 회개하기만 하면 심판을 거두고 번영을 주겠다고 약속하십니다. 그런데 하나님의 계획은 여기서 멈추지 않습니다. 28-32절에서는 여호와의 영을 만인에게 내려 주겠다는 놀라운 계획을 공개하십니다. 다음 장에서 자세히 살펴보겠지만, 하나님은 이스라엘에 예고된 심판의 계획을 파기하고, 이스라엘뿐 아니라 전 세계를 회복하는 놀라운 일을 일으키겠다고 약속하십니다. 하나님은 이스라엘의 회복을 간절히 바라셨고, 그 바람은 이스라엘이 여호와의 날에 임할 하나님의 심판을 진정으로 두려워하여 회개할 때만 이루어질 수 있었습니다. — 70

이스라엘을 하나님께서

요엘 선지자는 1-11절에서 여호와의 날이 얼마나 두려운 날인지를 묘사합니다. 내용은 물론이고 문학적 구조에도 심판의 두려움이 잘 드러납니다. 이 본문은 히브리 문학에서 자주 사용하는 카이즘Chaism 구조를 따릅니다. 헬라어 '카이χ'는 영어로는 X에 해당하는데, 그 모양대로 카이즘 구조는 A-B-B´-A´ 또는 A-B-C-B´-A´ 식으로 구성됩니다. 1-11절을 그에 따라 분석하면 다음과 같습니다.

A : 여호와의 날(1절)

B : 어둡고 캄캄한 날(2-3절)

C : 여호와의 군대가 진군하는 모습(4-5절)

D : 창백하게 질린 백성의 모습(6절)

C´ : 여호와의 군대가 공격하는 모습(7-9절)

B´ : 어둡고 캄캄한 날(10절)

A´ : 여호와의 날(11절)

1절에서는 여호와의 날을 소개하며 "떨라"고 하고, 11절에서는 여호와의 날을 이야기하면서 "누가 견뎌 내랴"라며 끝을 맺습니다. 한가운데인 6절에서는 모든 백성이 질리고 얼굴이 창백해졌다고 묘사하며 완전한 절망을 표현합니다. 하나님의 심판을 피할 자는 하나도 없기 때문입니다. 그래서 여호와의 날은 "어둡고 캄캄한 날"이라고 앞(2-3절)과 뒤(10절)에서 이야기합니다. "어둡고 캄캄한 날", "짙은 구름이 덮인 날"(2절), "땅이 진동하며 하늘이 떨며 해와 달이 캄캄하며 별들이 빛을 거둔다"(10절)라는 표현은 물리적인 이상 현상보다는 더 이상 소망이 없는 절체절명의 상황을 나타냅니다. 이어서 C와 C′에 해당하는 부분은 여호와의 군대가 진군하며 공격하는 모습을 보여 주는데, 그 한가운데에 창백하게 질린 백성들 모습이 배치됩니다. 여호와의 날이 얼마나 두려운지를 히브리 문학 양식을 빌려 강조한 것인데, 현대 독자들은 그 문학적 특징을 이해해도 크게 와닿지 않을 수 있습니다. 하지만 당시 독자들에게는 본문 표현대로 얼굴색이 창백해질 정도로 충격적인 묘사였습니다.

　조금 더 자세히 보면, "어둡고 캄캄한 날이요, 짙은 구름이 덮인 날"(2절)과 "해와 달이 캄캄하여 별들이 빛을 거두도다"(10절) 같은 표현은 이스라엘 사람들에게 이집트 탈출 시 여호와께서 이집트에 내린 흑암(출애굽기 10:22)을 기억나게 하는 묘사입니다. 여호와의 날이 와서 하나님께서 심판하실 때 흑암이 완전히 세상을 뒤엎는다는 표현은 구약성경에 자주 등장합니다(이사야 5:30; 예레미야 13:16; 아모스 5:18-20; 스바냐 1:15). 시편 97편 1-2절에는 하나님의 보좌가 흑암에 휩싸여 있다는 표현도 나오는데, 하나님께서 임재하실 때는 세상 사람들이 그 앞에 도저히 나아갈 수 없을 정도로 흑암이 둘러 덮는다는 뜻입니다. 예수님이 죽으실 때 흑암이 온 세상을 덮었다는 구절(마태복음 27:45)도 하나

다시 재난
다시
하나님 나라

님의 두려운 임재를 상징합니다. 하나님의 두려운 임재는 여호와의 군대(11절)로 밝혀진 "많고 강한 백성"이 심판하기 위해 이른 것으로 표현됩니다. 요엘 선지자는 그 백성의 수가 너무 많아서 동이 틀 때 산 위에 빛이 덮이듯이 가득할 것이라고 시적으로 표현합니다(2절). 3절에는 공의의 심판을 상징하는 불의 이미지가 나옵니다. "불"과 "불꽃"이 "에덴 동산 같았던" 땅을 "황폐한 들" 같이 만들고, 이를 "피한 자가 없다"라고 선언합니다. 불과 불꽃은 하나님의 임재와 심판의 이미지로서 시편 97편 3절에도 나옵니다. "불이 그 앞에서 나와서 에워싼 대적을 불사른다." 10절의 "땅이 진동하며 하늘이 떨며 해와 달이 캄캄하며 별들이 빛을 거두도다"라는 묘사 역시 이스라엘 민족이 이집트 땅에서 목격했던 하나님의 심판입니다.

4절에서 9절까지는 무지막지한 군대가 침략하는 모습을 그립니다. 백성들 얼굴이 창백해질 수밖에 없고, 누구도 견뎌 내지 못할 것이라고 문학적으로 표현합니다. 4-5절은 그 군대가 메뚜기 떼가 덮치듯이 신속하게 공격하며, 당시 최첨단 무기인 병거와 함께 끊임없이 밀려온다고 묘사합니다. 7-9절은 성을 포위해 공격하면서 성벽까지 올라가 노략질하는 적군의 위세를 무시무시하게 그립니다.

이스라엘을 향한 하나님의 마지막 심판이 이처럼 무지막지하게 임할 때, 놀라운 표현이 등장합니다. 이 전쟁이 여호와의 전쟁이라는 것입니다. 1절에서 적군이 침공해 나팔을 불라고 한 상황

2
마지막
날

인데 적군의 정체가 충격적입니다. 11절에서 요엘 선지자가 "여호와께서", "그의 군대 앞에서", "그의 진영은", "그의 명령을"이라고 하자 독자들은 충격에 빠집니다. "그의"라는 말을 세 번이나 반복하며 이 전쟁의 총사령관이 여호와 하나님임을 강조합니다. 여호와의 날이 오면 하나님께서 이스라엘을 괴롭히는 주변국가를 심판하실 것이라고 이스라엘은 기대했습니다. 그런데 그 하나님께서 이스라엘을 상대로 전쟁을 벌이시다니요! 하지만 요엘서가 포함된 소선지서의 충격적인 주제는 심판의 대상이 이스라엘 주변국만이 아니라 실은 이스라엘 자신이라는 것입니다.

아니 어떻게 하나님께서 자기 백성인 이스라엘을 공격하신다는 말입니까! 이스라엘 백성은 하나님의 고귀한 언약과 그의 변하지 않는 사랑을 무시하고 가벼이 여겼습니다. 영적 간음과 사회적 불의를 끊고 돌아오라는 하나님의 말씀을 계속 거절했습니다. 수없이 반복되는 하나님의 애절한 부르심에 불응하는 그들을 향해 하나님께서 마지막으로 경고하십니다. "이제 마지막으로 내가 너희를 벌하리라." 아! 놀랍게도 하나님께서 자기 백성을 공격하신 것입니다. 그래서 요엘 선지자는 11절에서 탄식합니다. "누가 견뎌 내랴." 이렇듯 절망적인 심정으로 요엘 선지자는 이스라엘에 호소하고 있습니다.

실제로 사라진 이스라엘

누구도 견뎌 낼 수 없는 여호와의 날이라고 요엘 선지자가 탄식할 때, 하나님은 "그러나 이제라도 내게로 돌아오라"라고 말씀하십니다. 12절은 갑자기 나타난 하나님의 소리입니다. "그러나 이제라도"라며 하나님께서 말씀하십니다. 개역개정과 새번역의 번역에는 반영되지 않았지만, 히브리어 원문은 12절 처음에 "그러나 이제라도"라고 언급한 후에 "여호와께서 선언하시도다"라고 표현하고, 회개하고 돌아오라는 하나님의 말씀이 이어집니다. 하나님의 절박한 심정이 갑자기 나타납니다. 요엘 선지자 역시 이 말씀에 즉각 반응하여 탄식하는 자세를 바꾸어 하나님께 돌아가면 하나님께서 재앙을 거두실지 모른다고 선언합니다. 이어서 17절까지 이스라엘 백성을 설득하는 요엘 선지자의 메시지가 이어집니다. 하나님은 마지막 심판의 날, 곧 여호와의 날에 관한 무서운 비전을 요엘을 통해 이스라엘 백성에게 전했으나, 하나님의 진심은 심판이 아니라 그들의 진정한 회개와 그에 따른 온전한 회복이었습니다. 요엘 선지자도 그 사실을 너무나 잘 알고 있었습니다.

하나님은 언제든지 심판 계획을 유보하거나 수정할 준비를 하고 계십니다. 하나님은 심판이 아니라 회복을 원하십니다. 하나님께로 돌아오기만 하면 이스라엘의 회복(18-26절)뿐 아니라, 놀랍게도 온 세상의 회복(27-32절)까지 계획하고 계셨습니다. 그러나 불행히도 우리가 이미 알고 있듯이 이스라엘 백성은 하나님의 무시무시한 심판을 가벼이 여겼고, 돌아오라는 주님의 말씀을 듣지 않습니다. 그래서 그들이 약속받았던 놀라운 회복은 이루어지지 않습니다. 결국 그들은 요엘서의 예언대로 무시무시한 심판을 실제로 받아서 나라를 잃고 바벨론 곳곳으로 쫓겨나 포로가 됩니다. 요엘서 2장 1-12절은 이스라엘 역사에서, 또 하나님 나라 역사에서 매우 중요한 사건입니다. 하나님은 이스라엘을 멸하려는 계획이 아니었습니다. 이스라엘을 회복해서 그들을 통해 전 세계를 회복하려고 했던 원래 계획을 이루려고 하셨습니다. 그런데 이스라엘은 하나님을 가벼이 여겼습니다. 하나님의 오래 참으심을 가벼이 여겼습니다.

그리하여 이 무서운 예언은 이스라엘 역사 속에서 실제로 성취됩니다. 저는 이 본문이 바벨론의 공격을 예언했다고 보는데, 이스라엘을 향한 바벨론의 공격이 전무후무한 거의 마지막 심판 같은 공격(요엘 2:2)이기 때문입니다. 그토록 고통스럽고도 길었던 이스라엘의 멸망은 열왕기하 18-25장에서 확인할 수 있습니다. 바벨론의 느부갓네살 왕은 기원전 605년, 602년, 597년, 586년에 유다를 네 번 침공합니다. 어떤 학자들은 이 네 차례 공격이 요엘서 1장에 나오는 네 번의 메뚜기 재앙과 닮았다고도 합니다. 유다의 마지막 왕 시드기야는 초기에 바벨론을 향해 친선 정책을 펼치다가 나중에는 돌아섭니다. 당시 유다 주변의 암몬, 페니키아, 모압, 에돔 같은 국가들이 동맹을 맺어 바벨론에 저항했기 때문입니다. 예레미야를 비롯한 선지자들이 바벨론에 맞서지 말라고 경고했음에도 반바벨론 동맹에 가담했다가 결국 마지막 침공을 당합니다. 바벨론의 느부갓네살 왕은 기원전 588년, 시드기야 9년에 유다를 전격적으로 침공해 예루살렘을 포위하고 공격합니다. 유다 왕국은 1년 6개월간 필사적으로 저항했으나 결국 기원전 586년에 완전히 멸망합니다. 예루살렘은 파괴되고 이스라엘의 역사는 유다의 패망을 끝으로 막을 내립니다. 요엘서의 예언은 이스라엘에 실제로 일어납니다. 실제로 성취되었습니다.

요엘서 2장 1-17절이 남유다 왕국이 멸망하기 직전에 여호와의 심판을 경고하기 위해 쓰였다는 사실은 70인역의 소선지서 순서에서도 나타납니다. 70인역은 기원전 2-3세기에 이집트에 있던 유대인 공동체가 아람어와 히브리어로 쓰인 구약성경을 당시 국제 공용어였던 헬라어로 번역한 성경입니다. 그때 성경에 속한 각 책을 시대순으로 배열했다고 봅니다. 70인역은 호세아, 아모스, 미가, 요엘, 오바댜, 요나 순으로 진행되는데, 호세아, 아모스, 미가까지가 남유다 왕국의 멸망을 예고합니다. 그다음에 요엘이 나오고, 이어지는 오바댜에서는 에돔이 예루살렘을 약탈할 때 너무 심하게 했다고 꾸짖는 이야기(오바댜 1:6, 10, 12, 15)가 등장합니다. 즉 오바댜는 남유다가 망한 다음의 예언입니다. 70인역의 순서를 본다면, 요엘서가 내용 중에 시대 배경을 특정하지는 않더라도 남유다가 침공당하기 직전에 쓰였다고 볼 수 있습니다.

2
마지막
날

우리는 괜찮은가

다양한 견해가 엇갈리는 요엘서의 저작 시기를 굳이 언급한 이유는 요엘서가 이스라엘 역사에 실제로 일어난 사건을 예언했기 때문입니다. 그렇다면 요엘서는 현대의 독자인 우리와는 아무 상관이 없을까요?

먼저, "여호와의 날"은 약 2,500년 전에 성취된 예언이면서 동시에 약 2,000년 전에 메시아 예수가 오셔서 세상을 심판하고 회복하신 때를 가리킵니다. 신약시대 그리스도인들은 요엘서가 예언했던 이스라엘의 멸망과 다를 바 없는, 자신에게 쏟아지는 하나님의 심판에서 구원을 얻었습니다. 하나님의 심판은 사람들이 "질리고" "낯빛이 창백해"져서(요엘 2:6) "누가 견뎌 내랴"(요엘 2:11)라고 말할 정도로 두렵고 떨리는 일인데, 우리 대신 메시아 예수께서 그 심판을 당하셨습니다. 이 사실을 믿는 이들이 그리스도인들입니다. 세상을 향해 쏟아지는 '하나님의 진노'를 대신 받으신 분이 십자가에 달리신 메시아 예수이십니다. 우리는 메시아 예수의 오심과 죽으심, 부활하심을 통해 구원을 얻었고, 하나님의 새로운 공동체에 속하게 되었습니다. 하나님의 가족, 그리스도의 몸, 성령의 전이라고 여겨지는 새로운 공동체는 '새 이스라엘'이라고 불립니다. 유대인이 중심이었던 옛 이스라엘은 이루지 못했으나, 이제는 모든 열방의 모든 사람이 아무런 차별 없이 그리스도 안에서 한 공동체가 되는 '새 이스라엘'이 탄생했습니다.

아무 자격 없는 우리가 십자가에서 우리 대신 심판을 받은 예수를 믿고, 이미 시작된 하나님 나라에 들어가게 되었습니다. 그리고 예수께서 다시 오실 때 완성될 하나님 나라를 기다리며, 이세상에서 하나님 나라 시민으로 살아갑니다. 그러므로 현대 그리스도인에게 요엘서는 이스라엘의 심판을 경고했던 이미 이루어진 예언이자, 이미 구원받은 자신들의 과거, 심판 아래 있었던 그때를 돌아보게 하는 본문으로 다가옵니다.

그런데 우리는 온 인류를 위한 "여호와의 날"이 마지막 한 번 더 남아 있음을 잘 알고 있습니다. 하나님의 심판을 몸소 대신 받으신 예수께서는 모든 인류가 구원을 얻도록 마지막 심판을 유예하셨습니다. 구약성경을 피상적으로 읽으면, 예수께서 메시아로 오셔서 이 땅을 심판하실 때 동시에 세상을 회복하시는 것처럼 보입니다. 심판과 회복이 동시에 일어날 것만 같습니다. 그러나 예수께서는 더 많은 이들에게 구원의 길을 열기 위해 심판을 받으신 후에 완전한 회복을 뒤로 미루시고, 마지막 심판을 그때까지 유예하셨습니다. 이 유예의 기간은 하나님의 자비의 시간입니다. 모든 사람이 돌아올 수 있는 시간을 하나님께서 허락하셨습니다. 그리고 새 이스라엘은 하나님의 마지막 심판과 완전한 회복을 기다리는 하나님의 공동체로 함께 살아갑니다.

그렇다면 새 이스라엘인 우리는 마지막 완성의 날을 기다리면서 어떻게 살아야 할까요? 옛 이스라엘을 심판하신 하나님께서는 새 이스라엘인 우리를 어떻게 대하실까요? 바울 사도가 로마서에서 다룬 주제 중 하나가 이방인과 유대인에 관한 것이었습니다(로마서 9-11장). 그중 로마서 11장 20절에서 23절까지를 읽어 봅시다.

> **20** 옳습니다. 그 가지들이 잘린 것은 믿지 않은 탓이고, 그대가 그 자리에 붙어 있는 것은 믿었기 때문입니다. 그러니 교만한 마음을 품지 말고, 도리어 두려워하십시오. **21** 하나님께서 본래의 가지들을 아끼지 않으셨으니, 접붙은 가지도 아끼지 않으실 것입니다. **22** 그러므로 하나님의 인자하심과 준엄하심을 생각해 보십시오. 하나님은 넘어진 사람들에게는 준엄하십니다. 그러나 그대가 하나님의 인자하심에 머물러 있으면, 하나님이 그대에게 인자하게 대하실 것입니다. 그렇지 않으면, 그대도 잘릴 것입니다. **23** 그러나 믿지 않았던 탓으로 잘려 나갔던 가지들이 믿게 되면, 그 가지들도 접붙임을 받게 될 것입니다. 하나님께서는 그들을 다시 접붙이실 수 있습니다.

하나님께서는 언약 관계에 있던 이스라엘에게 회개하고 돌아오라고 계속해서 기회를 주셨습니다. 하지만 이스라엘이 이를 무시했을 때 어떻게 하셨나요? 믿지 않았기 때문에, 다시 말해 신실하지 않았기 때문에 그들을 잘라 버렸다고 합니다. 여기서 "접붙은 가지"는 한때 이방인이었으나 지금은 새 이스라엘이 된 우리를 가리킵니다. 우리는 원래 참올리브나무가 아니었습니다. 돌올리브나무였습니다. 그런 우리를 하나님께서 참올리브나무에 접붙여 주셨습니다. 그런데 바울은 충성하지 않은 본래 가지도 하나님께서 아끼지 않으셨는데, 접붙인 가지라고 아끼실 것 같냐고 도전합니다.

오늘날 교회는 이 주제를 꺼리고 잘 가르치지 않습니다. 대신 "구원의 확신이 있으면 걱정하지 마세요. 우리가 아무리 죄를 지어도 하나님께서는 우리 죄를 용서해 주십니다. 하나님은 은혜의 하나님이십니다"라고 말합니다. 그런데 바울 사도는 "하나님은 하나님의 언약 백성일지라도 충성하지 않을 때는 회개하고 돌아오라고 계속 말씀하셨으며, 마지막 경고까지 무시하면 내치셨습니다. 하물며 한때 이방인이었던 여러분은 접붙임을 받은 이들이니 하나님을 더욱 두려워해야 하지 않겠습니까"라는 메시지를 전합니다.

히브리서에는 이런 경고 메시지가 가득합니다. 신약성경 마지막 책 요한계시록에는 더욱 충격적인 말씀이 나옵니다. 교회가 세워진 지 60-70년도 되지 않아 기록된 요한계시록은 예수께서 에베소 교회를 향해 말씀하신 내용을 기록합니다. "그러므로 네가 어디에서 떨어졌는지를 생각해 내서 회개하고, 처음에 하던 일을 하여라. 네가 그렇게 하지 않고, 회개하지 않으면, 내가 가서 네 촛대를 그 자리에서 옮기겠다"(요한계시록 2:5). 교회는 처음 생기고 나서 100년이나 200년 지난 후에 타락한 것이 아닙니다. 생겨난 지 50-60년도 안 된 교회인 에베소 교회를 향해 예수께서 하신 말씀은 준엄했습니다. 실인즉 기독교 역사는 수많은 교회가 세워졌다가 무너져 내린 역사이기도 합니다.

"하나님께서 세우신 교회가 무너졌다고요? 하나님께서 세우신 교회가 어떻게 무너질 수 있다는 말인가요?" 이렇게 물으실지 모르겠습니다. 예수께서는 "나도 너에게 말한다. 너는 베드로다. 나는 이 반석 위에다가 내 교회를 세우겠다. 죽음의 문들이 그것을 이기지 못할 것이다"라고 하셨습니다(마태복음 16:18). 개역개정에서 "음부의 권세"라고 번역한 "죽음의 문들"은 교회를 이기지 못합니다. 세상의 어떤 권세도 이기지 못하는 것이 교회입니다. 그런데 어떻게 해서 수많은 교회가 무너졌을까요? 예수께서 교회를 다른 무엇이 아니라 "이 반석" 위에 세우셨기 때문입니다. "이 반석"은 "주는 그리스도요 살아 계신 하나님의 아들입니다"라는 고백입니다. 그 고백에 기초해 세워진 공동체가 교회입니다. 그런데 말로는 "주는 그리스도요 살아 계신 하나님의 아들입니다"라고 고백하면서 실제 삶은 그렇지 않다면, "여호와 하나님이 유일하신 신이시며 우상과 모든 것은 가짜야"라고 하면서 동시에 우상을 섬겼던 이스라엘과 하나도 다를 게 없는 것입니다. 우리의 고백과 삶이 다르다면, 다시 말해 진실하지 않은 고백 위에 교회를 세우고 있다면, 그 교회는 이미 반석을 상실한 것입니다. 산상수훈 마지막 말씀처럼 홍수가 나면 무너질 수밖에 없습니다(마태복음 7:24-27).

기독교 역사는 무너져 내린 수많은 교회의 역사이며, 또한 진실한 고백을 이어 온 하나님 공동체의 역사입니다. 하나님께서는 교회를 버리지 않으십니다. 교회를 버린 이는 오히려 그리스도인들입니다. 하나님은 진실한 고백 위에서 살아가는 교회를 절대 버리지 않으십니다. 말로만 고백하고, 고백한 내용과 다르게 사는 그리스도인들이 교회를 무너뜨립니다.

　요엘서 2장의 "여호와의 날"에 대한 예언과 경고는 일차적으로 구약시대 옛 이스라엘을 향한 말씀이지만, 마지막 "여호와의 날"을 기다리는 신약시대 새 이스라엘에게도 적용되는 말씀입니다. 옛 이스라엘이 메뚜기 재앙을 맞아서도 하나님의 심판을 자각하지 못하고, 혼합적 신앙을 버리고 회개하기는커녕 옛 모습을 고수하다가 결국 심판에 이르렀듯이 오늘날 교회도 같은 위험에 처해 있습니다. 코로나19, 전쟁, 기후 위기 같은 재난을 통해 마음을 새롭게 하고 마지막 날로 유보된 "여호와의 날"을 상기하여 대비하지 않고 하나님과 세상을 겸하여 섬긴다면, 우리 역시 버려질 수 있다는 무서운 경고입니다. 하나님께서는 지금도 불가항력적 재난을 통해 그리스도인들에게 자신을 돌아보고 어긋난 길에서 돌이키라고 강력히 요청하고 계십니다. 이스라엘이 메뚜기 재앙을 겪으면서 앞으로 닥칠 "여호와의 날"을 대비하고 회개해야 했듯이, 오늘날 교회 역시 불가항력적 재난을 만날 때마다 그것이 깨진 세상의 실상임을 직면하고 그 원인을 숙고하며 하나님께로 돌아가야 합니다.

2
마지막
날

그날을 피하는 유일한 길

1장 끝에서도 다루었지만, 이제 요엘 선지자는 "여호와의 날"을 곧 맞닥뜨릴 남유다 왕국을 향해 하나님의 심판을 모면하고 오히려 복을 받는 길을 제안합니다. 그 길을 하나님께서 진정으로 원하시기 때문입니다.

마음을 찢는 회개

가장 중요한 것은 '참된 회개'(요엘 2:13)입니다. 요엘 선지자는 "옷을 찢지 말고 마음을 찢"으라고 합니다. 마음을 찢는다는 표현은 구약성경에서 여기서만 발견됩니다. 흔히 구약성경이 율법만 이야기하고 마음은 그다지 언급하지 않는다고 생각할지 모르지만, 구약성경도 마음을 끊임없이 강조합니다. 특히 회개의 핵심은 마음입니다. 요엘서 바로 앞의 호세아서도 마음을 반복해서 이야기합니다(호세아 7:2, 6; 10:13; 14:9). 특히 율법에 마음을 두지 않음(4:6), 포도주에 뺏긴 마음(4:11), 음란한 마음(4:12), 안개와 이슬 같은 마음(6:4), 거짓으로 가득 찬 마음(10:2), 교만한 마음(13:6)이 영적 간음 뒤에 도사리고 있는 숨은 이유라고 밝힙니다. 신명기에서는 육체의 할례보다 마음의 할례가 더 중요하다고 말합니다(신명기 10:16; 30:6). 예레미야서는 몸으로만 할례받고 마음으로 할례받지 못한 자들을 하나님께서 심판하신다고 이야기합니다(예레미야 9:25).

　구약성경에서 가르치는 율법과 모든 종교 행위는 마음에 기초해야 합니다. 그러므로 회개는 단지 슬퍼하거나 후회하는 것이 아니라, 마음으로 하나님께 돌아오는 것입니다. 원래 주인에게 주권을 돌려드리는 것입니다. 이러한 진실한 마음의 회개는 삶에서 열매로 나타납니다. 이런 열매 대신에 사회적 불의가 난무하면 하나님의 심판을 피할 수 없다는 것이 아모스서의 중요한 주제입니다(아모스 5:4, 21-24). 구약성경 여러 곳에서 회개할 때 옷을 찢는데, 요엘 선지자는 호세아서에 열거된 여러 악한 마음을 찢은 후에야, 그리고 아모스서에 나오는 실제 삶의 변화를 일으키는 회개를 한 후에야, "하나님 여호와께 돌아올" 수 있다고 선언합니다(요엘 2:13). 진실한 마음의 회개, 실제로 변화가 일어나는 회개가 필요합니다.

　요엘 선지자는 회개하면 용서받을 수 있다며 그 근거를 다섯 가지나 듭니다. 요엘서 2장 13절에서 "그는 은혜로우시며 자비로우시며 노하기를 더디 하시며 인애가 크시사 뜻을 돌이켜 재앙을 내리지 아니하시나니"라고 말합니다. "그러나 이제라도"라고 하시며 이스라엘을 향한 당신의 마음을 직접 드러내신 하나님에 관해 자세히 설명합니다. 이스라엘이 돌아가야 할 여호와 하나님은 첫째, 은혜로우신 분, 곧 값없이 사랑을 베푸시는 분입니다. 둘째, 자비로우신 분, 곧 자격 없는 자를 불쌍히 여기시는 분입니다. 셋째, 노하기를 더디 하시는 분, 곧 참고 인내하시며 기다리시는 분입니다. 넷째, 인애가 크신 분, 곧 사랑을 변함없이 주시는 분입니다. 마지막으로 뜻을 돌이켜 재앙을 내리지 않는 분, 곧 언제라도 심판을 거둘 준비를 하고 계신 분입니다. 하나님의 이런 마음이 이방인들을 향해서도 똑같다는 놀라운 사실을 요나서는 전합니다. 니느웨의 이방인들이 회개하자 하나님께서는 심판하려는 마음을 거두십니다. 소선지서의 주제가 바로 이것입니다. "나는 심판을 원하지 않는다. 너희를 멸망시키고 싶지 않다. 너희를 살리고 싶다. 나는 언제나 그럴 준비가 돼 있다. 그러나 너희가 돌이키지 않을 정도로 마음이 굳어져서 그 길로 계속 간다면 너희를 심판할 수밖에 없다. 그러니 이제라도 제발 돌아와라." 이것이 구약성경에서 반복되는 주님의 말씀입니다. 하지만 불행히도 이스라엘은 이 제안을 거부합니다.

'회개=용서'가 아니다

14절은 회개하는 우리의 자세가 어떠해야 하는지를 알려 줍니다. "그가 혹시 마음과 뜻을 돌이키시고 그 뒤에 복을 내리셔서 너희 하나님 여호와께 소제와 전제를 드리게 하실지 누가 알겠느냐." 여기서 우리는 회개한다고 자동으로 용서받지 않는다는 사실을 알 수 있습니다. 마음을 찢는 회개를 보시고 하나님께서 심판하려는 마음과 뜻을 혹시 돌이키실지도 모른다는 조심스러운 기대가 엿보입니다. 흔히 우리는 회개를 용서의 근거라고 생 — 86

각하는데 그렇지 않습니다. 하나님 앞에서 자동적인 용서는 없습니다. 기계적인 용서도 없습니다. 요엘 선지자는 하나님을 경외합니다. "용서는 그분께 속한 것이다. 그분이 용서해 주실지도 모르지 않느냐"라며, 용서의 주권이 철저히 하나님께 있다고, 용서는 앞서 다섯 가지 성품을 지녔다고 했던 그분께 달려 있다고 고백합니다.

그런데 오늘날 그리스도인들이 보이는 자세는 사뭇 다릅니다. 많은 그리스도인이 용서를 떼 놓은 당상처럼 생각합니다. "용서는 나의 권리!" 이것이 우리 모습은 아닌지 돌아봐야 합니다. 하나님께서 완전히 구원하셨으니, 완전히 용서하셨으니, 언제나 용서받을 권리가 있다고 생각합니다. 우리는 혹시 하나님께 회개하며 용서를 구할 때 두려워하는 마음 없이 자동적이고 기계적인 용서를 기대하지는 않나요. 만약 그렇다면 요엘 선지자의 권고와는 너무 거리가 먼 회개입니다. 예수 그리스도의 대속적 죽음을 온전히 믿고 기도한다고 해도 용서의 주권을 가진 하나님을 두려워하는 마음 없이 회개한다면, 하나님을 모욕하는 것입니다. 우리가 회개할 때 하나님께서 용서해 주신다고 약속하셨으므로 그 약속에 의지해 감사하며 또 두려워하며 나아가지 않고, 용서받는 것을 권리처럼 생각해 감사함도 두려움도 없이 하나님 앞에 나아간다면 기독교를 잘못 이해한 것입니다. 성경의 하나님을 잘못 이해한 것입니다.

오늘날 한국 기독교가 말하는 용서가 왜 그토록 값싸졌을까요? 죄짓는 것을 왜 두려워하지 않을까요? 용서를 구원받은 사람들의 권리처럼 생각해서 그런 것은 아닐까요? 용서의 주권이 하나님께 있다며 두려워하기보다는, 용서의 주권이 자신의 회개에 있다고 은연중에 생각하고 있는 것은 아닐까요? 우리가 회개하면 하나님은 용서하셔야 할 의무가 있는 것처럼 생각하니, 버젓이 다시 죄를 짓고는 또다시 '용서받는 은혜'를 누립니다. 스스로 용서받았다며 자숙하는 시간도 없이 사역에 복귀하는 목회자부터, 심각한 죄를 지은 사람이 분명하게 돌이키거나 자숙하지도 않았는데 그냥 없던 일로 하자는 사람들까지…. 이 모든 값싼 용서는 하나님을 두려워하는 마음이 사라졌기 때문에 발생합니다. 용서의 주권이 하나님께 있다는 사실을 잊어버리고, 기계적으로 또 자동으로 용서받을 수 있다는 듯 하나님을 비인격화한 결과입니다. 그러면서 우리 신앙도 비인격적으로 변합니다.

요엘 선지자는 참된 회개 자세가 어떠해야 하는지도 알려 주지만, 진정한 용서를 받으면 그 결과가 어떠한지도 이야기해 줍니다. "소제와 전제를 드리게 하실지 누가 알겠느냐"라며 여전히 불확실성에 기초한 소망을 이야기합니다. 1장에서 언급했듯이, 소제와 전제는 매일매일 드리는 예배입니다. 다시 말해 용서받은 표지는 하나님과의 관계 회복입니다. 참된 회개는 용서하시는 하나님을 인격적으로 의지하며 나아가는 것이고, 용서의 결과 역시 하나님과 인격적 관계를 다시 맺는 것입니다. 오늘날 한국 기독교는 용서도 자동으로 일어난다고 가르치고, 용서의 열매로 반드시 나타나야 하는 하나님과의 관계 회복과 발전에도 별 관심을 두지 않는 이상한 용서를 가르칩니다. 우리가 용서받는 이유는 하나님과 사랑하는 관계를 회복하기 위해서이지, 천국에 들어가는 입장권을 얻기 위해서가 아닙니다. 그러므로 자신은 용서받았다고 하지만, 하나님과의 관계가 회복되거나 발전하지 않는다면 참된 회개를 했는지 돌아보아야 합니다. 반대로 용서의 주권이 하나님께 있음을 믿고, 회개로 인해 전제와 소제를 매일 드리듯이 하나님과의 관계가 조금씩 발전하고 있다면, 그래서 하나님을 조금씩 조금씩 더 알아 가며 그분을 더 사랑하려고 애쓰고 있다면, 용서하신 하나님 앞에 진실로 서 있는 것입니다. 혹시 용서받은 사람답게 하나님과의 관계가 깊어지지 못해서 안타깝고 '어떻게 하면 주님을 더 사랑할 수 있을까?' 하고 진실하게 고민하고 있다면 기뻐하십시오. 당신은 용서받은 사람입니다. 그런 모습이야말로 참된 회개를 통해 하나님께 돌아온 사람에게서 발견되는 특징입니다.

모두의 재난, 모두의 회개

이 같은 모습을 어떻게 하면 더 강화할 수 있는지가 15-17절에 나오는데, 바로 공동체적 회개입니다. 요엘 선지자는 단지 한 개인에게 마음을 고쳐먹으라고 하지 않고, 공동체가 함께 회개하라고 강력하게 요청합니다. 자그마치 명령문 8개가 연이어 쏟아져 나옵니다. "불라", "정하라", "소집하라", "모으라", "거룩하게 하라", "모으라", "모으라", "나오게 하라". 급박하게 이어지는 여덟 명령어는 사태가 지금 얼마나 심각한지를 잘 보여 줍니다. 개역개정과 새번역에서는 "너희는"과 "~고"를 사용해 번역했으나 그보다는 각각을 명령문으로 옮겨야 그 급박함이 더 잘 전해집니다.

15절의 나팔은 1절에서 적군에게 공격당할 때 불었던 나팔과는 달리 회개를 요청하는 나팔입니다. 이어서 금식일을 정하고 성회를 소집하라고 명령하는데, 이는 공동체로 한데 모여서 회개하라는 뜻입니다. 성회에는 모든 백성, 즉 나이 든 장로부터 어린이와 젖 먹는 아이까지 참여하라고 합니다. 어린이와 젖먹이는 아직은 자기 의지로 이스라엘의 죄에 참여하지 않은 이들입니다. 영적 간음과 사회적 불의를 아직 모르는 이들입니다. 그런데 그들까지 성회에 참여하라고 합니다. 그뿐만 아니라, 결혼해서 신방에 들어가 있는 신랑과 신부도 나오라고 합니다. 이스라엘 율법에 따르면 신혼 첫해에는 군대도 면제받았는데(신명기 24:5), 그들마저 예외가 아니었습니다. 즉 모든 사람이 공동체로 한데 모여서 공동체 전체가 회개하라는 말씀입니다.

이는 이스라엘이 한 공동체이고, 그들이 당하는 재앙이 공동체 전체를 대상으로 하기 때문입니다. 그리고 회개하고 새로워지려는 결단이 개인의 결정만으로는 완전히 이루어지기 어렵다는 영적 특성을 잘 보여 줍니다. 17절에서 요엘 선지자는 "여호와를 섬기는 제사장들로 낭실과 제단 사이에서 울며 이르게 하라"라고 합니다. 제사장들이 하나님께 울며 아뢰는데, 그 장소가 낭실과 제단 사이입니다. 낭실은 제단으로 올라가는 계단입니다. 제사장이 하나님께 제사를 드리려면 제단에 올라가야 하는데 들어갈 수가 없는 것입니다. 회개 없는 제사는 성립할 수 없으므로 백성의 회개하는 마음이 먼저 있어야 합니다. 그래서 제사장들에게 사람들이 모여 있는 장소와 제단으로 이어지는 계단에서 기도하라고 합니다. 백성들이 듣고 깨우쳐서 정신을 차리게 하라는 명령입니다. 17절의 기도 내용은 다음과 같았습니다. "주의 백성을 불쌍히 여기소서." "주의 기업을 욕되게 하지 마옵소서." "이방인들이 하나님이 어디에 있느냐 하고 말하지 못하게 하소서." 이는 하나님의 자비를 구하는 호소이며, 하나님의 언약에 대한 상기이며, 하나님의 이름에 대한 기도입니다. 지도자들의 기도를 통해 하나님 앞에 아뢰되, 동시에 이스라엘 백성에게 하나님의 자비와 언약과 이름을 기억하게 하는 것입니다.

요엘서 2장 1-17절 중에 하나님께서 직접 말씀하신 부분은 12절뿐입니다. 13-17절은 12절의 신탁해 기초해 요엘 선지자가 풀어서 전한 메시지입니다. 하나님의 공동체에는 이런 선지자가 필요합니다. 하나님의 메시지를 듣고 이를 풀어서 전하는 사람이 선지자입니다. 이들은 공동체에 속한 이들이 하나님의 자비와 언약과 이름을 잊지 않도록 상기시킵니다. 오늘날 한국 교회가 이스라엘의 실패를 반복할 가능성이 큰 이유는 선지자 역할을 하는 사람이, 그들의 선지자적 설교가 거의 사라져 버렸기 때문입니다. 늘 용서하시고 은혜를 베푸시고 한 사람 한 사람 사랑하시는 하나님만 전합니다. 위로하고 달래는 말랑말랑한 메시지만 넘쳐납니다. 재난을 통해 보여 주신 하나님의 마음과 뜻을 풀어서 가감 없이 전하는 요엘 같은 선지자는 찾아보기 힘듭니다.

코로나19 팬데믹 중에 여러 교회에서 받은 설교 요청은 물론이고 목회자 모임에서도 "위로"의 메시지를 원해서 놀랐습니다. 울며 회개하며 깨어나야 할 때인데, 위로를 원했습니다! 요엘 같은 선지자의 목소리가 있었는데도 이스라엘은 실패했습니다. 그런데 선지자가 사라진, 선지자의 메시지를 거부하는 한국 교회가 이스라엘의 실패를 반복하지 않을까요. 오늘날 교회에서는 회개 대신 위로의 메시지가 넘쳐나고, 개인의 회개만 강조하고 공동체 전체가 새 이스라엘을 향한 하나님의 뜻을 알아차리고 함께 회개하는 일은 매우 희박해졌습니다.

그들은 실패했다, 그러면 우리는

하나님은 이스라엘이 회개하기만 하면 심판의 계획을 파기하고 이스라엘을 회복할 뿐 아니라 인류 전체를 구속하려는 원래 계획을 실행하려고 하셨습니다. 요엘서 2장 1-17절은 성경 전체에 걸쳐 나타나는 하나님의 구원 역사, 하나님 나라의 실현과 연

관해 매우 중요한 역할을 합니다. 다음 장에서 살펴볼 요엘서 2장 28-29절은 모든 이에게 성령을 부어 주신다는 예언인데, 사도행전 2장에서 베드로 사도가 오순절 때 인용한 구절이기도 합니다. 결국 회복과 축복의 메시지는 새롭게 탄생한 새 이스라엘을 통해 이루어졌고, 불행히도 옛 이스라엘은 하나님의 경고와 그분의 간절한 마음을 거절하고 반역하여 심판받았습니다. 앞서 살펴본 대로, 새 이스라엘도 옛 이스라엘의 실패를 반복할 수 있습니다. 이를 피하려면 어떻게 해야 할까요?

1장에서 요엘 선지자는 메뚜기 재앙을 만난 이스라엘에 "각성하고 돌아서기", "주님을 찾고 의지하기", "깨어 있는 지도자들이 본을 보이기"를 요청했습니다. 2장에서는 그 맥락을 이어서 요엘 선지자가 "여호와의 날"을 예고하며 더 절박하고 시급하게 요청하는 바가 무엇인지를 정리해 봅시다.

큰 그림 안에서 바라보기

코로나19 같은 감염병은 물론이고 홍수나 지진 같은 천재지변, 세계적인 경제 위기, 국지전을 비롯한 전쟁이 발생했을 때 그리스도인은 그 모든 현상이 깨진 세상의 민낯이 드러난 것이며, 여호와의 날의 전조임을 알아차려야 합니다. 그래서 새 이스라엘은 전 지구적 재앙이 나타나면 정신을 차리고 하나님께로 돌아가야 한다는 사실을 절감합니다. 지금 당장 하나님의 심판이 임하지 않고 유예된 것이 하나님의 은혜 때문임을 기억합니다. 그러니 우리는 하나님께로 돌아갈 기회가 아직 남아 있다는 사실에 감사하면서 그분께로 돌아가야 합니다. 재난을 맞은 우리는 하나님이 우리를 멸망시키기보다는 살리기 원하시는 분임을 알기에, 재난이 지나가기만을 기다리지 않고, 그 대신에 정신을 차리고 재난에 담긴 의미를 깨달으려고 애씁니다.

이처럼 재난을 해석하는 힘은 '하나님께서 인류 역사를 어떻게 이끌어 가시는가'라는 가장 큰 이야기에서만 얻을 수 있습니다. 그 이야기는 하나님께서 만드신 창조세계, 공공의 선과 개체의 선이 어우러진 아름다운 공생의 세계로 시작합니다. 하나님은 그 세계의 중심에 자신의 형상을 닮은 인간을 세웠습니다. 인간이 하나님의 주권을 인정하고 그 다스림 아래에서 살아갈 때, 조화로움과 아름다움과 생명력이 그 세계에 충만하도록 하나님은 의도하셨습니다. 그런데 우리가 잘 알듯이 하나님 중심의 우주를 인간은 자기중심의 세상으로 바꾸었습니다. 이것이 죄의 본질입니다. 하나님 중심의 세상과 인생을 자기중심적 세상과 인생으로 바꾼 것, 이는 생명과 지혜의 원천에서 스스로 떠난 것이며, 그래서 세상과 인생에는 죽음과 어리석음이 가득 차오릅니다.

이 같은 세계를 원래 계획대로 회복하기 위해 하나님은 아브라함을 부르셨고, 그를 통해 이스라엘을 부르시고, 이들을 통해 열국이 하나님께 돌아오도록, 다시 말해 만물을 회복하려 하셨습니다. 그 여정이 구약성경에서 우리가 만나는 하나님의 역사입니다. 그러나 이스라엘은 하나님 백성으로 살지 못했고, "돌아오라"라는 하나님의 끊임없는 부르심도 끝내 외면합니다. 결국 이스라엘은 가나안 정복 때 하나님의 도구로서 그 땅을 심판했던 것과 똑같은 방식으로, 이번에는 하나님의 도구가 된 주변국에 의해 자신이 심판받습니다.

우리가 이번 장에서 살펴본 요엘서 본문은 이스라엘을 향한 하나님의 마지막 경고입니다. 불행히도 이스라엘은 그 경고를 무시하고 "여호와의 날"에 "여호와의 군대"에 의해 "여호와의 심판"을 받습니다. 그러나 하나님은, 다음 장에서 살펴보겠지만, 새로운 이스라엘을 일으키셔서 '세상 회복 프로젝트'를 이어 나가십니다. 구약성경이 예언한 대로 메시아이신 예수를 보내시고, 그의 죽음과 부활을 통해 하나님 나라를 시작하십니다. 그리고 메시아 예수의 십자가 죽음에 의지해 그 나라에 들어간 사람들을 새 이스라엘로 세우시고, 그들에게 '세상 회복 프로젝트'를 이어 가도록 하십니다. 주님이 마지막 "여호와의 날"에 다시 오셔서 세상을 심판하고 완전히 회복하실 때까지, 새 이스라엘은 하나님과 동행하며 세상을 회복하는 하나님의 일을 하며 세상 속에서 살아갑니다. 그런데 그 과정에서 우리는 끊임없이 반복되는 재난을 경험합니다. "지진, 기근, 전쟁, 전염병"으로 표현되는 여러 징조가 그 기간에 있다고 메시아 예수께서는 예언하셨습니다 (마태복음 24:7; 마가복음 13:8; 누가복음 21:11, 특히 누가복음은 전염병을 추가합니다!).

2
마지막
날

이 같은 역사관을 가진 이들은 오늘날 계속해서 찾아오는 불가항력적 재난의 의미를 해석할 수 있습니다. 재난에 놀라거나 당황하지 않고, 하나님을 떠나서 형편없이 깨진 세상의 실체를 다시금 발견합니다. 그리고 그 가운데서 개인과 공동체의 역할이 무엇인지를 상기합니다. 코로나19 같은 재난을 과학적으로, 또한 역사나 사회적 맥락에서 이해하는 일은 꼭 필요합니다. 하지만 그러한 해석과 이해만으로는 부족합니다. 인류의 세속사 가운데서 일하고 계시는 하나님을 발견해야 합니다. 예수 메시아가 오심으로 시작된 하나님 나라가 그의 다시 오심으로 완성될 때까지 그리스도인은 역사의 주관자이신 여호와 하나님을 진정으로 경외해야 합니다. 마음을 찢고 하나님께로 돌아와 하나님 편에 서야 합니다. 그러나 세상은 교활하기 그지없어서 재난이 반복되어도 개인의 삶에 침거해 안전하게 살면 된다고 부추깁니다. 인간의 탐욕으로 새로운 인수공통감염병이 계속 찾아오고, 지구 생태계 전체가 깨져서 생긴 일이라고 과학자들이 아무리 경고해도, 사람들은 감염병이 잦아들기만 기다리면서 배달 음식과 온라인 쇼핑으로 새로운 편리함을 누리며 더 많은 쓰레기를 배출합니다. 온라인 미디어의 온갖 즐길 거리들은 우리 눈과 귀는 물론이고 마음까지 사로잡아 우리의 시간을 순식간에 사라지게 합니다.

이런 상황에서 교회가 하나님의 값싼 은혜와 언약만 강조해서는 안 됩니다. 값싼 은혜를 거부하고 진정한 은혜를 누리려면, 하나님을 경외하고 하나님께 진심으로 돌아오는 참된 회개를 해야 합니다. 그 결과는 삶의 모든 영역에서 하나님께서 주인이 되심으로 드러납니다. 이 같은 일은 하나님 나라 시민으로 살아가는 이들에게 의무가 아니라 영광과 특권으로 다가옵니다. "여호와의 날"에 완성되어 영원히 지속될 하나님 나라를 먼저 맛보고 먼저 살아 내는 일은 하나님 나라의 역사의식 없이는 불가능합니다. 하나님의 언약도 '나는 죽어서 천국에 간다'라는 개인주의적 해석으로만 쓰이면 안 됩니다. 하나님의 언약은 이스라엘과 맺으신 것이며, 새 언약은 새 이스라엘과 맺으신 것입니다. 그러므로 언약을 절대로 파기하지 않는 하나님의 신실함을 강조하려면, 깨진 세상을 결국에는 심판하고 새 이스라엘을 통해 당신의 나라를 온전히 회복하실 하나님의 신실함에 근거해야 합니다. 이 같은 하나님의 신실함에 의지해 새 이스라엘, 새로운 공동체에 속한 우리도 이미 시작된 하나님 나라가 완성될 그날을 바라보며, 비록 깨진 세상에서라도 우리 몫을 다하며 신실하게 살아갈 수 있습니다. 불가항력적 재난은 우리 눈을 들어 하나님 나라의 거대한 역사와 온 세상이 회복되는 그날을 바라보게 합니다.

서로를 북돋우며 살아가기

들도 보도 못한 재난을 하나님의 역사라는 관점에서 해석하면, 고통당하는 세상과 이웃과 자신으로 인해 몸과 마음이 힘들면서도 한편으로는 안도합니다. 지금의 재난과는 비교할 수 없는 하나님의 심판에서 벗어나 새 이스라엘이 되었다는 깨달음과 감격이 찾아오기 때문입니다. 기독교의 복음을 제대로 이해하지 못한 사람들의 특징 중 하나는 깨진 세상에 살면서도 이미 그 일부가 되었다는 끔찍한 사실을 진지하게 생각하지 않는다는 점입니다. 하나님을 떠난 세상이 겉으로는 화려하고 편리하고 영구한 듯 보여도 실제로는 수많은 사람이 그 안에서 불의와 고통으로 허덕이고 있습니다. 그 사실을 깊이 직면하면 할수록 새 이스라엘에 속한 감격은 더욱더 크게 솟아납니다. 그 감격은 우리를 새로운 삶으로 이끕니다. 옛 이스라엘은 하나님에게서 "너희는 그들과 다르게 살라"라는 말씀을 들었지만, "우리도 이방 나라들처럼"(사무엘상 8:5, 20) 살고 싶다고 했습니다. 하지만 새 이스라엘은 세상과는 다른 삶을 추구합니다. 만약 하나님을 무시하고 자신이 주인이 되어서 깨진 세상을 더 심하게 망가뜨리고 있다면, 세상이 주는 매력과 유혹에 빠져서 하나님을 모르는 이들처럼 헤매고 있다면, 우리 역시 옛 이스라엘의 실패를 반복하고 있는 셈입니다.

하나님이 없다고 주장하는 문화에 둘러싸인 그리스도인 개개인이 하나님 나라 시민으로 살아가기란 여간 어렵지 않습니다. 어쩌면 거의 불가능할지 모릅니다. 그때 새 이스라엘이 공동체라는 사실이 얼마나 큰 위로이며 복인지요! 홀로 고립되어 하나님 나라를 세상에 드러내며 살아야 했다면 얼마나 힘들었을까요. 그러나 우리에게는 하나님의 심판에서 벗어나는 복을 받은 사람들, — 98

하나님의 주인 되심을 세상과 자기 인생에서 주장하며 누리는 동지들이 있습니다. 이들이 새 이스라엘이며, 우리가 속한 교회 공동체입니다. 우리는 함께 모여 '하나님의 거대한 이야기'를 다시 상기하고, 우리가 경험하는 세상과, 특히 예고 없이 닥치는 재난의 의미를 되새깁니다. 우리를 속이는 세상을 경계하며, 그 속에서 항상 깨어 있도록 서로 격려하고 경책합니다. 우리에게 새 이스라엘다운 공동체가 없었다면 이미 세상의 일부로 전락했을 가능성이 큽니다. 우리 귀에 대고 '넌 어차피 혼자야'라고 속삭이는 소리에 잠식당했을 것입니다.

우리는 공동체에 속해서 세상을 밝히 보도록 서로 도와야 합니다. 세상은 어둠으로 가득 차 있습니다. 성경에서 어둠은 빛의 근원인 하나님을 제거해서 빛을 잃은 상태를 상징합니다. 그런데 지금 세상은 어둠을 제대로 이해하기가 참 어렵습니다. 전깃불이 세상을 환하게 밝힌 이후부터 물리적인 어둠이 사라졌습니다. 인공 빛이 도시를 밝히고 한밤중에도 사람들은 자지 않고 무언가를 합니다. 인간은 밤을 통제하기 시작했고, 이제 정말로 세상을 통제하는 것 같습니다. 하나님 없이도 세상을 지배하며 살아갈 수 있다고 말하는 세상의 실체를 밝히 보도록 공동체로 모여서 서로 도와야 합니다. 누군가는 좀 더 선명히 보면서 발견한 사실을 나누고, 그렇게 서로 도전해야 합니다. 최근에 백내장 수술을 했습니다. 두 눈 모두 백내장 증상이 있었지만 더 심한 오른쪽 눈을 먼저 시술했습니다. 시술하고 나서 며칠간 눈을 가리고 있던 안대를 풀었던 그 순간을 잊지 못합니다. '세상이 이렇게 맑게 보이다니….' 안구에 낀 백태 같은 것을 제거하니 세상이 그렇게 맑을 수가 없었습니다. 하지만 얼마 지나지 않아 왼쪽 눈이 흐릿하다는 사실을 발견했습니다. 오른쪽 눈이 맑아지자 견딜 만했던 왼쪽 눈이 매우 불편하게 느껴졌습니다. 하나님 나라라는 새로운 렌즈를 가지면, 불편한 줄 모르고 그런대로 보아 왔던 세상의 본모습을 선명하게 보게 됩니다. 이처럼 세상을 좀 더 선명하게 보며 살아가는 이들의 이야기는 그들과 같은 공동체에 속해 있으나 여전히 세상을 흐릿하게 보며 그 일부로 살아가는 이들의 눈을 밝혀 줄 수 있습니다. 나 홀로 그리스도인은 없습니다. 우리는 모두 새 이스라엘에 속했기 때문입니다.

마지막을 누설하기

오늘날 재난을 통해 "여호와의 날", 하나님의 마지막 심판의 날이자 완전한 회복의 그날을 진짜로 인식하면, 우리 삶은 완전히 다른 길로 진입합니다. 우리는 세상의 끝에 "여호와의 날"이 전 우주에 임한다고 믿고 기대하며, 그날이 우리 생애에 이루어지기를 소망합니다. 하지만 지난 2천여 년간 우리보다 앞선 그리스도인들은 그 소망 가운데 죽음을 맞이했습니다. 우리 생애에 그날이 오지 않아도, 우리 각자는 자기 삶을 마감하는 날을 맞을 것입니다. 만사가 그렇지만 마지막을 의식하면 해야 할 일의 우선순위가 자연스레 매겨지고, 꼭 해야만 하는 일을 하면서 얼마 남지 않은 시간을 의미 있게 보내게 됩니다. 학교 과제이든 회사 프로젝트이든 마감 일이 없으면 우리는 습성상 계속 미루기 마련이니까요. 하지만 우리 인생에는 마감 일이 있습니다. 죽음이 찾아옵니다. 우리 개개인은 죽음으로 "여호와의 날"을 맞이할 것입니다. 그날에 우리는 하나님의 심판대(로마서 14:10)와 그리스도의 심판대(고린도후서 5:10) 앞에 서기 때문입니다. 죽음을 선명하게 인식할수록 우리 삶도 선명해집니다.

문제는 오늘날 문화가 어둠을 통제하듯이 죽음을 거세해 버렸다는 것입니다. 나이가 들면 가까이 다가오는 죽음을 절감합니다. 눈도 침침해지고, 치아도 하나둘 허술해지고, 무릎 연골도 닳아서 사라집니다. 그런데 현대 의학은 우리에게 백내장 수술과 임플란트와 인공관절을 선물합니다. 나이 듦과 죽음이 아니라 조금 더 편하고 건강하게 살 수 있는 길이, 치료할 돈만 있다면 열립니다. 그뿐만 아니라 현대인은 주검을 볼 기회가 거의 없습니다. 제가 대학 다니던 때만 해도 집에서 장례를 치렀습니다. 황색 조등을 달고 집에서 문상객을 맞았습니다. 시신은 염을 해서 병풍 뒤에 모셨습니다. 동네에서 자주 죽음을 접하고 주검을 목격했습니다. 그런데 장례법 제정 후부터는 모든 주검을 병원이나 장례식장의 냉동고에 안치합니다. 가족도 입관 때 한 번만 주검을 볼 수 있습니다. 생명을 잃어 몸만 남은 주검을 만져 보기는커녕 가까이 가기도 어려워졌습니다. 게다가 나이 들거나 병들어

죽을 때 대개는 집이 아니라 병원에서, 그것도 중환자실에서 죽음을 맞이합니다. 통증이 심해지면 진통제를 투여해 고통 없이 죽음을 맞도록 합니다. 고통을 줄이는 일은 당연히 필요하지만, 죽음을 맞이하는 본인조차 죽는다는 사실을 모른 채 중환자실에서 홀로 약물로 잠든 상태에서 죽음을 맞습니다. 이렇게 계속 죽음을 뒤로 미루고 통증을 제어하니, 죽음에 대한 공포도 예전만큼 크지 않습니다.

죽음이 거세된 문화에서 '마지막 날'을 떠올리려면 매우 큰 상상력이 필요합니다. 지금 이곳의 삶이 중요하다며 미래 계획을 위해 지금의 행복을 유보하는 행위는 어리석다고 이야기합니다. 그러면서 어쩔 수 없이 맞이해야 하는 죽음조차도 시야 밖으로 밀어냅니다. 그러니 세상의 끝이요 인생의 끝인 "여호와의 날"을 염두에 두고 살라는 말은 비현실적으로 다가옵니다. 하지만 하나님의 역사와 그 안에서 자기 인생을 바라보는 사람들은 "여호와의 날"을 기다리고 대비합니다. 마지막 날에는 하나님 나라의 왕이신 하나님께서 인정한 것만이 영원한 나라로 이어지고, 이 세상에 속한 것은 모두 사라집니다(마태복음 13:30; 고린도전서 3:10-15). 이 사실을 선명하게 알면, 하나님 나라 가치를 추구하는 삶은 헌신이나 고역이 아니라 상식이며 특권이 됩니다. 그리스도인으로서 자기 죽음에 대해 심각하게 생각해 보지 않고, 그래서 완성될 하나님 나라에 대한 소망도 없다면, 하나님의 역사에 대한 인식이 부족할 뿐만 아니라 신앙 역시 어린 상태에 머물 수밖에 없습니다. 성경은 너무나 자명하게 세상과 인생의 끝을 말하는데도, 당면한 재난이 세상과 인생의 민낯을 보여 주는데도, '마지막'에 대한 인식이 없으니 그 너머의 소망은 당연히 희미해집니다. 종말도 의식하지 않고 그 이후 소망도 없으면, 우리를 속이는 세상에 쉽게 동화하고, 어쩌면 동화되었다는 사실조차 인식하지 못한 채 세상적인 것들에 마음을 빼앗기고, 더 나아가 집착할 것입니다. 그러므로 코로나19 같은 재난이 닥쳤을 때, 우리는 무엇보다 먼저 세상의 마지막인 "여호와의 날"을 인식하고 기다리며 사는 새 이스라엘이 되어야 합니다.

우리는 서로를 깨우는 공동체를 세우면서 동시에 세상을 향해서도 참된 회개를 요청해야 합니다. 기독교는 가벼운 종교가 아닙니다. 그럴 수가 없습니다. 자동으로 용서받는 것도 아니며, 진정한 마음의 회개 없이는 하나님께로 돌아올 수 없는데, 복음을 전할 때 "세상에서 복 받고, 죽어서는 천당 간다"라며 기독교의 중요한 메시지를 손쉽게 삭제해 버립니다. 그러니 복음을 듣는 사람도 세상과 자기 인생의 실체를 직면하는 과정 없이 기독교에 편입됩니다. 어떻게 해서든지 사람들을 교회에 데려오면 된다고 생각하지 말아야 합니다. 깨진 세상에 대해 알게 하여 문제의식을 공유하고, 우리가 깨진 세상의 일부로서 세상과 함께 심판받는다는 사실을 알려 주어야 합니다. 코로나19 같은 상황은 그리스도인들에게 소중한 기회였습니다. 소중한 관계와 죽음, 인류와 문명 같은 주제를 누구나 할 것 없이 심각하게 숙고할 수 있는 절호의 기회였기 때문입니다. 인류의 탐욕과 이를 알고도 아무것도 할 수 없는 개개인의 무력함과 때로는 무관심, 그리고 코앞으로 다가온 죽음까지 재난은 인생의 본질과 인생에서 가장 중요한 것이 무엇인지를 직면할 수 있는 시간이었습니다. 깨진 세상에 오셔서 세상을 회복하시려는 메시아 예수에 관해 이야기 나눌 수 있는 매우 좋은 환경이었습니다.

어쩌면 하나님은 코로나19 같은 재난을 통해 큰 소리로 "여호와의 날"이 가까이 왔다고 인류 전체에게, 각 개인에게 경고하셨는지 모릅니다. 사람들도 심각하게 세상과 인류와 자기 인생에 대해 생각해 볼 수 있었습니다. 이러한 때에는 심판을 유보하고 모든 사람이 돌아오기를 기다리는 하나님의 마음을 그리스도인들이 품고, 친지와 친구, 동료와 이웃을 돌보는 것이 마땅했습니다. 하지만 많은 사람이 이 귀한 기회를 놓쳤습니다. 그러나 혹시 이번에 기회를 지나쳤다고 해도 너무 자책하지 마십시오. 재난은 경제 위기로, 지역이나 세계적인 갈등과 전쟁으로, 그리고 무엇보다 또 다른 감염병으로, 생태계 파괴로 인한 온갖 이상 현상으로 다시 올 것입니다. 점점 잦아지는 재난에 놀라지 말고, 오히려 무슨 일인지 몰라 놀라고 당황하는 이웃에게 하나님 나라 복음을 전하십시오.

그들에게 복음이 제대로 전달되었다면, "내가 하나님을 믿을 수 있을까? 하나님을 온통 부인하는 세상에서 내가 믿고 싶어도 끝까지 갈 수 있을까? 잘 모르겠어"라고 이야기할 것입니다. 그들은 진정한 회심 직전까지 온 사람들입니다. 하나님의 메시지를 마음으로 받아들이고 있기 때문입니다. 이런 고백이 가능하도록 우리는 사랑하는 사람들에게 깨진 세상을 회복하려는 하나님 나라의 복음을 선명하게 알려 주고 참된 회개를 요청해야 합니다. 복음을 소개하는 책을 함께 읽는다고 회심하지는 않습니다. 세상과 자신, 그리고 하나님과 진실하게 직면한 사람만이 구원을 간절히 바라게 되고, 그때야 진정한 돌이킴이 가능해집니다. 진정한 회개에 이른 사람은 '심판을 모면한 공동체'에 속해서 대안적 삶을 함께 추구할 수 있습니다. 재난 가운데서 오히려 메시아 예수를 만나 심판에서 벗어나 구원을 받고, 우리와 함께 "여호와의 날"을 기다리며 살아갈 수 있습니다. 우리는 우리 자신과 공동체에, 그리고 세상에 마지막을 누설하는 사람들입니다.

하늘을 읽는 목소리가 필요하다

요엘 선지자가 그랬고, 그의 강력한 요청에 따라 제사장이 그랬듯이 오늘날도 성도와 세상 사람을 깨우는 선지자와 제사장이 필요합니다. 앞 장에서 우리는 모두 제사장이라고 했습니다. 모든 성도가 제사장의 역량을 갖추어야 합니다. 우리는 모두 제사장으로서, 낭실과 제단 앞에서 어린 그리스도인들과 우리의 공동체를 깨워야 합니다. 이 세상이 끝나지 않을 것처럼, 그냥 이렇게

2
마지막
날

계속될 것처럼, '그냥 지나가겠지'라며 대충 세상에 묻어서 가려는 수많은 그리스도인을 향해 일어나야 합니다. 그들에게 우리가 지금 겪는 재난의 이유를 설명하고, 그들을 흔들어 깨울 책임이 우리에게 있습니다. 하나님은 세상을 심판하고 완전하게 회복할 날을 기다리고 계십니다. 옛 이스라엘의 실패를 피하려면 오늘날의 선지자들과 제사장들이 자기 역할을 감당해야 합니다.

제사장뿐 아니라 선지자가 필요합니다. 선지자는 이번 장 서론에서 밝혔듯이 지금 일어나고 있는 일을 설명하고 앞으로 일어날 일을 예고하는 사람입니다. 오늘날 일어나는 재난의 의미를 설명하고, 하나님께서 계시해 알려 주신 "여호와의 날"에 대해 증언해야 하는 사람입니다. 그러려면 오늘날 도대체 무슨 일이 일어나고 있는지를 알아야 합니다. 세상은 끊임없이 우리에게 땅의 일에 시선을 고정하고 "위를 보지 마Don't Look Up!"라고 합니다. 세상의 징조를 보지 말고 마지막 날을 인식하지 말라고 합니다. "온라인으로 즐길 게 얼마나 많은데…. 세상에는 재미있는 것들이 너무 많잖아…"라고 속삭입니다. 세상 돌아가는 일을 분별할 선지자가 필요합니다. 더 나아가 하나님의 은혜는 위로부터 임합니다. 우리를 간절히 용서하기를 원하시는 하나님의 마음은 땅의 유혹에서 벗어나 하늘을 우러러볼 때 알 수 있습니다. 세상의 현실도, 이를 심판하고 회복할 하나님도 바라보지 말라는 세상에서, "위를 보지 마"라고 말하는 세상에서, 세상의 실상과 하나님께서 하시는 일, 그리고 종국에 이루실 일을 설명해 주고 선포하

— 106

는 선지자가 필요합니다.

　오늘날 선지자의 일은 세상이 복잡해진 탓에 한 사람이 해내기 어려워졌습니다. 사회와 경제 문제뿐 아니라 국제 관계와 생태계에 이르기까지 재난의 성격이 매우 복잡하여 그 원인을 제대로 파악하기가 무척 힘듭니다. 그 원인을 제대로 이해할 때, 그 뒤에서, 그 너머에서 일하시는 하나님의 마음과 뜻도 분별할 수 있습니다. 그래서 각 분야 전문가들의 말에 귀 기울여야 합니다. 우리는 그들의 해석과 경고를 마음에 두고, 그리스도인 공동체 안에서 세상을 공부하고 더불어 하나님 뜻을 분별하는 선지자들로 발돋움해야 합니다. 이러한 선지자들이 일어날 때, 요엘 선지자가 "그러나 이제라도"라고 하신 하나님 말씀에 의지해 자신의 메시지를 이스라엘 공동체에 선포했듯이, 성경과 세상을 연구하여 새 이스라엘을 깨어나게 하고 세상을 꿰뚫어 보게 할 수 있습니다. 교회마다, 그리스도인 공동체와 단체마다, 함께 "하늘의 징조"를 연구하고 하나님의 뜻을 분별하는 일이 시급합니다.

2
마지막
날

3.

하나님의 소원과 은혜

다시 재난
다시
하나님 나라

가만있어도 땀이 줄줄 흐르는 여름날, 한 축구 선수가 한강 변을 달리는 영상이 화제가 된 적이 있습니다. 해외에서 활동하다 비시즌에 귀국했는데도 몸만들기에 여념 없는 그 모습에 많은 사람이 감탄했습니다. 언젠가는 쇼트트랙 선수들이 올림픽을 마치고 돌아온 직후에도 하체 훈련을 멈추지 않는 모습을 보았습니다. 자기 몸무게보다 더 무거운 무게를 들어 올리는 그들의 허벅지는 많은 것을 말해 주었습니다. 히말라야의 산을 정복하는 등산가, 남극이나 북극 같은 험지를 찾는 탐험가들도 수많은 위험과 역경을 이겨 냅니다. 많은 사람은 결과에 환호하지만 오랫동안 준비하고 훈련하는 과정이 없었다면 불가능한 일입니다. 그들은 불굴의 의지로 오랜 시간 버텨 내며 결국 값진 열매를 손에 쥡니다. 이런 이들에게는 공통점이 있습니다. 분명한 목적의식과 간절함입니다. 목적이 분명하고, 그것을 이뤄 내고 싶은 간절함 때문에 그 어떤 어려움에도 굴하지 않고 끝까지 갑니다. 간절한 소원과 불굴의 의지는 우리에게 큰 도전을 줍니다. 그렇다면 온 세상을 통틀어서 간절한 소원을 결국 이뤄 낸, 다시 말해 불굴의 의지의 끝판왕은 누구일까요? 우리 주님이십니다.

불굴의 의지

앞서 다룬 요엘서 내용은 우리 마음을 무겁게 했습니다. 1장에서는 "메뚜기 재앙 같은 불가항력적 재난이 찾아오면 울고 슬퍼해라. 하지만 그 재난은 여호와의 날을 가리키는 전조에 불과하다"라고 했습니다. 2장에서는 여호와의 날이 이스라엘, 곧 남유다 왕국에 구체적으로 어떻게 임하는지를 예언합니다. 그런데 그날이 임하기 전에 마음을 찢고 하나님께로 돌아오면, 하나님께서 뜻을 돌이켜 재앙을 거두실지 모른다는 메시지가 이어집니다.

그다음 요엘서 2장 18-27절은 "그러면"으로 시작합니다. "너희가 회개하면 하나님께서 이렇게 회복할 것이다"라며 회복의 그림을 보여 줍니다. 이어지는 2장 28-32절은 히브리 성경에서는 세 번째 장으로 분리되어 있습니다. 그래서 히브리 성경의 요엘서는 한글 성경과 달리 총 네 장입니다. 이처럼 2장 28-32절은 한 장으로 따로 뗼 만큼 중요합니다. 회복 그 너머에 있는 하나님의 꿈과 계획을 알려 줍니다. 베드로 사도가 사도행전에서 인용한 구절이라서 우리에게도 친숙합니다. 이번 장에서 다룰 요엘서 2장 18-32절은 성경이 담고 있는 하나님 나라 역사를 이해하는 데 매우 중요합니다. 먼저 18-27절에서 하나님의 마음을 살펴봅시다.

18 그러면[1] 여호와께서 자기의 땅을 질투하듯 사랑하시어[2]

---

1 접속사로 이어지는 이 부분은 시간을 특정하기보다는 조건적 전제를 뜻하므로 "그때에"보다 "그러면"으로 번역하는 것이 적절하다.

2 '시기하다, 질투하다'라는 의미이며, 한글 성경은 "중심이 뜨거우시며"   — 110

그의 백성을 불쌍히 여기실 것이라.

19 여호와께서 그들에게 응답하여 이르시기를

"보라 내가 너희에게 곡식과 새 포도주와 기름을 주리니

너희가 이로 말미암아 흡족하리라.

내가 다시는 너희가 나라들 가운데에서

욕을 당하지 않게 할 것이며

20 내가 북쪽 군대를 너희에게서 멀리 떠나게 하여

메마르고 적막한 땅으로 쫓아내리니

그 앞의 부대는 동해로,

그 뒤의 부대는 서해로 들어갈 것이라.

상한 냄새가 일어나고 악취가 나리라."³

진실로 그가 큰일을 행하실 것임이라.⁴

21 땅이여 두려워하지 말고 기뻐하며 즐거워하라.

여호와께서 큰일을 행하실 것임이라.

22 들짐승들아 두려워하지 말라.

———— (개역한글), "극진히 사랑하시어"(개역개정), "마음 아파하시고"(새번역)
로 번역했는데, '질투하시는 하나님'이 구약성경의 중요한 개념이므로 조
금 거칠더라도 그대로 살려서 번역했다.

3 하나님의 말씀과 선지자의 말을 구별할 필요가 있다.

4 21절에서도 동일한 구절이 반복되는데 부정사로 표현된 문장이라서 문맥
에 따라 시제를 부여할 수 있다. 2장 전체 내용은 미래에 일어날 일로 보는
편이 타당하며, 18절의 조건적 접속사를 고려해 '조건적 미래'로 번역했다.

3
하나님의 소원과
은혜

들의 풀이 싹이 나며 나무가 열매를 맺으며

무화과나무와 포도나무가 다 힘을 내는도다.

23 시온의 자녀들아

너희 하나님 여호와로 말미암아 기뻐하며 즐거워하라.

그가 너희를 위하여 비를 내리시되

이른 비를 너희에게 적당하게 주시리니

이른 비와 늦은 비가 예전과 같을 것이라.

24 마당에는 밀이 가득하고

독에는 새 포도주와 기름이 넘치리라.

25 "내가 전에 너희에게 보낸 큰 군대

곧 메뚜기와 느치와 황충과 팥중이가 먹은 햇수대로

너희에게 갚아 주리니

26 너희는 먹되 풍족히 먹고

너희에게 놀라운 일을 행하신

너희 하나님 여호와의 이름을 찬송하라.

나의 백성이 영원히 수치를 당하지 아니하리라.

27 그런즉 내가 이스라엘 가운데에 있어

너희 하나님 여호와가 되고

다른 이가 없는 줄을 너희가 알 것이라.

나의 백성이 영원히 수치를 당하지 아니하리라.

다시 재난
다시
하나님 나라

오래된 소원, 이대로 끝?

하나님 마음이 조금 보이시나요? 여호와의 날에 임하는 하나님 군대의 공격(1-17절)에서도 하나님 마음이 슬쩍 보였지만, 여기서는 더욱 선명하게 나타납니다. 이스라엘을 향한 하나님 마음(18절), 이스라엘이 회개할 때 펼칠 계획(19-20절), 하나님의 소원(20하-24절), 이스라엘을 향한 하나님의 궁극적 계획(25-27절)에서 그 마음이 절절히 전해집니다. 1-17절이 이스라엘을 향한 마지막 경고였다면, 18-27절은 하나님의 애절한 마지막 소원입니다.

질투하듯 사랑하시는

대다수 학자가 18절을 요엘서의 중심 구절로 봅니다. 하나님의 경고를 듣고 이스라엘이 회개하면, "그러면 여호와께서 자기의 땅을 질투하듯 사랑하시어 그의 백성을 불쌍히 여기실 것이라." 이것이 하나님의 본심입니다. 한 학자가 요엘서의 히브리어 단어를 전부 세어 본 후, 18절이 정 가운데에 있음을 발견했다고 합니다. 이 구절을 개역개정은 "땅을 극진히 사랑하시어"로, 새번역은 "땅이 당한 일로 마음 아파하시고"로 옮겼습니다. 저는 "질투하듯 사랑하시어"라고 번역했는데, 이 단어에 질투한다는 뜻이 들어가 있어서입니다. 대다수 영어 성경은 "He was jealous for the land"라고 번역하는데, 이때 질투는 인간적이고 소아적 자세가 아니라 배타적 사랑을 의미합니다. 다른 어떤 것으로도 대신할 수 없는 사랑을 성경에서는 "질투하는 사랑"이라고 표현합니다. 하나님이 질투하는 하나님(출애굽기 20:5)인 이유는 우상과 함께 절을 받고 사랑을 받을 수 없는 존재이기 때문입니다. 하나님은 우리를 배타적으로 사랑하셔서 우상에게 절하고 섬기는 행위를 질투하듯이 금지하셨습니다. 그렇다면 이 "땅"은 무엇을 가리킬까요? 앞 장에서 살펴보았듯이 땅은 구약성경에서 이스라엘 백성을 살리는 생명의 근간이며, 삶의 터전이며, 더 나아가서 이스라엘 백성 자신을 상징합니다.

18절을 개역개정, 공동번역, NASB, NKJV, NLT 등은 미래 시제로 번역하고, 새번역, 70인역, NRSV, NIV 등은 과거 시제로 번역했습니다. 저는 미래 시제로 옮겼는데, 그 선택이 요엘서를 이해하는 중요한 열쇠이기 때문입니다. 히브리어는 시제가 명확하지 않은 언어입니다. 문맥에 따라 시제가 정해지므로 이 구절은 과거로도, 현재로도, 심지어 미래로도 번역할 수 있습니다. 제가 이 구절을 미래 시제로 옮긴 이유는 2장 전체가 메뚜기 재앙 이후에 일어날 미래의 일을 말하고 있기 때문입니다. 하나님의 변하지 않는 사랑을 표현하기 위해 현재 시제를 택할 수도 있습니다. 하지만 이스라엘이 회개하면 하나님께서 어떻게 하실지를 이야기하는 내용이라서 미래 시제가 더 부합한다고 보았습니다. 하나님과 우상을 함께 섬기며 혼란에 빠져서 죽어 가는 줄도 모른 채 죽어 가는 이스라엘을 하나님은 긍휼히 여기십니다. 그들을 향해 돌아오라고 이야기하십니다. 그래도 그들이 돌아오지 않자, 불가항력적 재난을 통해 그보다 더 무서운 마지막 심판이 온다고 알려 주십니다. 그러면서 제발 정신을 차리라며 "이제라도 회개하면 너희를 용서하겠다"라는 본심을 여기서 드러내십니다.

회개하면 하나님은 언제든지 돌이킬 수 있는 분입니다. 하나님이 마음을 돌이키는 성경 속 장면은 늘 회개와 맞닿아 있습니다. 하나님은 심판하려고 했다가도 회개하기만 하면 돌이키셨습니다. 하나님은 심판하기를 원하지 않습니다. 늘 돌이키고 회복하기를 원하십니다. 하나님은 심판받아야 할 온 인류를 너무나 사랑해서 그들이 돌아오기만을 바랐습니다. 그래서 하신 일이 메시아 예수를 보내셔서 십자가에 못 박혀 죽도록 하신 것 아닌가요! "세상을 이처럼 사랑하셔서 외아들을 주신" 하나님은 우리를 심판하려는 분이 아니라, 우리를 살리려는 분입니다.

얼마나 많은 사람이 하나님에 대해 잘못된 이미지를 갖고 있는지 모릅니다. 사람들을 괴롭히고, 힘들게 만들고, 뭔가 어려운 일을 요구하고, 불편과 불행을 주는 분으로 봅니다. 심지어 재미없는 인생을 강요하는 분으로 착각합니다. 아닙니다. 하나님은 우리에게 가장 좋은 것을 주고 싶어 하는 분입니다. 하나님이 우리에게 주기 원하는 것들을 요한복음에서 찾아보면 끊이지 않고 나옵니다. 생수(7:38), 자유(8:32), 넘치는 생명(10:10), 진리(16:13), 평화(20:19)…. 이 모든 것을 우리에게 주고 싶어 하십니다. 이것이 하나님의 본심입니다. 그런데 하나님은 마음만이 아니라, 구체적인 계획도 갖고 계십니다.

재앙만큼이나 놀라운 회복

이스라엘을 향한 하나님의 구체적인 계획은 19절부터 나옵니다. 여호와께서 "곡식과 새 포도주와 기름"을 주겠다고 하십니다. 그것들은 메뚜기 재앙 때 사라진 세 가지 상징적인 것들입니다(요엘 1:10). 즉 완전히 뿌리 뽑힌 이스라엘의 산업을 회복해서 그들을 흡족하게 하고, 이스라엘의 파멸을 보며 너희가 믿는 하나님은 어디 있느냐(요엘 2:17)고 조롱하던 자들의 입을 막아서 더 이상 모욕도 당하지 않게 하겠다는 계획입니다.

20절에서는 이스라엘에 이런 어려움을 끼친 북쪽 군대를 심판하겠다고 하십니다. 메뚜기 떼는 남쪽에서 올라오기 때문에 북쪽 군대가 메뚜기 떼를 상징할 수는 없습니다. 북쪽 군대는 요엘서의 저작 시기를 언제로 보는지에 따라 앗시리아나 바벨론, 페르시아 등이 될 수 있습니다. 하지만 2장에서 살펴보았듯이 바벨론일 가능성이 큽니다. 바벨론의 느부갓네살 왕은 남유다 왕국을 북쪽에서 네 차례 공격해 완전히 폐허로 만듭니다(메뚜기 떼의 네 차례 공격과도 닮았습니다). 그러나 이스라엘이 회개하면, 그들은 메뚜기 떼가 바다에 빠져 몰사하듯이 동해와 서해에서 죽을 것이며, 그로 인해 악취가 날 것이라고 말씀하십니다. 메뚜기 떼가 바다로 들어가 죽는 일은 이집트의 재앙 때 홍해에서 일어난 일을 떠올리게 합니다(출애굽기 10:19). 하나님은 이스라엘이 선명하게 기억하고 있는 이미지를 사용해 이스라엘을 괴롭힌 자들을 몰아내겠다고 약속하십니다. 이것이 하나님의 간절한 마음입니다.

19절부터 20절 "악취가 나리라"까지가 하나님께서 직접 말씀하신 내용이며, 20절 후반부부터 24절까지는 요엘 선지자가 하나님의 언약에 근거해 기쁨으로 선포하는 내용입니다. 20절과 21절에 반복해서 "여호와께서 큰일을 행하실 것이다"라고 외칩니다. 이 구절을 70인역과 많은 영어 성경이 현재완료로 번역하는데, 하나님께서 완전하게 행하셔서 완료하신다는 의미를 강조하거나, 아니면 지금까지 큰일을 이루어 오신 하나님의 속성을 표현하는 것으로 볼 수 있습니다. 그래서 우리말로 "행하셨다"보다는 미래에 완전하게 이루어진다는 의미로 "행하시고야 말 것이다", 또는 "늘 큰일을 행하시듯이 이번에도 큰일을 행하실 것이다"라고 이해하는 편이 더 명확합니다.

하나님께서 일을 다 이루신 다음에 22절에서 "들짐승아…두려워 말라"라고 선언하고, 23절에서는 "시온의 자녀들아…기뻐하며 즐거워하라"라고 선포합니다. 22절에서는 들짐승에 이어서 들의 풀, 나무, 무화과나무, 포도나무를 열거하는데, 이들은 1장에서 재앙을 맞아 심각하게 타격을 입은 모든 존재를 가리킵니다. 23절에서는 시온의 자녀들까지 전부 두려움에서 벗어나 힘을 얻고 기뻐할 것이라며 온전한 회복을 이야기합니다. 1장에서는 들짐승, 들의 풀, 나무, 무화과나무, 포도나무, 시온의 자녀들이 통곡하고 울었습니다. 1장에서 반복되었던 "통곡하다", "울다", "애곡하다"라는 단어는 2장 전반부에서 "떨어라", "그 얼굴이 창백해질 정도가 되어", "누가 과연 견뎌 내랴"로 바뀌며 정점에 이릅니다. 그런데 2장 후반부에 와서 그 모든 이야기가 역전됩니다. 모두 "두려워하지 말고 기뻐하며 즐거워하라"(21절), "두려워하지 말라"(22절상), "다 힘을 내는도다"(22절하), "기뻐하며 즐거워하라"(23절), "예전과 같을 것이라"(23절), "가득하고…넘치리라"(24절)로 바뀝니다. 아! 이것이 바로 하나님의 소원입니다.

하나님은 우리를 축복하시되 찔끔찔끔하시지 않고 완전하게 회복시켜 넘치게 주겠다고 말씀하십니다. 그래서 23절 후반부에 "이른 비와 늦은 비가 예전과 같을 것"이라고 합니다. 이른 비와 늦은 비는 구약성경의 이스라엘에게 매우 중요했습니다. 늦은 비는 10-11월에 내리는 가을비로 파종 후 싹이 나도록 돕습니다. 이른 비는 3-4월에 내리는 봄비로 알곡이 잘 자라서 추수할 수 있게 해 줍니다. 당시 이스라엘 땅은 모두 천수답이어서 늦은 비와 이른 비가 꼭 필요했습니다. 하나님은 이 같은 비를 "적당하게" "예전같이" 부어 주겠다고 약속하십니다.

온전히 회복된 모습인 동시에, 성령을 부어 주겠다는 축복의 복선입니다. 이런 놀라운 회복과 축복은 다시 한번 과거의 재앙을 역전하는 이미지입니다. "창고가 비었다"(1:17)가 "마당에는 밀이 가득하고"(24절)로, "포도주와 기름이 다하였도다"(1:10)가 "포도주와 기름이 넘치리라"(24절)로 완전히 역전되고 회복된다고 선언합니다. "포도주를 마시던 자들"에게 울라고 했던 요엘 선지자는 이제 "기뻐하며 즐거워하라"라고 두 번이나 거듭해서 선언합니다(21, 23절). 요엘 선지자가 하나님께서 회복하시는 비전으로 충만해 환희에 차 외치는 소리를 우리는 생생히 들을 수 있습니다.

다른 이가 없는 줄 알리라

25절부터는 화자가 다시 하나님으로 바뀝니다. 요엘 선지자의 환희에 찬 선언에 이어 하나님께서 자신의 궁극적 계획을 밝히십니다. "메뚜기, 느치, 황충, 팥중이"는 하나님 백성을 심판하려고 보낸 자신의 군대였다고 밝히시면서, 그것들이 "먹은 햇수대로 너희에게 갚아 주겠다"라고 하십니다. 이어서 26절에서는 풍족히 먹는 물질적 회복을 말씀하시고, 26하-27절에서는 그들의 영성과 명예가 회복될 것이라고 알려 주십니다. 그들을 덮친 재앙으로 인해 하나님을 기뻐하던 즐거움이 성전에서 끊어졌다(1:16)고 했는데, 다시 하나님을 찬송한다는 것은 그들의 영성이 회복된다는 뜻입니다. 기독교의 영성은 어두침침한 영성이 아닙니다. 힘이 나고 기쁨이 넘치는 영성입니다. 주님은 이런 기쁨의 영성을 우리에게 주기를 원하십니다. 빌립보서에서 바울이 "기뻐하라"라고 거듭거듭 외치는 것은 이런 구약성경의 영성을 그대로 이어받았기 때문입니다.

영성 회복에 이어 명예도 회복된다고 말씀하십니다. 27절에 "영원히 수치를 당하지 아니하리라"라고 말씀하십니다. 그 이유는 "내가 이스라엘 가운데에 있어 너희 하나님 여호와가 되고 다른 이가 없는 줄을 너희가 알 것"이기 때문입니다. "수치를 당하지 아니하리라"라는 말씀이 26절과 27절에 거듭해서 나옵니다. 왜 이 표현이 하나님 말씀의 절정에 두 번이나 등장할까요? 이는 이스라엘이, 곧 하나님의 백성이 하나님을 대리하는 존재이기 때문입니다. 하나님을 대리하는 존재가 불명예스럽고 조롱을 받는다는 이야기는 하나님 자신이 몹시 불명예스럽게 되었다는 뜻입니다. 제 자녀가 어디 나가서 조롱당하면 저 역시 견디지 못할 것입니다. 하나님이 이스라엘을 너무 사랑하셔서 그들에게 하나님의 이름과 하나님의 명예를 주셨기 때문에 하나님 아버지 마음도 똑같은 것이지요. 하나님의 명예가 회복되는 일은 다른 무엇으로 되는 것이 아니라, 그들 가운데 하나님이 임재하고, 그들이 하나님 외에는 다른 신이 없음을 진심으로 알 때 가능합니다. 이것이 하나님의 궁극적 목적입니다. 하나님이 그들 속에 임재하시고, 그들이 한 하나님만 사랑하는 것입니다!

이것이 하나님의 궁극적 목적이었습니다. 그러나 슬프게도 하나님의 소원과 계획은 이루어지지 않습니다. 하나님은 요엘을 통해 "너희가 정말 정신 차려야 한다. 이것이 마지막 기회이다"라며 불가항력적 재난을 동원하면서까지 경고하십니다. 그런 다음에 "너희를 돌아오게 해서 온전하게 회복시키고 싶단다. 놀라운 삶을 너희와 함께 누리고 싶다. 기쁨과 영성이 가득한 삶을 다시 갖도록 해 주고 싶다"라고 말씀하십니다. 그리고 한 걸음 더 나아가 그 이상의 계획이 있다고 말씀하십니다. 하지만 안타깝게도 이스라엘 백성은 회개하지 않습니다. 그래서 그 약속은 이루어지지 않은 채로 남습니다. 그러나 하나님의 소원은 결국 이스라엘이 아니라 새 이스라엘을 통해 이루어질 것입니다.

인간의 실패로는 끝나지 않고

여기서 우리가 꼭 기억해야 할 영적 진리가 있습니다. 내가 순종하지 않으면 하나님의 소원이 내게서는 이루어지지 않지만, 그 소원과 계획이 다른 누군가를 통해서는 반드시 이루어진다는 것입니다. 하나님께서 주시려 했던 복을 내가 아닌 다른 사람이 누릴 뿐입니다. 세상을 회복하고 복 주시려는 하나님의 불굴의 의지 때문입니다. 불행히도 이스라엘은 하나님께서 불굴의 의지를 표시했음에도 쏟아지는 복 대신에 심판을 선택합니다. 어쩌면 오늘날도 많은 그리스도인이 비슷한 모습일지 모릅니다. 지금까지 살펴본 요엘서 2장 18-27절은 하나님께서 옛 이스라엘을 향해 품었으나 끝내 이루어지지 않은 소원이고 꿈입니다. 하나님은 이스라엘이 순종하지 않고 놀라운 회복도 일어나지 않을 줄 아셨을 것입니다. 그런데도 이렇게 장황하고 자세히 회복의 꿈을 보여 주십니다. 그만큼 이스라엘을 향한 사랑, 그 회복을 위한 하나

3
하나님의 소원과
은혜

님의 진심과 불굴의 의지는 강력했습니다.

이스라엘을 마지막까지 포기하지 않고 간절히 당신 마음을 나누시는 하나님, 그분을 만나면 말할 수 없는 큰 위로를 받습니다. 제 삶을 돌아봐도 그렇습니다. 고등학교 1학년 때 주님을 만나고 육십이 넘은 오늘까지 온 것은 하나님이 저를 포기하지 않으셨기 때문입니다. 저의 삶에는 다른 사람들이 알기도 하고 알지 못하기도 하는 부족하고 부끄러운 부분이 수없이 많습니다. 다른 사람들이 잘 모르는 저 자신을 저는 누구보다 잘 압니다. 제가 만약 하나님이라면, "너는 마음이 늘 복잡하고 순결하지 않구나. 충성하지 않을 때도 많고, 내 뜻에 너의 생각을 섞은 적이 한두 번이냐?"라며, 벌써 오래전에 저를 포기했을 것입니다. 그러나 언제든지 진심으로 돌아오면 받아 주시고 새롭게 회복하시고 다시 주님을 위해 살도록 은혜를 베푸셨습니다. 그래서 저도 바울 사도인 양 "하나님의 은혜로 오늘의 내가 되었습니다"(참고. 고린도전서 15:10)라고 고백하지 않을 수 없습니다. 아마 모든 그리스도인이, 진정한 성도라면 모두 같은 고백을 할 것입니다. 구원받을 자격도 없고, 하나님 나라 시민으로 살 자격도 없는 우리가 오늘 여기까지 온 것은 그분께서 불굴의 의지로 우리를 붙잡으셨기 때문입니다.

지금 건강한 교회에 속해 계신가요? 참 감사한 일입니다. 그런데 혹시 좋은 목사님을 모셨기 때문에, 쾌적한 예배당과 넉넉한 재정 때문에 가능했다고 생각한다면, 매우 위험한 생각입니다.

— 122

교회 공동체를 자세히 들여다보면, 하나님께서 받을 수 없는 여러 모습이 있을 수밖에 없습니다. 우리의 부족함에도 불구하고 하나님께서 불굴의 의지로 이끄시며 마지막까지 기회를 주셨기 때문에 우리가 회복을 거듭하면서 여기까지 이른 것은 아닐까요? 제가 마흔 살에 개척해 육십이 되기 2년 전에 다섯 교회로 분립한 나들목교회를 생각하면 자랑스러운 부분이 많습니다. 성공한 교회로 보일 수도 있지만, 실제로 그 속에는 수많은 실수와 부족함이 있었고, 아슬아슬했던 순간도 많았습니다. 어리고 부족한 교회를 하나님께서 불굴의 의지로 붙드셔서 18년 동안 그나마 건강하게 살아남았을 뿐 아니라, 다섯 교회로 분교할 수 있었습니다.

우리의 실패와 실수는 어떤 면에서 당연한 일입니다. 너무 숨기려고 애쓸 필요 없습니다. 우리는 교회라는 제도와 조직을 관리하는 사람들이 아니라, 가정교회이든 셀이든 봉사팀이든 작은 공동체를 이끌어 가는 사람들입니다. 그 작은 공동체조차 세우기가 힘들고, 그 안에서 다양한 어려움을 경험합니다. 이 또한 당연한 일입니다. 우리 자신도 하나님 앞에서 잘 서지 못하는데, 어떻게 형제자매들을 잘 세우고 여전히 부족한 자들의 공동체를 세울 수 있겠습니까? 사람과 공동체를 세우면서 어려움을 겪을 때 외부 문제나 다른 사람 문제라고 생각하지 마십시오. 원래 그리스도인 공동체도, 개인의 성장도 우리 힘으로는 불가능합니다. 이런저런 이유로 잘되지 않는 것이 당연합니다. 공동체와 개인의 성장은 철저하게 하나님께서 불굴의 의지로 관여하고 계시기 때문에 가능합니다. 하나님은 각종 다양한 어려움조차 사용하여 우리를 온전히 빚어 가십니다. 하나님의 소원은 내 속에서 그리스도의 형상이 완성되고, 교회 안에서 그리스도의 영광이 회복되는 것입니다. 그래서 하나님은 정말 불굴의 의지로 끊임없이 우리를 붙들고 씨름하십니다.

제가 50대 초반 즈음에 이런 기도를 자주 드렸습니다. 그때 여러 어려움을 겪으면서 하나님께서 저의 이런저런 부족함을 다루신다는 것을 알아챘습니다. 하나님께서 우리를 깎으시고 다듬으시는 손길은 때로 매우 엄하십니다. 그래서 많이 힘들었습니다. 그때 이런 기도를 참 많이 드렸던 기억이 납니다. "하나님, 이제 그만 좀 하시죠? 뭘 그리 계속 다듬으세요. 제 나이가 이제 오십이 넘었고, 주님을 따른 지가 30년이 넘었는데, 뭘 아직도 다듬으십니까? 이제 그냥 쓰다가 버리시지요." 그런데 하나님은 주님을 따른 지 30년이 넘고 나이가 오십이 넘었는데도 저를 그냥 내버려 두지 않으셨습니다. 좀 괴롭히셨어요. 힘들게 하셨어요. 왜 그러셨을까요? 하나님의 관심은 저를 통해 무슨 일을 하시는 것이 아니라, 저를 다듬어 제 속에 그리스도의 형상이 완성되는 것이었습니다. 그래서 불굴의 의지로 저를 다루셨습니다. 개인만이 아닙니다. 그리스도인 공동체도 마찬가지입니다. 하나님은 그리스도인 공동체 안에서 하나님의 영광이 드러나기를 바라시기 때문에, 당신의 소원이 이루어질 때까지 불굴의 의지로 포기하지 않으십니다.

한국 교회도 예외가 아닙니다. 한국 교회를 생각하면 마음이 어렵습니다. 아주 어릴 때부터 한국 교회의 문제점을 보아 왔고, 겉으로 보기에 부흥의 정점을 찍었다가 내재한 문제점들로 무너져 내리는 모습을 지켜봐야 했습니다. 그래서 이번 장에서 읽은 요엘서의 경고처럼 이방인에게 조롱거리가 되어 수치를 당하는 한국 교회를 보면 무척 괴롭습니다. 코로나19를 지나면서는 더욱더 절망했습니다. 모두 코로나19가 지나가기만 기다리면서, 재앙을 통해 하나님께서 말씀하시는 바는 마음에 담지 않았습니다. 그래서 본질을 되찾으려고 천착하기보다 온라인 예배 정도를 덧붙여서 해결하려 했고, 저는 그 안이함에 크게 절망했습니다. 코로나19가 잦아든다 해도 앞으로 다양한 재앙이 거듭해서 나타날 테고, 그로 인해 연약한 교회일수록, 교회답지 못했던 교회일수록 존립 자체가 위협당할 것입니다. 많은 사람이 중대형 교회로 이동하면서 세련되고 편한 교회들의 교인 숫자가 오히려 느는 현상은 가속화할 것입니다. 그리고 그나마 일주일에 한 번 신앙생활을 하던 교인들이 교회 예배당조차 찾지 않아서 이름뿐인 그리스도인조차 점점 사라질 것입니다. 코로나19 상황이, 한국 교회가 공동체로 회복할 마지막 기회일지 모른다고 생각했습니다. 그런데 이렇게 허물어져 가면서도 재앙이 지나가기만 기다리는 모습에 절망했습니다.

그런데 요엘서를 공부하면서 큰 위로를 받았습니다. 하나님께서 불굴의 의지로 한국 교회를 붙들고 계시므로, 교회의 문제점을 제기하고 비판하는 일을 넘어서서 새 이스라엘로서 하나님 뜻에 순종하는 사람이 필요합니다. 하나님은 순종하는 사람을 통해 일하시기 때문입니다. 요엘서를 공부하고 묵상하면서 저는 이렇게 말씀하시는 하나님 앞에 서게 됩니다. "절망하지 마라. 너에게는 절망의 몫이 없단다. 너는 네게 맡겨진 삶을 살아라." 하나님은 새 이스라엘을 향해서도 마지막까지 불굴의 의지로 일하고 계십니다. 더군다나 이어지는 말씀을 통해 새 이스라엘에 불가항력적 은혜를 부어 주겠다고 놀랍게 예언하고 있습니다.

은혜로 다시 살아난 계획

비록 하나님의 계획은 이스라엘을 통해 이루어지지 않으나 새 이스라엘로 향합니다. 지금 살펴볼 28-32절은 하나님 나라의 구속사를 이해하는 데 매우 중요한 열쇠를 제공해 줍니다. 하나님은 옛 이스라엘의 실패에도 불구하고 새 이스라엘에 불가항력적 은혜를 부어 주겠다고 약속하십니다. 히브리 성경에서는 3장으로 독립된 28-32절을 읽어 봅시다.

28 그 후에 내가 나의 영을 만민에게 부어 주리니
너희 자녀들이 장래 일을 말할 것이며

너희 늙은이는 꿈을 꾸며

너희 젊은이는 이상을 볼 것이며

29 그날들 동안[5] 내가 또 나의 영을 남종과 여종에게 부어 줄 것이며

30 내가 하늘과 땅에 징조를 베풀리니 곧 피와 불과 연기 기둥이라.

31 여호와의 크고 두려운 날이 이르기 전에

해가 어두워지고 달이 핏빛같이 변하리라."[6]

32 누구든지 여호와의 이름을 부르는 자는 구원을 얻으리니

이는 여호와[7]의 말대로 시온 산과 예루살렘에 피할 자가 있을 것이며

살아남은 자 중에 여호와의 부르심을 받을 자가 있을 것이라

---

5 히브리 성경이나 70인역에서는 "이날들"이라는 복수를 쓰는데, 한글 성경(개역개정, 새번역)의 "그때에"보다는 좋은 번역이다.

6 여호와의 말씀과 선지자의 해설을 구별할 필요가 있다. "여호와의 크고 두려운 날"이라는 언급 때문에 31절이 선지자의 예언처럼 보이는데, 내용상 앞에서 이어지는 신탁의 결론으로 보는 편이 자연스럽다. 따라서 31절까지를 여호와의 말씀으로 간주한다.

7 개역개정에서는 32절에 "나 여호와"라는 단어가 두 번 반복해서 나오는데, 이는 32절을 여호와의 신탁으로 해석했기 때문이다. 원문은 여호와를 대상으로 볼뿐 주체로 보지 않으므로 "나"를 제거하는 편이 낫다.

3
하나님의 소원과
은혜

하나님의 영을 누구에게나

놀랍게도 하나님은 모든 사람에게 자신의 영을 부어 주겠다고 약속하십니다. 옛 이스라엘이 회개했다면 그들은 모든 것을 되돌리는 은혜를 입고 약속의 주인공이 되었을 것입니다. 하지만 이스라엘은 실패했고, 하나님은 메시아 예수를 보내셔서 그 약속을 성취합니다. 28절의 "그 후에"가 언제인지, 그때 무슨 일이 어떻게 실제로 일어났는지를 당시 시점에서는 알 수 없었습니다. 그런데 메시아 예수께서 오셔서 하나님 나라를 시작하시고 십자가에서 죽고 부활한 다음에 성령이 제자들에게 임했을 때, 베드로 사도가 이 구절을 인용합니다(사도행전 2:28-32). 그 놀라운 일을 기록한 신약성경이 없었다면, 요엘서의 이 구절은 여전히 미래 어느 시점에 일어날 모호한 일로 남았을 것입니다. 요엘 선지자조차 "그 후에"가 언제인지 정확히 몰랐을 가능성이 큽니다. 성경은 하나님께서 인류를 향해 자기 뜻을 보이고 이루어 가시는 기록이므로 우리는 전체 맥락에서 성경의 부분 부분을 이해해야 합니다. 하나님 뜻은 점진적으로 계시되므로 과거에는 흐릿했던 내용이 신구약성경의 중심이신 그리스도 예수로 인해 선명해집니다. 그리고 예수의 다시 오심을 통해 온전히 드러날 것입니다.

하나님의 놀라운 약속은 예수의 제자들에 이르러 실현되고, 그리하여 새 이스라엘인 교회가 탄생합니다. 제자들은 예수를 하나님께서 보내신 메시아, 곧 "살아 계신 하나님의 아들 그리스도"로 고백하며(마태복음 16:16) 하나님께로 돌아온 이들입니다. — 128

돌아온 이들에게 하나님의 영이 임하는 일은 일회적 사건에 그치지 않고, 29절 초반에 나오듯이 "그날들 동안" 지속해서 일어난다고 예언됩니다. 즉 메시아의 첫 방문과 마지막 심판을 위한 방문 사이에, 사람들이 그리스도를 통해 하나님께로 돌아올 때마다 하나님의 영, 곧 성령이 임할 것이라고 말씀하십니다. 그리고 성령을 부어 주신다는 약속은 모든 사람에게 차별 없이 이루어집니다. 늙은이부터 젊은이까지(28절) 나이 차별 없이, 남종과 여종에 이르기까지(29절) 남녀 차이 없이 누구에게나 하나님의 영을 부어 주겠다고 약속하십니다. 가부장제가 강한 고대 문화에서 남녀노소를 차별하지 않겠다는 생각은 무척 급진적이고 획기적입니다. 그뿐 아니라 여종을 가리키는 '쉬프하'라는 단어는 더 놀랍습니다. 히브리어에는 여종이라는 단어가 둘(쉬프하, 아마) 있는데, 쉬프하는 여종 중에서도 가장 미천한 여종을 가리킵니다. 그야말로 어떤 차별도 없이 하나님의 영을 부어 주겠다는 말씀입니다.

하나님의 영을 부어 주겠다고 두 번이나 말씀하시는데, 이는 "늦은 비와 이른 비를 물 붓듯이" 부어 주시는 이미지를 떠올리게 합니다. 하나님의 영이 풍성하고 적절하게 임하면, 누구든지 "장래 일을 말하고…꿈을 꾸며…이상을 볼 것"이라고 합니다. 이 행위들은 모두 예언과 관련 있습니다. 그런데 성령이 임해서 예언한다고 하면, 샤머니즘 영향을 많이 받은 한국인은 뭔가 신적 인간이 되거나 초자연적이고 신비한 일이 일어난다고 생각하기 쉽습니다. 그러나 성경에 등장하는 예언과 꿈과 이상은 하나님 자신과 그분의 일하심과 관계가 있습니다. 성령을 받은 사람은 하나님을 아는 지식을 얻고, 그 소중한 지식을 통해 세상사와 인생사를, 더 나아가 시대를 분별하는 능력을 갖는다는 뜻입니다. 지난 장에서 살폈듯이 선지자가 하는 일은 설명하고 예고하는 것입니다. 현재 일어나는 일을 하나님에 관한 지식을 바탕으로 해석하고, 하나님의 큰 이야기, 곧 하나님 나라의 대계를 알고 있어서 앞으로 무슨 일이 일어날지를 예고합니다. 그 놀라운 능력이 성령을 받은 사람들에게 주어진다는 뜻입니다.

예를 들어 코로나19 같은 재난이 닥치면 당황하며 지나가기만 기다리는 게 아니라, 그 재난이 무슨 일인지를 하나님 관점으로 설명할 수 있어야 합니다. 재난이 일어난 인과관계를 자연과학이나 사회과학에 근거해서도 설명하되, 재난 이면이나 그 너머를 보는 하나님 관점으로도 설명하는 것입니다. 세상에 고통이 닥치고 개인적 아픔이 찾아오면, 우리는 어떤 근본적 문제 때문에 그 일이 일어났는지를 압니다. 우리가 사는 세상과 그 안의 개개인들이 하나님을 떠났기 때문입니다. 하나님을 믿어도 하나님 방식대로 살지 않기 때문이라고 자세히 설명할 수 있습니다. 물론 깨진 세상과 그로 인한 고통은 복잡하게 얽혀 있어서 그 이유를 단순한 인과관계로 설명하기는 어렵습니다. 그러나 우리가 경험하는 고통이 인류가 하나님을 떠나서 발생하는 총체적 고통의 한 부분임을 우리는 잘 압니다. 그래서 우리는 사회적·개인적 재난이 찾아오면, 온 사회가 또는 자기 자신이 개인적으로 하나님을 떠났던 부분이 없는지를 돌아보게 됩니다. 우리가 깨진 세상의 원인을 다 찾아낼 수도, 제거할 수도 없으나, 우리 자신의 약함과 악함이 초래한 문제라는, 결국 인간이 재난의 근본 원인이라는 사실은 알아챌 수 있습니다.

인간이 처한 상황을 이렇게 총체적으로 이해하면, "주님께로 돌이키면 회복할 수 있다"라고 '예고'할 수 있습니다. 왜냐하면 하나님께서 모든 사람을 회복하기를 바라시며, 그 소원을 이루려는 불굴의 의지 또한 갖고 있다는 사실을 우리는 알고 있기 때문입니다. 더 나아가 무너진 삶이 어떤 방식으로 회복되는지도 우리는 점점 알아 가고 있습니다. 그래서 우리는 회복과 성장을 '예고'할 수 있습니다. 한 걸음 더 나아가 메시아 예수께서 우리 대신 심판을 받았다는 사실을 믿으므로 그에 의지해 마지막 심판의 날에도 구원을 얻는다고 '예고'합니다. 이처럼 하나님을 아는 사실에 근거해 미래를 예고하는 사람들이 바로 하나님의 영을 받은 이들입니다. 선지자나 예언자라고 하면 우리는 흔히 점치는 무속인을 떠올리며 앞날을 미리 알려 주는 존재라고 생각하는데, 구약성경의 선지자는 이와 다릅니다. 그들은 지금 무슨 일이 벌어지고 있는지를 설명해 주며, 앞으로 일어날 일을 예고하고, 구체적인 해결책을 제안하는 사람들입니다. 우리가 모두 그런 사람이 되는 것이 하나님의 계획입니다.

3
하나님의 소원과
은혜

모든 신자가 선지자!

그렇다면 구약성경에 나타난 성령과 요엘서가 예언하는 성령의 부어 주심에는 어떤 차이가 있을까요? 구약성경의 성령은 일정 기간 임했다가 떠나셨고, 개인에게도 임하지만 어떤 때는 특정 집단에 임했다가 떠나십니다. 즉 특별한 사명을 위해 일하다가 떠나시고, 그래서 어떤 때는 인격적이기보다는 기계적으로 느껴집니다(출애굽기 31:2-5; 사사기 6:34; 민수기 11장). 하지만 요엘 선지자는 성령이 모든 이에게 부어질 것이라고 예언하며, 구약성경의 성령님과는 조금 다르게 일하신다고 암시합니다. 특히 모든 이에게 부어 주신다는 예언은 매우 충격적입니다. 하지만 이 사실 역시 구약성경 앞부분에 복선처럼 나옵니다. 이미 모세는 하나님의 영이 모든 사람에게 임하리라는 사실을 알고 있는 듯 보입니다. 민수기 11장에서 장로 70인에게 하나님의 영이 임하는데, 장막에 나가지 않고 진영에 머물러 있던 엘닷과 메닷에게도 하나님의 영이 임해서 둘은 예언을 합니다. 모임에 참석하지 않은 이들에게 하나님의 영이 임하자 여호수아는 그들이 예언하지 못하도록 막아야 한다고 조언합니다. 그때 모세가 놀라운 말을 합니다. "주님께서 주님의 백성 모두에게 그의 영을 주셔서, 그들 모두 예언자가 되었으면 좋겠다"(민수기 11:29). 아! 정말 놀라운 일입니다. 모세는 모든 백성이 선지자가 되리라는 사실을 알아챘던 것 같습니다. 성경 앞부분에서 슬쩍 보여 준 하나님의 비전은 요엘서에 와서 더욱 구체적으로 발전하고 있습니다.

— 132

우리가 잘 알듯이 하나님은 이사야 44장과 에스겔 3장에서 새 영을 우리에게 보내 주겠다고 말씀하십니다.

> 내가 메마른 땅에 물을 주고 마른 땅에 시내가 흐르게 하듯이, 네 자손에게 내 영을 부어 주고, 네 후손에게 나의 복을 내리겠다(이사야 44:3).

> 너희에게 새로운 마음을 주고 너희 속에 새로운 영을 넣어 주며, 너희 몸에서 돌같이 굳은 마음을 없애고 살갗처럼 부드러운 마음을 주며, 너희 속에 내 영을 두어, 너희가 나의 모든 율례대로 행동하게 하겠다. 그러면 너희가 내 모든 규례를 지키고 실천할 것이다 (에스겔 36:26-27).

하나님의 영을 모든 백성에게 부어 주고 그들 속에 두어 떠나지 않게 하겠다는 놀라운 소망을 예언서는 전합니다. 늦은 비와 이른 비처럼 쏟아지는 하나님의 영은 요엘서 2장 1-11절의 쏟아지는 적군의 공격과 대비됩니다. 모든 이스라엘 백성의 낯빛을 창백하게 만들었던 하나님 군대의 진격과는 대조적으로 하나님의 영이 모든 이스라엘에 임하고, 그들은 선지자 역할을 감당하게 됩니다. 모든 백성이 선지자가 된다는 뜻입니다. 이 구절은 우리가 모두 제사장이라는 말씀처럼 모두가 선지자가 된다는 놀라운 가르침입니다. 전 신자 제사장을 넘어 '전 신자 선지자!' 이것이 하나님께서 자신의 영을 모든 사람에게 부어 주시면서 품었던 계획입니다.

메시아이신 예수께서 오시고, 그가 보낸 성령으로 말미암아 우리는 하나님을 믿고 따르게 됩니다. 따라서 우리는 성령님에 관해 많은 것을 알고 있으며, 그 복을 누릴 수 있습니다. 우리가 예수를 믿을 때 성령께서 오셔서 우리 가운데 내주하십니다(요한복음 14:16). 그 성령님은 계속해서 우리를 진리이신 예수께로 이끄십니다(요한복음 14:26). 우리를 진리 가운데로 이끄시니 우리는 점점 주님을 닮게 되고 성령의 열매(갈라디아서 5:22-23)를 맺습니다. 또한 성령께서 우리에게 당신의 비전을 보여 주시므로 우리가 세상을 이해하고 하나님 나라를 위해 꿈을 꿉니다(사도행전 2:17). 하나님께서 그 일을 할 수 있도록 은사를 주시고(고린도전서 12:4, 7), 또 그 일을 할 능력을 주시고(빌립보서 2:13), 결국 우리는 성령으로 충만한 상태에 이릅니다(에베소서 5:18). 하지만 반대로 우리가 내주하시는 성령을 따라 진리로 더 가까이 가지 않으면, 성령께서는 우리 속에서 근심하시다가(에베소서 4:30) 소멸되기도 하십니다(데살로니가전서 5:19). 이에 관해서는 제 책《풍성한 삶의 기초》에서 자세히 설명한 바 있습니다(238-252쪽, 다음 쪽 그림 참고). 하나님께서 우리에게 부어 주신 성령님은 이토록 놀랍게 우리를 이끄시며 일하시는 분입니다.

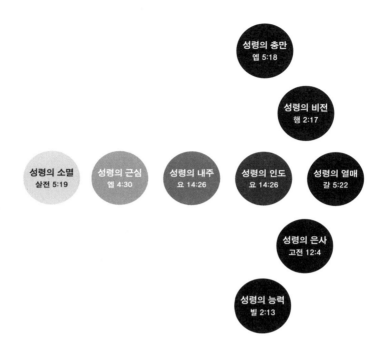

성령의 충만
엡 5:18

성령의 비전
행 2:17

성령의 소멸
살전 5:19

성령의 근심
엡 4:30

성령의 내주
요 14:26

성령의 인도
요 14:26

성령의 열매
갈 5:22

성령의 은사
고전 12:4

성령의 능력
빌 2:13

오해 금지, 성령을 바르게

안타깝게도 많은 분이 성령을 물 붓듯이 부어 주셨다고 믿지 않습니다. 오히려 찔끔찔끔 떨어지는 분처럼 생각합니다. 핸드 드립으로 커피를 내릴 때, 분쇄한 원두 위로 뜨거운 물을 졸졸 떨어뜨리는데, 사람들은 성령의 임재가 그보다 더 드문드문 떨어진다고 생각합니다. 아닙니다! 요엘서가 보여 주는 성령의 임재는 여호와의 날의 전면적 심판과 대조되는 이미지이며, 오히려 그보다 더욱 풍성하게 부어 주시는 모습입니다. 오늘날 교회의 문제는 그렇게 풍성하게 임한 성령님을 인식하지도 못하고, 그분과 동행하지도 않는 것입니다. 저 역시 신앙생활 초기에는 성령님을 방언이나 예언 같은 초자연적 능력을 주시는 분으로 이해했습니다. 성령님에 관한 매우 어지러운 현상과 설명으로 오랫동안 혼란을 겪었습니다. 하지만 성경을 연구하고 성령님에 관한 내용을 종합하면서 앞서 간략하게 설명한 대로 정리가 되었습니다. 그러면서 '아, 성령님이 내 속에 계시는구나. 나를 진리 가운데로, 예수께로 계속해서 이끌어 가시는구나. 하나님께서 인격적 변화를 일으키시는구나. 성령께서 내게 하나님 나라 비전을 주시고 은사도 능력도 주시는구나'라며 성령님을 점점 알아 가게 되었습니다.

우리에게 필요한 것은 우리 속에 계신 성령님과 보조를 맞추며 걷는 삶입니다. 바울 사도는 "우리가 성령으로 삶을 얻었으니, 우리는 성령이 인도해 주심을 따라 살아갑시다"(갈라디아서 5:25)라고 말합니다. 개역개정은 "성령으로 행할지니"라고 번역하고, NIV는 "let us keep in step with the Spirit"이라고 번역합니다. 성령님과 보조를 맞추자는 것입니다. 얼마나 멋진 표현인지요! 우리에게 오셔서 우리를 떠나지 않으시는 성령님과 보조를 맞추며 살아가는 삶! 하나님께서 옛 이스라엘이 하나님의 경고를 듣고 각성해 돌아오면 그들에게 하셨을 놀라운 일이 바로 이것이었습니다. 성령을 모두에게 부어 주시는 그 일이 새 이스라엘인 우리에게 지금 일어나고 있습니다.

당신이 예수를 주로 받아들이셨다면, 당신 속에는 성령님이 계십니다. 그 성령님을 의식하고 살아가십시오. 그런데 많은 사람이 성령님에 대해 무지하거나 성령님을 오해해서 자기 안의 성령님을 근심케 하거나 점점 소멸 상태로 밀어 넣으며 살아갑니다. 성령님은 예수께서 떠나면서 우리에게 보내 주신 '보혜사'입니다. 예수께서 제자들을 곁에서 보호하고 이끄셨듯이 이제는 성령님께서 우리를 똑같이 보호하시고 이끄십니다. 그러므로 성령님과 어떻게 동행할지가 그리스도인의 삶의 열쇠입니다. 이 열쇠를 쓰지 않으면, 그리스도인의 삶은 세상 사람들과 다를 바가 없습니다. 그때 어떤 일이 벌어질까요? 끊임없이 자신의 인간적 모습을 되뇝니다. '나는 배경도 안 좋고, 특출난 능력도 없고, 가방끈도 짧고, 돈도 없고, 이런 나를 어디에 쓰시겠어?' 완전히 땅에 속한 생각입니다. '나는 이래서 안 되고 저래서 안 되고, 나는 이런 문제가 있고….' 맞습니다. 그래서 주님께서 당신을 찾아오셨습니다. 그래서 주님께서 당신을 일으켜 세워서 변화시키고 싶으신 것입니다. 이런저런 문제를 극복하고 그리스도를 닮아 가면서 가정과 교회 공동체에서 선지자 역할을 하게 하려는 것입니다. 하지만 성령님을 지속적으로 무시하면 그저 그런 삶을 피할 수 없습니다. 차라리 세상에서 치열하게 살면 세상의 경쟁력이라도 갖출지 모르는데, 성령님도 따르지 않고 어설프게 그리스도인으로 살면 이도 저도 아닌 사람이 될 수 있습니다.

좀 더 구체적으로 이야기해 봅시다. 큐티를 하거나 성경을 읽을 때도 성령님에 의지해 할 수도 있고, 성령님과 거의 상관없이 할 수도 있습니다. 성경을 읽든 묵상하든 연구하든 그 모든 일은 결국 성경을 통해 우리에게 말씀하시는 하나님을 만나려는 것입니다. 성령님께서 그때 중차대한 역할을 하십니다. 그런데 많은 사람이 성경을 지적으로 이해하고 의지적으로 적용하는 데서 머뭅니다. 적용하기 전에 자신이 깨달은 진리를 가지고 하나님 앞에 나아가야 합니다. 진리를 깨닫게 하는 분도 성령님이시며, 그 진리가 내 안에서 참 진리가 되게 하는 분도 성령님이십니다. 그저 그날 정해 놓은 분량을 훑거나 큐티 본문을 읽고 약속의 말씀이나 적용할 내용을 찾는 정도로는 성경을 반의반도 제대로 활용하지 못하는 셈입니다. 성경을 펼 때 성령님께서 깨닫게 하실 내용을 기대할 뿐 아니라, 깨달은 내용을 가지고 하나님 앞에 나아가 머무는 시간도 필요합니다. 그 내용으로 하나님을 예배하는 시간이 필요합니다. 제 아내는 "큐티하는 시간의 반은 눈을 뜨고, 반은 눈을 감아야 한다"라고 늘 주장합니다. 눈을 뜬 채 성경을 읽고 관찰하고 해석하고 적용할 내용을 찾았다면, 그 내용을 가지고 눈을 감은 채로 하나님 앞에 나아가야 합니다. 시간을 반반으로 나눠서 두 가지를 해야 한다는 이야기입니다. 물론 성경을 읽을 때나 연구할 때는 눈을 뜨고 하는 시간이 더 길겠지만, 읽거나 연구한 내용을 가지고 반드시 하나님 앞에 머무는 시간이 필요합니다. 성령님께서 내 안에서 실제적으로 일하실 시간을 확보해 드리는 것입니다.

모든 영성 훈련의 궁극적 목적이 하나님 임재 안으로 들어가 하나님과 동행하는 것이므로 그 중심에 계신 분은 성령님입니다. 성령님과 동행하면서 하나님을 더 깊이 사랑하는 것이 영성 훈련의 목적입니다. 영성 훈련은 무슨 영험한 사람이나 영적인 도사가 되는 것이 아닙니다. 우리 안에 계신 성령님께 민감하게 반응하며 그분의 마음을 알아채고, 그분과 동행하며 자기 생각이나 감정에 휘둘리지 않고, 그것들을 넘어서서 끝까지 성령님과 동행하는 법을 배우는 것입니다. 최근 유행하는 영성 훈련이나 영성 지도 중에는 그리스도 없이, 성령님의 도움 없이도 할 수 있다는 듯 수상한 방법론을 알려 주는 경우도 적지 않습니다. 예수 메시아 없이는 새로운 이스라엘이 될 수 없었고, 우리에게 부어 주신 성령님 없이는 어떤 영적 체험이나 성숙도 불가능함을 꼭 기억해야 합니다.

더 나아가 영성 훈련은 개인의 위로와 회복, 체험을 넘어서야 합니다. 당신이 속한 공동체, 곧 새 이스라엘로 나아가야 합니다. 하나님은 우리 각자를 변화시키시되 그 일을 새 이스라엘 안에서 이루시고, 그 공동체를 통해서 세상을 회복하십니다. 그러므로 성령님과 보조를 맞추는 일은 개인 영역에서 공동체로, 우리가 사는 사회와 세상으로, 지구 생태계로까지 이어집니다. 성령님은 이렇게 우리에게 부은 바 되셨습니다.

같이 찾아오는 나쁜 소식

하나님의 영을 모든 성도에 부어 준다는 좋은 소식 다음에 나쁜 소식이 이어집니다(30-31절). 29절에서 이어지는 "그날들 동안" "피와 불과 연기 기둥" 같은 "징조"가 "하늘과 땅"에 나타나고(30절), "해가 어두워지고 달이 핏빛같이 변하리라"(31절)라고 예언합니다. 개역개정은 "이적"으로, 새번역은 "징조"로 옮겼는데, 둘 다 하나님의 놀라운 개입을 예고하는 단어입니다. "피와 불과 연기 기둥"은 1장에서 살폈듯이 하나님의 심판을 상징하는 이미지입니다. 특히 해와 달은 고대 근동에서 신으로 숭배한 대상입니다. 신으로 모시는 것들이 다 무너져 내린다는 무시무시한 말씀입니다. 그 놀라운 일이 "그날들 동안" 일어난다고 요엘은 말합니다. 사도행전에서 베드로 사도는 "마지막"이라는 말을 넣어 "마지막 날에"라고 하면서 마지막 기간임을 강조합니다. 복수 단어인 "그날들"과 대조적으로 31절에는 "여호와의 크고 두려운 날"이라는 단수 단어가 등장합니다. 이는 앞으로 임할 마지막 심판 날을 암시합니다. 마지막 심판 날에 대해서는 요엘 선지자가 요엘서 3장에서 더 자세히 설명합니다. 그 마지막 날이 오기 전에 심판의 여러 징조가 나타난다는 것이 28-32절 내용입니다. 그 징조는 한 개인에게만이 아니라 전 세계에 걸쳐 나타날 것입니다.

우리는 주님의 오심과 죽음과 부활로 시작된 "마지막 날들", 곧 말세에 살고 있습니다. 인류 역사는 "마지막 날"을 향해 가고 있습니다. 그 기간에 우리는 예수를 믿고 회개하여 성령님을 모시고 하나님과 동행하는 복을 누리고 있지만, 여전히 세상에는 하나님을 부인하는 이들이 차고 넘칩니다. 하나님은 마지막 기간에 구약시대 메뚜기 떼 같은 불가항력적 재난을 반복해서 허락하십니다. 우리는 흔히 하나님께서 멀쩡한 세상과 무죄한 자들을 괴롭힌다고 생각합니다. 하지만 이런 재앙은 대부분 인간이 세상을 깨뜨리고 자초한 것들입니다. 자연과학이 발달하기 전에는 천재지변이나 기근, 전염병 등을 '신이 노해서' 발생했다고 해석했습니다. 하지만 이제는 인간의 탐욕이 문제를 일으키고 있다는 사실을 어느 정도 인식하게 됐습니다. 인간이 자초한 수많은 재난이 찾아오면 '아, 이것이 인간의 한계이구나. 인류 문명의 한계이구나. 내 개인뿐 아니라 인류 사회 전체에 문제가 있구나'라며 깨달아야 합니다. 그러나 불행히도 대다수 사람은 깨지고 상한 세상의 현실에 무지합니다. 재난이 닥치면, 왜 하나님은 가만히 있냐고, 심지어 왜 이런 재난을 일으키냐며 피상적 질문만 던지고 재난의 근본 원인은 외면합니다.

깨진 세상에 무지하고 둔감하면 그리스도인도 세상 사람들과 똑같아질 수밖에 없습니다. 하나님 관점으로 세상을 보지 않으면 교회에 출석한다는 사실 말고는 별반 다를 게 없습니다. 하나님은 없다고 주장하는 세상에 둘러싸여 잠들고, 그 세상에 포박당하고 맙니다. 그래서 재앙이 반복해서 찾아와도, 한국 근현대사 100년간 지속적으로 더욱 강력한 형태로 닥쳐도, 늘 지나갈 것으로 생각합니다. 코로나19 같은 팬데믹도 끝나기만 기다립니다. 하지만 어떡합니까? 또 다른 감염병이 우리를 찾아올 것입니다. 팬데믹이 아니어도 정치·경제적 재앙의 그림자가 지구촌 곳곳에 짙게 드리우고 있습니다. 2022년 우크라이나에 전쟁이 일어나자, 많은 사람이 문명화된 사회에서도 전쟁이 터질 수 있다는 사실에 깜짝 놀랐습니다. 문화유산이 가득할 정도로 유서가 깊고 300만 명이 거주하는 한 국가의 수도가 전쟁의 참화로 무너져 내리는 모습을 보면서 어떤 생각이 드셨나요? 우크라이나만큼, 아니 더 위험한 분쟁 지역이 한반도 아닌가요? 팬데믹과 전쟁이 우리가 사는 세상의 진실입니다. 성경을 믿는 우리는 "그 날들 동안" 무슨 일이 일어나도 놀라지 않습니다. 크고 두려운 마지막 날이 오기 전에 이런 일들이 반복해서 일어날 것이기 때문입니다.

피하기와 바라기

마지막 기간에는 좋은 소식과 나쁜 소식이 함께 찾아옵니다. 하나님의 영이 임해서 모든 사람이 선지자로 살 수 있지만, 환란과 고통을 견뎌야 합니다. 하나님께서는 그때 피할 길이 있다고 말씀하십니다. "누구든지 여호와의 이름을 부르는 자는 구원을 얻으리니"(32절). "누구든지"는 앞서 나왔던 노인부터 젊은이까지, 남종부터 여종까지를 포괄해서 가리킵니다. 모든 사람에게 차별 없이 임하는 하나님의 보편적 은혜! 그 은혜가 "누구든지"라는 말에 담겨 있습니다.

그러면 "여호와의 이름을 부르는 자"는 누구일까요? "예수님의 이름으로"라는 말을 기도 끝이나 축복의 말에 덧붙이는 사람일까요? "주여! 주여!" 하며 기도하는 사람들일까요? 예수님의 이름을 부르는 사람은 메시아 예수를 의지하는 사람입니다. 신약성경은 이 점을 분명히 합니다. 베드로 사도는 "우리가 의지하여 구원을 얻어야 할 이름은, 하늘 아래에 이 이름밖에 다른 이름이 없습니다"(사도행전 4:12)라고 선언합니다. 바울 사도는 "주님의 이름을 부르는 사람들을 잡아갈 권한을 대제사장들에게 받아 가지고"(사도행전 9:14) 다메섹에 왔고, "예수의 이름을 부르는 이들을 마구 죽이던, 바로 그 사람"(사도행전 9:21)으로 유명했습니다. 바울 사도는 자신의 회심을 회고하면서 "주님의 이름을 불러서, 세례를 받고, 당신의 죄 씻음을 받으시오"라는 아나니아의 말을 언급합니다(사도행전 22:16). 주님의 이름을 부르는 것은 예수의 이름을 기도문이나 구호로 삼는 것이 아니라, 개인적·사회적 재난이 닥칠 때 마음을 찢고 예수를 의지해 하나님을 찾으며 도움을 구하는 것입니다. "주님의 이름을 한 번 믿고 구원받고 천당 간다"라는 얄팍한 주장과는 거리가 멉니다. 진심으로 주님의 이름을 부르는 사람은 한 번 부르고 멈추지 않습니다. 줄곧 부릅니다. 그분은 한 번 구원받는 데 필요한 분이 아니라, 깨지고 상한 세상에서 살아가는 데 꼭 필요한 분이며, 그래서 우리는 그분을 의지하려고 그분의 이름을 늘 부릅니다.

그러므로 예수의 이름을 부르는 일은 일회성이 아니라 연속성입니다. 과거에 예수의 이름을 부르고 영접했을지언정 지금 주님을 의지하지 않는다면 당신은 영적으로 쇠약하거나 죽어 있는지 모릅니다. 어쩌면 애초에 구원받지 못했을지 모릅니다. 부족한 교리를 들은 것이지요. 한 번 예수를 믿으면 구원은 떼 놓은 당상이고, 회개하면 용서는 떼 놓은 당상이라는 이상한 기독교를 받아들인 것인지도 모릅니다. 그러나 "마지막 날들"에 하나님을 따라 살려면 그분을 늘 찾고 의지해야만 합니다. 오늘날 세상은 고통 가득한 일은 외면하고 자신만의 안위와 쾌락을 위해 살라고 부추깁니다. 이런 세상에서 정신을 차리고 살기란 쉽지 않습니다. 하나님이라고는 그 흔적도 찾지 못하게 만드는 현대 문명과 도시 문화 속에서 주님을 의지하며 따르는 일은 혼자 힘으로는 거의 불가능합니다. 주님을 매일 매 순간 부르지 않고는 살아 내기 힘든 세상입니다. 그런데도 주님의 이름을 부르지 않고 매일 그럭저럭 살고 있다면, 이미 세상에 잠식당했는지도 모릅니다. 이미 포박당한 것입니다. 깨지고 상한 세상을 바라보며 한숨이 나오지 않는다면, 안타까움과 연민이 생기지 않는다면, 이미 넘어간 것입니다. 그래서 주님의 이름을 불러야 할 절실한 이유 또한 사라진 것입니다.

다시 말하지만, 주님의 이름을 부르는 일은 일회성이 아닙니다. 연속성입니다. 우리 신앙은 과거의 실적이 아니라 현재의 열매이기 때문입니다. 과거의 경험, 과거의 공부, 과거의 훈련, 과거의 사역, 모두 그때 귀했습니다. 그때 주님을 의지했기 때문입니다. 그러나 우리 신앙은 과거 경험을 기억하고 자랑하는 것이 아니며, 오늘 어떤 삶을 살고 있느냐입니다. 중요한 것은 바로 지금 오늘입니다. 그때는 괜찮았지만, 오늘은 어떤가요? 오늘 작동하지 않는다면, 더 이상 주님을 부르지 않기 때문입니다. 기독교 신앙의 요체는 오늘도 내일도, 내가 죽기 직전까지, 죽음의 선을 넘어가면서까지 그분의 이름을 부르는 것입니다. 이제 한국 사회는 경제적으로 상당한 위치에 올라와서 개인적으로 비교의식만 극복하면 웬만큼 살 수 있는 여건을 상당 부분 마련했습니다. 자기보다 더 잘사는 사람을 쳐다보지만 않으면, 그런대로 살아갈 수 있습니다. 이미 우리는 전 세계 상위 10퍼센트 안에 들어가 있습니다. 그래서 하나님이 없어도 살 만합니다. 괜찮아 보입니다. 이런 무시무시한 속임수가 무의식을 뒤덮어 버린 세상에서 우리는 살고 있습니다.

세상의 이런 속임수를 깨닫고 마지막 날이 임하기 전에 여호와의 이름을 부르는 자들이 있습니다. 32절에 나오는 "시온 산과 예루살렘에 피할 자"입니다. 그런데 피한 사람들이 모두 구원을 받는다고 생각할 만한데 "살아남은 자 중에 여호와의 부르심을 받을 자가 있을 것이라"라는 조금 이해하기 어려운 구절이 이어집니다. 피하는 사람이 있고, 살아남는 사람이 있고, 그중에 부르심을 입는 사람이 있다는 말입니다. 하나님께로 피해 살아남은 자가 '능동성'을 뜻한다면, 살아남은 자 중에 부르심을 입는 자는 '수용성'을 뜻합니다. 하나님과 인간의 관계가 어떠한지가 잘 드러나는 구절입니다. 우리는 여호와의 이름을 부르며 최선을 다해 하나님께로 피합니다. 하지만 피한다고 문제가 다 해결되지는 않습니다. 살아남을지라도 부르심을 입는 일은 별개입니다. 부르심은 전적으로 하나님께 달렸습니다. 자신이 피했으니까 당연히 부르심도 받으리라는 생각은 하나님과 우리의 관계를 기계적이고 비인격적 관계로 파악한 데서 비롯합니다. 자신이 능동적으로 피했으니까 "자, 이제 됐죠? 저 왔어요. 그러니까 절 구원하세요"라고 말할 수 없습니다. 요엘은 인간의 능동적 순종과 하나님의 주권을 동시에 강조합니다. 지난 장에서 요엘 선지자의 "그러면 용서할지도 모르신다"라는 표현에서 살펴보았듯이 용서받는 것은 우리의 권리가 아니며, 오히려 하나님의 주권에 달려 있습니다. 우리는 하나님의 약속을 믿고 능동적으로 주님께 피합니다. 이것은 우리의 책임입니다. 그러나 우리는 은혜를 수용하는 존재이지, 요구하는 존재가 아닙니다. 이 점을 분명히 기억하십시오. 오늘날 기독교가 피상적이고 값싼 은혜의 종교로 전락하는 이유는 인간이 하나님의 은혜를 요구할 수 있는 존재인 양 가르치기 때문입니다. 우리가 하나님께 능동적으로 피할 수는 있어도 하나님께 부르심을 요구할 수는 없습니다. 그분께서 부르실 때만 받을 수 있습니다. 피하는 것은 우리 몫이지만 하나님의 은혜는 그분께서 주실 때만 받을 수 있습니다.

이는 하나님을 가벼이 여기는 오늘날 풍조와는 대조됩니다. 자신이 회심했는지 안 했는지 정확히 모르는 분을 가끔 만나게 됩니다. 교회를 오래 다녔는데도, 영접 기도도 하고 세례를 받았는데도, 특별한 변화 없이 비신자와 비슷하게 삽니다. 자기 속에 오셔서 일하시는 성령님도 이론적으로 알 뿐 실생활에서는 거의 무의미한 존재입니다. 그래서 구원받았는지 회심했는지 자신 없어 합니다. 이런 분은 아마도 피상적인 복음을 들었을 가능성이 큽니다. "예수님을 영접하고 기도하면, 세례받고 교회 다니면 구원받는다"라는 도식적 교리를 듣고 그리스도인이 되었을지 모릅니다. 그렇다면 지옥을 방불케 하는 세상에서 정말 예수께로 피한 것인지 스스로 물어보아야 합니다. 영접 기도이든 세례를 통해서이든 "주님, 제가 당신의 약속에 의지해 당신께로 피합니다. 약속하신 대로 제게 구원의 은혜를 허락하옵소서"라며 하나님 앞에서 은혜와 구원을 간절히 구하고 수용해야 합니다. 하나님의 은혜를 간절히 사모하며 받아들이는 진실함이 없다면, 어쩌면 회심이 완성되지 않았을지 모릅니다. 진정한 거듭남은 교리를 외우거나 어떤 기도를 드린다고 주어지지 않습니다. 하나님의 약속에 의지해 적극적으로 하나님께 나아가 하나님의 은혜를 간절히 사모하고 수용할 때 주어지는 복입니다.

능동성과 수용성은 예수를 믿고 출발하는 회심 때뿐 아니라, 그리스도인으로 살아갈 때도 계속해서 적용됩니다. 주일에 예배를 드리고, 헌금하고, 제자훈련을 받고, 가정교회로 모이는 모든 행위는 우리의 능동성을 보여 주는 부분입니다. 잘하셨습니다. 그러나 그것이 전부는 아닙니다. 예배에 능동적으로 참석했다면, 그 예배를 통해 하나님 뜻을 분별하려는, 하나님이 주시는 은혜를 받아들이려는 수용성이 필요합니다. 예배드리면서 핸드폰을 보거나 끝나고 뭘 할지 궁리하는 사람은 하나님의 은혜를 구하는 마음, 곧 수용적 자세가 필요합니다. 예루살렘과 시온 산으로 피하는 능동성도 필요하지만, 부르심을 받으려면 주님 앞에서 기다리는 자세도 필요합니다. 주님의 은혜를 간절히 사모하는 그 마음은 언제나 필요합니다. 주일 예배뿐 아니라 가정교회 같은 소모임에서도, 개인 성경묵상 때도, 시간과 헌금을 드릴 때도, 하나님의 은혜를 늘 사모해야 합니다. 그런 태도야말로 그분께 피한 자들이 보이는 모습입니다.

지금도 진행 중

요엘서 2장은 하나님의 놀라운 계획을 들려줍니다. 그 계획은 원래 옛 이스라엘을 위한 것이었으나 불행히도 그들은 재난을 통해 나타난 하나님의 경고를 무시합니다. 그렇게 하나님의 계획은 무산되는 듯했습니다. 하지만 하나님은 끝내 그 계획을 성취하십니다. 불굴의 의지로 완성하십니다. 메시아 예수를 보내셔서, 그를 알아보고 따르겠다고 고백하는 이들에게 하나님의 영을 부어 주십니다. 2천여 년 전 오순절에 시작된 이 일은 오늘까지

지속되고 있습니다. 오늘날 교회의 상황이 암울해 보여도 하나님은 여전히 그분의 영을 받아들이고 그분과 동행하는 이들을 통해 일하고 계십니다. 수많은 사람의 인생을 바꾸시고, 그들이 맺고 있는 관계를 변화시키십니다. 부부나 부모 자식 관계는 물론이고, 모든 관계를 어그러짐 없이 바르게 펴십니다. 이처럼 성령님과 동행하는 사람은 삶이 전반적으로 변화할 수밖에 없습니다. 성령님과의 동행을 통해 하나님께서 품으신 불굴의 의지가 우리 삶에서 실현됩니다. 그리고 그 변화는 당연히 우리 삶의 공적 영역, 사회적 맥락에까지 영향을 미칩니다.

하루아침에 바뀌지는 않아도 어느 날 다른 사람이 되어 가는 자신을 발견하고는 깜짝 놀랍니다. '내가 이런 생각을 하다니. 이렇게 말을 하다니. 아, 내가 정말 변했구나. 옛날엔 이러지 않았는데….' 이런 변화가 당신에게는 없다고요? 아니요! 있을 수밖에 없습니다. 왜냐하면 성령님께서 지금도 당신 안에서 일하고 계시기 때문입니다. 그러나 옛 이스라엘이 실패했듯이 오늘날에도 실패하는 그리스도인이 있습니다. 하나님을 가벼이 여기고, 예배가 아니라 종교 행사에 참여하고, 주님께 마음으로 나아가지 않고 껍데기만 붙듭니다. 그러면 아무런 변화도 일어나지 않습니다. 만에 하나 당신이 별로 변하지도 않고 힘 있게 살지 못한다면 그런 자신을 당연하게 여기지는 마십시오! 당신 삶에서 불굴의 하나님 의지가 실제로 드러나지 않는다면, 그것은 당신이 속한 교회의 책임도, 담임 목사의 책임도, 소모임 리더의 책임도 아닙니다. 당신의 책임입니다. 당신의 문제이며 당신의 손해입니다. 인생을 허비하고 있는지 모릅니다. 우리 속에서 불굴의 의지로 일하고 계신 성령님께 우리 자신을 내어 드립시다. 자신의 변화에 스스로 놀라는 복이 찾아올 것입니다.

그러나 하나님 뜻을 분별하고, 하나님 앞에서 삶과 사역의 어떤 부분을 결단하고, 성령님과 보조를 맞춘다고 모든 일이 언제나 일사천리로 진행되지는 않습니다. 하나님의 영을 모든 사람에게 부어 주신다는 좋은 소식도 있지만, 환난과 고통이 마지막 때에 있다는 나쁜 소식도 기억해야 합니다. 성령님과 동행하며 주님을 따르는 삶, 하나님을 위한 시도는 환난과 고통을 통과하기 마련입니다. 그래서 때로는 우리의 시도와 모험이 열매를 맺을지 헛수고에 그치지는 않을지 하는 염려도 듭니다. 저도 2001년에 나들목교회를 시작하면서 성경에서 발견한 '그 교회'를 현대 사회 속에 세우려 했고, 예수님의 뜻이라고 확신했습니다. 하지만 교회를 세워 가면서 하나님의 뜻을 포기할 뻔한 위기가 여러 번 있었습니다. 2019년에 나들목교회가 다섯 교회로 나뉘면서는 형제 교회들이 서로 책임감을 갖는 네트워크를 꿈꾸었습니다. 하나님 뜻이라고 분명히 믿었지만 가 보지 않은 길이라서 여전히 제 마음에는 염려가 있습니다. 그리고 나들목교회에서 배우고 열매로 거둔 것을 다른 교회들과 나누겠다고 기도했고, '하나복네트워크' 사역으로 실행하고 있습니다. 하지만 이렇게 하는 것이 한국 교회를 제대로 섬기는 것인지, 오래된 교회들이 건강하게 갱

— 150

신하는 데 도움이 되는지, 새로운 패러다임 위에서 성경적 교회를 개척하는 일이 열매를 맺을지, 조바심이 드는 것도 사실입니다. 더군다나 코로나19 같은 전 지구적 재앙을 통해 하나님께서 이 시대를 향해 경고하시는데도 한국 교회가 귀 기울이지 않을 때 더욱 마음이 흔들립니다. 교회가 본질적 갱신은커녕 몇몇 프로그램이나 테크놀로지에 의지해 비상 상황에 임기응변하면서 빠르게 쇠락의 길을 걸을 때, 아니 쇠락한다고 스스로 인지조차 하지 못할 때, 더더욱 그렇습니다.

그러나 요엘 선지자는 성령님과 동행하는 삶은 꽃길을 걷는 것이 아니라, 환난과 고통 속에서 중심을 잃지 않고 걷는 것임을 상기시킵니다. "피와 불과 연기 기둥" 같은 징조가 나타나고 "해가 어두워지고 달이 핏빛같이 변"하는 날에 "시온 산과 예루살렘"에 피하는 사람이 되라고 격려합니다. 그중에서 하나님의 부르심을 받는 자가 되라고 이야기합니다. 때로는 전체적인 그림이 어둡고 전망이 암울해서 우리 노력과 의지로는 이 어려운 상황을 뚫고 나갈 수 없다는 느낌이 듭니다. 그때 필요한 것은 우리 의지와 노력이 아닙니다. 우리가 기억해야 할 것은 '하나님의 소원과 그분의 불굴의 의지'입니다. 그러면 우리는 '나는 내 몫에 집중해야겠구나. 내가 살아야 할 삶을 살면서, 내가 전해야 할 메시지를 전해야겠구나. 모든 일의 주관자는 하나님이시지, 내가 아니구나'라고 깨닫게 됩니다. 우리에게 필요한 것은 불굴의 의지가 아닙니다. 목회자나 교회 리더들에게 필요한 것은 불굴의 의지가 아닙니다. 우리 모두에게 필요한 것은 불굴의 의지를 지닌 주님을 부르며 그분께 피하는 것입니다. 그분의 은혜를 구하는 것입니다. 자기 몫을 감당하면서 가 보지 않은 길을 성령님과 보조를 맞추어 걸어가 보는 것입니다.

깊어지는 우정

옛 이스라엘은 불가항력적 재난이 닥쳐도 회개하지 않고 주님께로 돌이키지 않았습니다. 그런데도 하나님은 불굴의 의지로 새 이스라엘을 다시 세우셨습니다. 그렇지만 새 이스라엘도 옛 이스라엘의 전철을 밟을 수 있습니다. 우리에게 임한 성령님을 무시하고 하나님 관점으로 세상을 보지 않으면, 기독교라는 종교에 속할지는 몰라도 하나님 없이 사는, 역사의 종말을 의식하지 않고 살아가는 이들과 별반 다르지 않을 것입니다. 옛 이스라엘이 그랬듯이 실패할 수 있습니다. 하지만 계속해서 찾아오는 환난과 그로 인한 고통을 마지막 날들의 징조로 당연하게 받아들이고, 우리를 에워싸고 세뇌하듯 공격하는 세속적 가치에 무릎 꿇지 않으며, 오히려 우리 안에 있는 성령님을 따라 살면, 깨진 세상 속에서 선지자로 살 수 있습니다.

하나님은 자신을 떠난 인류를 회복하겠다는 소원을 품고, 지금도 불굴의 의지로 인류 역사 속에서 일하고 계십니다. 새 이스 — 152

라엘인 우리는 그 놀라운 일을 함께 이루도록 부르심을 받았습니다. 메시아 편에서, 메시아를 따르며, 메시아가 시작한 일을 이어 가는 우리는 '메시아 족속'입니다. 그래서 가정교회나 사역팀 같은 작은 공동체를 세우며, 우리가 속한 교회가 새 이스라엘로서 사명을 잘 감당하도록 애씁니다. 가정과 직장에서 제사장 역할은 물론이고, 선지자 역할까지 감당합니다. 놀랍고도 불가능한 이 일이 하나님의 소원과 불굴의 의지 덕분에 아무 자격 없는 우리에게서 일어나고 있습니다. 하나님의 이름을 부르며 살아가는 이들을 하나님은 동역자로 여기시며(고린도전서 3:9) 더 나아가 일종의 우정을 나누십니다. 이렇게 표현해도 괜찮을지 모르겠지만, 하나님과 자꾸 친해집니다. 예수님께서도 "나는 너희를 친구라고 불렀다"(요한복음 15:15)라고 하셨습니다. 하나님과 동행할수록 하나님 마음이 점점 더 잘 보이고, 그래서 그 뜻대로 살면 하나님과의 우정은 더욱 깊어집니다. 그러다 보면, "이렇게 사는 것이 하나님이 인간에게 주신 최고의 복이구나"라는 생각에 이를지도 모릅니다.

3
하나님의 소원과
은혜

4.

심판의 시간

다시 재난
다시
하나님 나라

위축된 사람을 만나면 안타깝습니다. 특히 천진난만하고 자유분방해야 할 어린아이가 말과 행동을 조심하며 주변 눈치를 보면 더 그렇습니다. 청소년 중에 위축되지 않은 아이가 없어 보일 정도로 우리 사회는 다음 세대를 위축시키고, 어릴 때부터 세상은 살아남기 힘든 곳이라고 주입합니다. 그래서 그런지 어른들도 많이 위축된 모습입니다. 위축되면 자유로움이 사라지고, 자유로움에서 솟아나는 창의적 상상력도 사그라들므로, 자신만이 살아낼 수 있는 멋진 삶을 누리지 못합니다. 그런데 오늘날 그리스도인과 교회야말로 위축된 듯합니다. 코로나19 팬데믹을 지나면서 한국 교회에는 여러 부정적 이미지가 덧씌워졌고, 부끄럽다 못해 어디 가서 그리스도인이라고 말하기조차 힘들어졌습니다. 팬데믹 상황이 아니더라도 그리스도인들은 세상에 좋은 영향을 끼치기보다는 오히려 세상의 흐름에 함몰되거나 세상의 횡포에 쉽게 위축됩니다. 목회자들 역시 위축돼 있습니다. 목회가 워낙 어려운 일이기도 하지만, 팬데믹을 겪으면서 어떻게 목회해야 할지 모르겠다며 막막함을 토로하는 분들이 많습니다. '엔데믹'으로 전환하는 시점에도 주일 예배 성도 수가 회복되지 않아 한국 교회가 전반적으로 위축돼 있습니다. 이렇게 위축된 그리스도인과 그들의 공동체가 하나님의 사랑과 생명을 세상으로 흘려보내리라고 기대하기는 힘듭니다.

4
심판의
시간

뒤집히는 역사

요엘서는 이스라엘이 위축될 대로 위축된 상황에서 쓰였습니다. 메뚜기 떼 재앙으로 산업이 다 무너지고, 성전에서 예배를 드릴 수 없어 기쁨도 사라지고 영성이 다 고갈되었습니다. 이런 상황에서 요엘 선지자는 더 무시무시한 마지막 심판이 온다고 예언합니다. 하나님은 요엘을 통해 "회개하면 돌아올 수 있다. 그뿐만 아니라 내 영을 너희에게 부어 줄 것이다. 그러니 제발 돌아와라"라고 말씀하셨습니다. 하지만 이스라엘 백성은 하나님의 약속과 말씀을 의지하기보다는, 사방에서 그들을 옥죄는 국제 정세와 내부 혼란에 위축될 대로 위축되어 하나님께로 돌아가지 않습니다. 그런 이스라엘에게 하나님은 "너희를 회복할 뿐만 아니라, 너희를 위축시키는 대적을 내가 심판하겠다"라고 말씀하십니다. 이번 장에서 다룰 3장 1-16절이 그 내용을 담고 있습니다.

앞서 요엘서 1-2장을 살필 때도 나왔듯이, 히브리 성경을 읽을 때 가끔 마주하는 어려움은 화자가 누구냐 하는 것입니다. 고대 문서에는 마침표나 따옴표 같은 문장 부호가 없어서 누가 누구에게 이야기하는지를 식별하는 것이 중요하고, 번역에도 큰 영향을 끼칩니다. 이 책에 실은 저의 요엘서 번역본에는 따옴표를 넣어 하나님께서 직접 말씀하신 신탁을 구분했고, 선지자가 백성에게 말하거나 기도하는 부분에는 따옴표를 넣지 않았습니다. 그렇게 하나님의 신탁과 선지자의 말을 구분했습니다. 그런데 요엘서 초반에는 하나님 말씀과 선지자의 말이 번갈아 나오다가 뒤

다시 재난
다시
하나님 나라

로 갈수록 하나님 말씀이 압도적으로 많아집니다. 이는 문학적 기법의 하나로 예언서 초반에는 선지자의 설명이 덧붙다가 뒤로 갈수록 하나님의 장엄한 메시지로 가득 찹니다. 특히 이번 장에서 살펴볼 구절에는 하나님의 말씀이 압도적으로 많고(1-8상, 9-11상, 12-13절) 선지자의 말은 상대적으로 적습니다(8하, 11하, 14-16절). 그래서 하나님께서 쉴새 없이 세차게 몰아치신다는 느낌을 줍니다. 먼저 요엘서 3장 1절부터 16절까지를 읽어 보겠습니다. 요엘서가 상정한 독자는 일차적으로 이스라엘 백성이며, 심판 대상은 모든 나라입니다. 위축될 대로 위축된 이스라엘 백성을 욱여싸는 대적들이 끝내 어떻게 되는지를 주님께서는 강렬하게 알려 주십니다.

> 1   "왜냐하면,[1] 보라 그날들과 그때[2]
>
>   곧 내가 유다와 예루살렘의 사로잡힌 자를 돌아오게 할 때
>
> 2   내가 모든 나라들을[3] 모아 데리고

---

1 원문의 접속사를 "왜냐하면"으로 번역해 삽입하면, 문장이 매끄럽지는 않으나 2장과의 연관성을 보여 줄 수 있다. NASB도 "For behold", NRSV는 "For then"으로 옮겼다.

2 원문에 "그날들"과 "그때"가 함께 등장해 그 기간과 시기를 강조하고, 많은 영어 성경이 "in those days and at that time"으로 옮기고 있다.

3 개역개정에서 "만국"으로 번역된 이 단어는 민족, 국가, 국민, 백성같이 특정한 단체나 무리, 조직을 가리킬 때 사용한다. 현대의 국가 개념이 고

여호사밧 골짜기에 내려갈 것이기 때문이라.[4]

거기에서 나의 백성 곧 나의 기업인 이스라엘을 위하여 그들

  을 심문하리니

이는 그들이 나의 백성을[5] 나라들 가운데에 흩어 버리고

나의 땅을 나누었음이며

3   또 나의 백성을 제비 뽑아[6] 소년을 기생과 바꾸고

소녀를 술과 바꾸어 마셨기 때문이다.

4   두로와 시돈과 블레셋의 모든 지역아,[7]

너희가 나와 무슨 상관이 있느냐?

너희가 나에게 보복하겠느냐?

만일 나에게 보복하면 너희가 보복하는 것을

내가 신속히 너희 머리에 돌릴 것이니

5   곧 너희가 나의 은과 금을 빼앗고

나의 진기한 보물을 너희 신전으로 가져갔으며

6   또 유다 자손과 예루살렘 자손들을 헬라 족속에게 팔아서

대의 국가 개념과 다르므로 여기서는 일반적인 "나라"라고 옮겼다.

4 1절의 "왜냐하면"이 "내려갈 것이기 때문이라"까지를 꾸며 준다.

5 개역개정은 "이스라엘"을 불필요하게 덧붙였다.

6 "내 백성을 끌어가서"는 원문의 "제비를 뽑다"라는 의미를 그대로 살렸다.

7 개역개정의 "사방아"는 '모든 영토·지역'을 뜻한다.

다시 재난
다시
하나님 나라

그들의 영토에서 멀리 떠나게 하였기 때문이다.

7 보라 내가 그들을 너희가 팔아 이르게 한 곳에서 일으켜 나오게 하고

너희가 행한 것을 너희 머리에 돌려서

8 너희 자녀를 유다 자손의 손에 팔리니

그들은 다시 먼 나라 스바 사람에게 팔리라.”

여호와께서 말씀하셨느니라.

9 “모든 민족에게 이렇게 널리 선포하라.

전쟁을 준비하라.

모든 용사를 격려하라.

그들을 다 모아 진군하게 하라.

10 보습을 쳐서 칼을 만들라.

낫을 쳐서 창을 만들라.

약한 자도 “나는 강하다”라고 말하게 하라.

11 사면의 민족들아 속히 와서 모여라.”[8]

여호와여 주의 용사들로 그리로 내려오게 하옵소서.

12 “민족들은 일어나서 여호사밧 골짜기로 올라오라.

내가 거기에 앉아서 사면의 민족들을 다 심판하리라.

---

8 9-11절의 동사는 모두 명령형이다. 개역개정은 반복해서 “너희는”을 사용했으나, 명령의 급박성을 전달하기 위해 원어와 마찬가지로 명령어만 나열했다.

4
심판의
시간

13 낫을 쓰라. 곡식이 익었도다. 와서 밟으라.

포도주 틀이 가득히 차고 포도주 독이 넘치니

그들의 악이 큼이로다."

14 사람이 많음이여, 심판의 골짜기에 사람이 많음이여,

심판의 골짜기에 여호와의 날이 가까웠음이로다.

15 해와 달이 캄캄하며 별들이 그 빛을 거두도다.

16 여호와께서 시온에서 부르짖고

예루살렘에서 큰 소리를^9 내시리니 하늘과 땅이 진동하리라.

그러나 여호와께서 그의 백성의 피난처,

이스라엘 자손의 요새가^{10} 되시리라.

마지막 재난, 심판

1-13절에는 하나님께서 세상 모든 나라를 소집해 심판한다는 선언이 쏟아지듯 나옵니다. 선지자는 드문드문 "여호와께서 말씀하셨느니라"(8절하), "여호와여 주의 용사들로 그리로 내려오게 하옵소서"(11절하)라고 할 뿐입니다. 그 말을 제외하고는 이스

---

9 "목소리"보다는 "큰 소리"로 옮기는 편이 더 적절하다.

10 "피난처"와 더불어 안전한 장소, 방편, 보호자를 뜻하므로, "산성"보다는 "요새"가 더 적절하다.

라엘을 괴롭히는 나라들을 마지막으로 심판하겠다는 하나님 말씀으로 가득합니다.

회복과 동시에 심판

요엘서 2장에서 우리는 하나님의 이스라엘 회복 계획에 대해 들었습니다. 그런데 3장 2절에서는 하나님께서 모든 나라를 모아서 심문하겠다고 하십니다. 두 내용이 어떻게 연결이 될까요? 한글 성경에는 반영되지 않았지만 3장 1절은 "왜냐하면"으로 시작합니다. 이 단어가 2장과 3장을 연결해 줍니다. 2장에는 이스라엘이 하나님의 경고를 듣고 돌이키면 이루어질 약속과 받을 복이 나옵니다. 그렇게 될 수 있는 이유가 무엇일까요? 3장에서 하나님은 "왜냐하면 너희를 괴롭힌 모든 열국을 내가 심판할 테니까!"라고 말씀하십니다. 하나님에게는 이스라엘을 회복할 시나리오가 있었습니다. 바로 앞 2장에서 하나님의 영을 부어 주겠다고 두 번이나 언급했고, 주님의 이름을 부르는 사람은 시온 산과 예루살렘에 피해서 구원을 얻을 것이라고 약속하셨습니다. 하지만 알다시피 옛 이스라엘은 그 시나리오대로 따르지 못했고, 하나님의 영이 우리에게 임해 새 이스라엘이 탄생했습니다. 그렇다면 3장의 마지막 심판은 어떻게 해석해야 할까요?

일부 학자가 주장하듯이 하나님께서 마지막 날에 실제 유대인으로 구성된 이스라엘을 회복하기 전에 열국을 심판하는 내용으로도 볼 수 있습니다. 하지만 하나님의 역사 축이 옛 이스라엘에서 새 이스라엘로 옮겨졌으므로 다른 해석도 가능합니다. 새 이스라엘에 완전한 회복이 오기 전에 세상에 임하는 하나님의 마지막 심판으로 볼 수 있습니다. 랍비들도, 유대 학자들도 구약성경을 해석합니다. 그리스도인들은 신약성경의 빛에 비추어 구약성경을 이해합니다. 하나님의 계시는 점진적으로 이루어져서 구약성경에서는 선명하지 않던 부분이 신약성경에서는 분명해집니다. 그래서 사도행전에서 베드로 사도가 요엘서를 인용한 사건은 매우 중요합니다. 요엘서는 쓰일 때만 해도 하나님께서 옛 이스라엘을 회복하실 때 주변 모든 나라를 심판하신다는 계획을 이야기하는 성경 본문이었습니다. 하지만 이스라엘은 하나님의 회복 계획을 거절했고, 그 계획은 새 이스라엘인 우리에게 왔습니다. 따라서 이제 이 성경 본문은 새 이스라엘인 우리에게 적용됩니다. 새 이스라엘이 온전히 임하는 하나님 나라에 들어갈 때, 하나님께서 열국을 마지막으로 어떻게 심판하시는지에 관한 내용입니다.

1절의 "그날들과 그때"라는 표현 역시 한글 성경으로는 해석하기 어려운 부분입니다. 히브리 성경에도, 이를 헬라어로 번역한 70인역에도 "그날들"과 "그때"라는 두 표현이 연이어 등장합니다. "그날들"은 일정한 기간을, "그때"는 특정한 시기를 가리킵니다. 이 두 단어는 요엘서 2장 29절의 "그날들 동안"과 31절의 "여호와의 크고 무서운 날"이라는 표현을 그대로 반영하고 있습니다. 다시 부연하면, 예수께서 오시고 성령이 우리에게 임하셔서 하나님의 마지막 시대가 시작되었고, 그 마지막 기간이 지나고 마침내 마지막 날이 올 것이며, 크고 두려운 그날이 바로 심판의 날이라는 것입니다. "그날들과 그때", 곧 하나님께서 "유다와 예루살렘의 사로잡힌 자를 돌아오게 할 때" 하나님께서 모든 나라를 심판하기 위해 그들을 "모아 데리고 여호사밧 골짜기에 내려갈 것"이라고 말씀하십니다. 1절에 나오는 "유다와 예루살렘의 사로잡힌 자"는 요엘서 2장 32절의 "여호와의 이름을 부르는 자", 곧 "시온 산과 예루살렘"으로 피하는 자이며, 새 이스라엘인 그리스도인 공동체를 뜻합니다. 하나님께서는 우리를 위해 하나님의 완전한 회복이 일어날 것이며, 동시에 전 세계를 향해서는 하나님의 심판이 진행될 것이라고 말씀하고 계십니다.

마지막 심판

요엘서 2하-8절은 심판의 주체, 대상, 장소, 이유와 그 결과까지를 조목조목 알려 주며, 하나님의 마지막 심판이 어떠한지를 잘 설명해 줍니다. 가히 '하나님 심판의 신학'이라고 할 만합니다.

심판의 주체: 하나님께서

먼저, 이 심판의 주체가 하나님이라는 사실을 강조합니다. 2-8절의 주어는 모두 하나님이며, 하나님의 다양한 행위를 기록합니다. "내가 모아 데리고…내려가…심문"(2절)할 것이며, "내가…돌릴 것"(4절)이며, "내가…일으켜 나오게 하고…너희 머리에 돌려서…팔리니"(7-8절). "나"라는 주어와 함께 소유격 "나의"도 여섯 번이나 반복해서 나옵니다. "나의 백성 곧 나의 기업"(2절상), "나의 백성…나의 땅"(2절하), "나의 백성"(3절), "나의 은과 금"(5절)이라고 하시면서, 이스라엘은 하나님 소유이며, 이스라엘 성전 역시 하나님 것이라고 선언하십니다. 하나님 소유이며 하나님의 다스림 안에 있는 것, 하나님께서 사랑하시는 것을 유린하고 훼손했으니 그에 합당한 죄를 물어 직접 심판하겠다는 말씀입니다. 더군다나 여호사밧(1, 12절)의 뜻은 "여호와께서 재판하신다"입니다. 하나님만이 유일한 심판자이십니다.

이스라엘은 하나님을 심판자로 믿고 받아들인 신앙 위에 세워졌습니다(출애굽기 6:6; 12:12; 열왕기상 8:32; 시편 7편; 9:7-8 등). 더 나아가 성경은 이스라엘이 심판자이신 하나님을 본받아서 공의와 정의로 세상을 심판해야 한다고 끊임없이 가르칩니다. 신명기 16장, 시편 72편, 잠언 31장 8-9절 등에서 이스라엘이 공의를 시행하고 하나님을 대신해서 세상을 심판해야 한다고 이야기합니다. 신명기 16장 18-20절에서는 "당신들은 주 당신들의 하나님이 각 지파에게 주시는 모든 성읍에 재판관과 지도자를 두어, 백성에게 공정한 재판을 하도록 하십시오…오직 정의만을 따라야 합니다"라고 말합니다. 불행히도 이스라엘 백성이 하나님을 두려워하지 않고 하나님과 세상을 같이 섬기면서, 그들 사회는 하나님이 없는 사회와 똑같아졌고, 그들 속은 불의로 가득 찼습니다. 요엘서에 이어지는 아모스서 주제가 바로 이것입니다. 결국 이스라엘은 앞서 살펴본 대로 이방 나라에 의해 심판을 받습니다. 지금 살펴보고 있는 성경 본문에서 하나님은 이스라엘을 괴롭힌 나라들을 심판하겠다고 하는데, 이는 "너희조차 공의를 행하지 않았으니, 너희를 포함해 모든 나라를 내가 심판하겠다"라는 말씀입니다. 하나님을 무시하고 자기가 가진 부와 권력으로 약자를 괴롭히고 자기 배만 불리는 세상을 하나님께서 심판하신다는 사실은 우리 모두에게 두려운 소식입니다. 우리는 정도 차이만 있지, 하나님 것을 자기 것으로 여기고, 자기보다 약한 사람을 적극적으로 괴롭히거나 소극적으로 돌보지 않으며, 결국 자기만을 위해 살기 때문입니다. 그러나 다른 한편으로는 크게 위로가 됩니다. '결국 그분이 그분의 정의를 온전히 세우는 날이 오는구나. 그분이 주체적으로 이 세상을 회복하고 심판하겠구나'라는 생각이 들기 때문입니다.

오늘날 그리스도인들은 너그러이 용서해 주시는 사랑의 하나님에게 너무 경도되어 심판하시는 하나님을 간과합니다. 하나님은 세상을 지켜보면서 정의가 무너질 때는 분노하며 바로잡으시는데, 이를 애써 무시합니다. 많은 그리스도인이 하나님의 심판을 더 이상 이야기하지 않으니, 결국 하나님의 정의도 입 밖으로 꺼내지 않습니다. 늘 사랑만 이야기합니다. 하지만 하나님의 사랑은 하나님의 정의 위에 세워집니다. 하나님의 정의와 하나님의 사랑은 분리할 수 없습니다. 정의 없는 사랑은 하나님을 말랑말랑한 할아버지처럼 만들고, 사랑 없이 정의만 강조하면 하나님은 우리를 무섭게 쫓아다니는 처벌자가 됩니다. 하나님은 우리를 사랑하시되 정의 위에서만 사랑하십니다.

심판의 대상: 악한 세력을

이제 하나님께서 정의로 심판하는 대상이 누구인지를 살펴봅시다. 2절에서는 그 대상을 "모든 나라들ּ(고이)이라고 밝히는데, 민족, 국가, 국민, 백성 등으로 번역할 수 있습니다. 4절에서는 두로와 시돈과 블레셋을 언급하는데, 좀 이상합니다. 이 나라들보다는 이스라엘 전체를 완전히 멸망시킨 바벨론이나 앗시리아 같은 나라가 더 적합해 보입니다. 그런데 이스라엘 주변국 셋을 언급합니다. 19절에서는 이집트와 에돔을 언급하는데 이것도 비슷한 맥락입니다. 이들은 요엘서의 청자인 남유다 왕국을 실제로 괴롭힌 나라들입니다. 따라서 요엘서 3장에 실명으로 등장하는 나라들은 하나님 백성을 괴롭힌 모든 나라를 대표해서 거론된 것입니다. 하나님은 이들만이 아니라 모든 나라를 다 심판하기 위해 열국을 여호사밧 골짜기에 모으셨고, 그중에서 특히 이들을 지적함으로써 이스라엘 주변국들이 저지른 악한 행위를 지적하고 있습니다.

그런데 여기서 한 가지 생각해 볼 것이 있습니다. 흔히 "고이"라는 단어를 족속, 민족, 국가라고 생각합니다. 그런데 이 단어는 고대어입니다. 물론 국가라는 개념은 고대부터 존재했으나 계속해서 변하고 있습니다. 그래서 이 단어가 현대적 의미의 국가, 곧 북한, 미국, 중국, 일본, 러시아 같은 국가를 가리킨다고 보기에는 무리가 있습니다. 오히려 이 단어는 강력한 권력을 바탕으로 누군가와 대적할 정도로 지배 구조를 갖춘 집단이라고 볼 수 있습니다. 그것이 정치체제일 때는 왕정이나 공화정, 또는 민주주의 국가이겠지요. 하지만 오늘날 영향력이 큰 집단은 국가만이 아닙니다. 거대 자본이나 초국가 기업도 있습니다. 성경을 문자적으로 해석하면, "고이"를 단지 국가라고만 생각해서 마지막 날에 '국가 간에 세계대전이 일어나겠군'이라고 결론 내릴 수도 있습니다. 그러나 현대의 "고이"는 국가만이 아니라, 세상에 강력한 영향을 미치는 거대 집단, 특히 하나님 백성에 해악을 끼치는 집단으로 보는 것이 옳습니다.

하나님께서 심판하는 대상이 요엘서에서는 이스라엘을 그 주변에서 괴롭히는 여러 부족 국가였습니다. 하지만 오늘날은 새 이스라엘인 우리를 하나님 백성답게 살지 못하게 하는, 우리를 에워싸고 공격하는 집단들입니다. 그렇다면 하나님 중심의 가치관과 그에 기초한 삶의 방식에 가장 깊게 영향을 끼치는 존재는 무엇일까요? 오늘날 세상과 우리 삶에 심대한 영향을 끼치는 집단 하면 당연히 국가를 떠올릴 수 있지만, 정치·경제 집단이나 더 정확히는 거대 기업들도 포함됩니다. 정치 지도자나 정당이 현대 국가와 사회에 미치는 영향력은 여전히 대단합니다. 하지만 넷플릭스, 유튜브, 아마존, 구글 같은 거대 자본의 영향력 또한 무시무시합니다. 사실 우리가 사는 사회는 세상을 쥐락펴락하는 실체가 누군지 정확히 알 수 없을 정도로 교묘하고 복잡합니다. 예를 들어 최근 일어난 러시아의 우크라이나 침공을 누가 제대로 이해할 수 있을까요? 뉴스 보도로 접하는 사실은 거대한 진실의 파편적 정보임을 우리는 알고 있습니다. 너무나 많고 복잡한 변수가 그 안에 얽히고설켜 있습니다. 이 끔찍한 전쟁의 실체를 정확하게 이해하기는 어렵지만, 한 가지 사실만은 분명합니다. 거대한 권력을 쥔 집단이 자기 이익을 위해 약자의 생명을 파리 목숨처럼 여긴다는 점입니다. 하루아침에 삶의 터전을 잃고 집과 살던 도시를 떠나야 하는 사람들, 전쟁의 포화 속에서 사라지는 젊은이들, 그들의 처참한 모습에서 현대에도 구약성경의 "고이" 같은 악한 권력 집단이 여전히 존재함을 확인합니다. 그러므로 하나님께서 심판하는 대상은 단지 국가만이 아닙니다. 새 이스라엘이 하나님의 공의를 드러내며 하나님 나라 시민답게 살려고 할 때 그들을 괴롭히고 무너뜨리는 모든 권력 집단이 심판의 대상입니다.

심판의 장소: 하나님 앞에서

그렇다면 하나님은 이들을 어디서 심판하실까요? 성경은 심판의 장소를 "여호사밧 골짜기"라고 소개하는데, 그 위치에 대해서는 여러 주장이 엇갈립니다. 역대기하에 나오는 브라가 골짜기라

— 168

는 주장도 있고, 갈멜 산에서 므깃도에 이르는 이스르엘 골짜기이며 거기서 아마겟돈 전쟁이 일어난다는 주장도 있습니다. 또는 예루살렘 동쪽과 감람 산 사이의 기드론 골짜기라고도 합니다. 하지만 그중 어느 곳도 모든 나라 군인이 들어설 만큼 큰 지역은 없습니다. 우리는 수많은 국가가 편을 나누어 전쟁에 가세했던 세계대전을 두 차례나 경험했습니다. 그래서 마지막 전쟁이 어느 작은 지역에서 일어난다고는 생각하지 않습니다. "여호사밧 골짜기"가 지리적 명칭이 아님은 그 이름에서 벌써 드러납니다. "여호사밧"은 '여호와께서 심판하신다'라는 뜻입니다. 그러므로 여호사밧 골짜기는 특정 지역이 아니라, '여호와께서 심판하시는 어떤 곳'입니다. 성경을 문자적으로만 해석하면, 골짜기 위치에 관심을 두고 그 위치를 찾으려고 애쓰게 됩니다. 그러나 우리가 지금 읽고 있는 요엘서는 여러 상징으로 가득합니다. 또한 요엘서는 산문이 아니라 운문이며, "고이"라는 단어도 단지 국가만을 가리키는 것이 아님을 앞서 살펴보았습니다. 여호사밧 골짜기 역시, 여호와가 모든 나라의 재판장이시며 모든 나라가 그 재판장 앞에 소환된다는 의미에 방점이 찍혀야 합니다. 구체적으로 그 장소가 어디인지는 요엘서가 의도했듯이 현재 우리로서는 알 수가 없습니다. 어쩌면 마지막 심판이 특정 지역을 넘어서서 임한다는 사실을 암시하고 있다고 봐야 합니다. 굳이 장소 개념으로 읽으려면, "여호사밧 골짜기"가 "하나님이 심판하시는 골짜기"라는 뜻에서 알 수 있듯이 모든 민족이 호출되어 심판받는 "하나님 앞"

을 의미합니다. 모든 "고이"가 하나님 앞에 서게 될 것입니다.

심판의 이유 1: 하나님과 이웃을 멸시하므로

심판하는 주체가 하나님이라면, 그다음 중요한 것은 심판의 이유입니다. 2-8절에서 주변 강대국들은 하나님 백성인 이스라엘에 저지른 일 때문에 심판을 받는다고 밝힙니다. 첫째, 그들은 이스라엘을 여러 나라로 흩어 버렸습니다(2절). 이스라엘 공동체가 맡은 일은 하나님의 영광을 드러내고 하나님이 어떤 분인지를 세상에 알리는 것입니다. 그런 이스라엘을 여러 나라로 흩어 버렸다는 것은 하나님 뜻이 세상에 드러나지 못하도록 적극적으로 방해한 것과 마찬가지입니다. 하나님께서는 그들이 "나의 땅을 나누었"다고 말씀하십니다(2절). 땅은 하나님 것입니다. 땅의 중요성은 요엘서뿐만 아니라 구약성경 전체에 걸쳐 반복해서 나옵니다. 땅은 단순히 토지나 경제 수단이 아니라 그 이상입니다. 오늘날 한국에서는 땅을 부를 축적하는 수단으로 여기는 경향이 강한데, 땅은 모든 생명체를 담고 있는 그릇입니다. "이 땅은 내 것이다"라는 하나님 말씀은 하나님께서 부동산의 경제적 가치에 관심이 있다는 게 아니라, "땅 위의 모든 생명체가 다 내 것이다"라는 선언입니다. 요엘서 1장에서 살펴보았듯이 땅 위의 모든 생명체가 헐떡거리며 죽어 가고 괴로워하며 탄식하고 있습니다. 땅에 속한 모든 것이 하나님 것이며, 그중 가장 중요한 존재는 하나님 백성입니다. 그런데 이스라엘 주변국들은 하나님께서 가장 아끼는 존재를 완전히 파멸하고 그 백성을 포로로 잡아 사방으로 이주시킵니다. 앗시리아가 그랬고, 이제 바벨론이 그렇게 할 것이라고 요엘서는 예언합니다. 실제로 바벨론 제국은 남유다 왕국을 네 차례에 걸쳐 초토화하고, 유다 땅에 남은 소수를 빼고는 모두 제국의 노예로 끌고 갑니다.

3-6절은 제국들이 이스라엘 백성에 저지른 사악하고 부도덕한 행위를 고발합니다. 3절에는 소년과 소녀를 어떻게 학대했는지가 나옵니다. 소년을 기생과 바꾸고 소녀를 술과 바꾸어 마십니다. 인간이 인간에게 저지를 수 있는 최악의 범죄인 아동학대와 인신매매를 자행합니다. 그런데 이 범죄의 목적이 무엇인가요? 기생을 얻고 술을 마시기 위해서입니다. 성적 타락과 음주 쾌락을 위해 아동을 학대하고 사고팔았습니다. 자신을 방어하지 못하는 약자 중에서 소년과 소녀는 그나마 이용 가치가 있어서 이런 대접을 받았습니다. 그렇다면 별 가치가 없다고 여겨진 이들은 얼마나 잔혹하게 취급했을까요? 6절에는 유다 백성과 예루살렘 백성을 그리스에 팔아넘겼다는 이야기가 또 나옵니다. 하나님은 출애굽기와 신명기에서 율법으로 인신매매를 금지했고, 인신매매한 사람은 사형에 처해야 한다고 말씀하셨습니다.

오늘날에는 자신을 방어할 수 없는 사람이 노약자나 장애인, 외국인 노동자일 수 있습니다. 누구이든 을의 위치에서 무시당하고 제 목소리를 내지 못한다면 약자입니다. 하나님은 그런 약자를 이용하거나 착취하는 일에 분노하십니다. 자기를 지킬 수 없는 이들을 공격하는 자들을 미워하십니다. 그들을 심판하십니다. 하나님 백성은 물론이고 하나님 형상으로 지어진 귀한 사람들을 훼손한 권력을 참고 참으시다가 마지막에 직접 심판하겠다고 말씀하십니다. 최근 우크라이나 전쟁의 참상이 속속 들려옵니다. 일탈한 군인 몇몇이, 아니면 전쟁을 주도하는 독재자에게만 책임이 있다는 생각은 너무 단순한 접근입니다. 전쟁으로 막대한 이익을 보는, 그래서 전쟁을 종식하지 않고 계속 이어 가게 만드는 집단을 하나님은 알고 계십니다. "이 악한 자들이 자기 배를 채우려고 제 몸 하나 지키지 못하는 약자들을 유린하는구나. 내가 그들을 다 기억해 두었다가 심판대에 올릴 것이다"라고 말씀하고 계십니다.

5절에서는 성전 기물을 약탈해서 가져갔다고 이야기합니다. 성전 기물이란 하나님께 온전히 바친 것입니다. 세상 모든 것이 하나님 소유이지만, 그중에서 특별히 선별하고 정성껏 준비해서 드린 것입니다. 그런 면에서 성전 기물은 세상의 모든 것을 대표합니다. 하나님의 주권과 영광을 이 땅 위에 드러내는 귀한 상징과도 같습니다. 그런데 그것들을 세속 권력 집단이 자기 주권과 영광을 드러내려고 약탈해 갔습니다. 약탈해서 자기들 신전으로 가져갔습니다. 있지도 않은 신, 부귀영화를 준다는 신, 곧 자기에게 유리한 이데올로기와 경제 체제를 위해 하나님께 드린 것까지 마구 가져가서 사용했습니다.

우리가 사는 세상을 볼까요? 전 세계가 도시화하고 있다고 말 — 172

할 정도로 세계 인구 절반 이상이 도시에 살고 있습니다. 빠르게 개발되는 도시들을 보십시오. 논밭이었던 땅이 도시로 변신합니다. 상전벽해가 따로 없습니다. 그런데 그 땅은 원래 누구의 것인 가요. 하나님의 것입니다. 하지만 현실은 전혀 다릅니다. 부동산 개발회사는 금융이나 거대 자본을 등에 업고 막대한 재원을 조성해서 땅을 택지나 여러 용도로 개발한 다음 이를 팔아서 천문학적 이익을 챙깁니다. 막대한 개발 이익은 그 땅에 사는 사람들이 아니라 극소수 투자자에게 돌아갑니다. 땅을 통해 하나님께 영광을 돌리는 대신에 자금을 넣고 땅을 개발한 이들이 그 영광을 편취합니다. 정치적 공방이 오가거나 법망에 걸리지 않는 한 합법적 사업처럼 보입니다. 하나님의 땅을 가지고 도대체 무슨 일을 벌이고 있는지, 우리 같은 일반인은 이해하기조차 힘듭니다. 하지만 하나님께서는 이 모든 상황을 알고 계십니다. 그래서 심판하십니다.

심판의 이유 2: 빛의 천사로 위장하므로

유다와 예루살렘에 가해진 악행은 새 이스라엘인 우리에게도 적용됩니다. 오늘날 그리스도인들을 에워싸고 공격하여 하나님 나라 시민답게 살지 못하게 하는 것들을 하나님은 심판하십니다. 새 이스라엘만이 아닙니다. 모든 생명체와 하나님의 작품인 인간을 유린하고 공격하는 것들을 하나님은 심판하십니다. 그래서 하나님께서 끝내 심판하실 이 시대의 대적들을 파악하는 일은 매우 중요합니다.

'디지털 네이티브digital native'라는 말이 있습니다. 태어날 때부터 디지털 기기에 길든 새로운 세대가 등장하고 있습니다. 제가 어릴 때는 동네에 텔레비전이 몇 대 없었습니다. 아이들은 밤낮 골목에 나가서 공놀이나 술래잡기하며 놀았습니다. 말 그대로 흙을 밟고 놀았습니다. 뉘엿뉘엿 지는 해를 보면서 집으로 돌아갔습니다. 도시가 아닌 곳에서 자란 사람들은 자연을 더 많이 접하고 누렸습니다. 그때는 하나님의 피조물 속에서 쉬었습니다. 당연히 하나님의 창조세계를 바라보며 창조주에 대한 궁금증도 자연스럽게 생겼고, 존재하는 모든 것이 신기해서 질문을 하기도 했습니다.

그러나 요즘 아이들은 자연과의 접촉이 거의 없다시피 합니다. 아이뿐 아니라 어른도 늘 온라인에 접속한 상태로 하나님에 대한 힌트는 조금도 주지 않는 오락거리에 파묻혀 삽니다. 지금 우리가 어떤 세상과 문명에서 살고 있는지 잘 살펴보세요. 태어난 직후부터 스마트폰을 코앞에 놓고 들여다보는 새로운 세대가 지난 10-20년 사이에 출현했습니다. 현대 기술과 문화는 우리 인식에서 신의 가능성을 거세해 버렸습니다. 하나님의 흔적은 우리 일상에서 이제 찾아보기 힘듭니다. 자본이 만들어 낸 영광만 있을 뿐입니다. 우리 귀와 눈을 즐겁게 하는 엔터테인먼트만 가득합니다. 이런 문명을 호흡하며 자란 아이들이 신이나 초월에 대한 감흥 자체를 잃어버린 채 성인이 되지 않을까 두렵습니다.

— 174

우리 은행 계좌에서는 매달 월정액이 꾸준히 빠져나갑니다. 디지털화한 다양한 서비스와 즐길 거리가 지구촌 수천만 수억 명의 지갑에서 정기적으로 정해진 금액을 동의하에 꺼내 갑니다. 전원만 켜면 볼거리와 즐길 거리가 계속 제공되고, 대신 우리 영혼은 볼모로 잡힙니다. 전쟁으로 약탈하는 국가보다 더 무서운 존재가 바로 곁에 있습니다. 초국적 기업이나 어둠의 네트워크, 특히 온라인으로 우리 손바닥에 올라앉아 우리 마음과 영혼을 쥐락펴락하는 집단이 있습니다. 그들 상품이 하나님과 창조세계를 바로 보게 하고 사랑하는 일에 도움을 주나요? 섹스와 폭력을 통해 인간의 현재 상황을 통렬하게 경고하기는커녕 오히려 더 성적이고 폭력적이고 자극적인 눈요깃거리를 찾게 만들지는 않나요? 결국 이런 것들이 우리를 하나님에게서 점점 더 멀어지게 합니다. 하나님을 잊고 하룻저녁을 재밌게 보내게 해 주는 존재들, 그들로 인해 결국 우리는 자기 안에 칩거해 자기만의 만족에 몰두하게 됩니다. 하나님께서 그들을 심판하십니다.

자본의 힘과 그 영향력은 더 말할 필요도 없습니다. 예수께서 돈을 맘몬이라고 하면서 인격성을 부여하기도 했습니다만(마태복음 6:24), 오늘날 돈은 가장 인기 있고 힘 있는 신의 자리에 올랐습니다. 요즘은 온갖 기만과 교묘한 편법으로 부를 늘리는 사람을 똑똑하다고 합니다. "아니, 누가 요즘 일을 해서 집을 사? 영끌해서라도 뭘 해야지." 모이면 재테크, 코인, 주식 정보를 교환하느라 시간을 다 보내는 교회도 있다고 합니다. 정당한 노동을 무시하고, 영혼까지 끌어다가 돈을 불리는 일에만 온 신경을 씁니다. 영혼을 다 끌어서 할 일은 하나님을 사랑하고, 그분의 세상과 우리 이웃을 섬기는 일입니다. 그런데 이제 그런 일은 시간이나 돈이 남는 사람들 몫이고, 똑똑한 사람은 영혼을 끌어다가 재산을 불려야 할 것만 같습니다. 정당한 주식 투자나 여러 재테크를 어떻게 할지는 공부하고 논의해야 합니다. 하지만 그것이 무엇이 되었든 우리의 경제활동이 우리를 하나님에게서 멀어지게 한다면, 이웃에 관한 관심과 사랑을 사라지게 한다면, 우리는 속고 있는 것입니다. 하나님과 이웃을 사랑하지 못하게 방해하고 멀리하게 하는 것은 그것이 무엇이든 악한 것입니다. 눈에 보이는 적과는 싸우기가 차라리 쉽습니다. 하지만 우리는 눈에 보이지 않는 적과 싸워야 합니다. 그뿐만 아니라 그들은 바울 사도가 말했듯이 그들 자신을 "빛의 천사"로 위장하므로(고린도후서 11:14) 속아 넘어가기가 아주 쉽습니다. 하나님 나라 시민을 속여서 생명과 사랑의 근원에서 멀어지게 만드는 그들은 하나님의 심판을 피하지 못합니다.

심판의 결과: 똑같이 되갚으신다

우리는 기억해야 합니다. 하나님을 사랑하고 이웃을 사랑하는 일에서 우리 마음을 멀어지게 하는 것은 그것이 무엇이든지 간에 하나님께서 심판하십니다. 동해보복법, 곧 피해받은 대로 갚아 주는 방식으로 하나님께서 심판하십니다. 7절에 "내가 그들을…일으켜 나오게" 할 텐데, "너희가 행한 것을 너희 머리에 돌"리겠다고 하십니다. 8절에서는 "너희 자녀를 유다 자손의 손에 팔"고, "그들은 다시 먼 나라 스바 사람에게 팔"린다고 합니다. 4절과 7절에서는 특히 보복이라는 단어까지 쓰는데, "그 머리에 돌려 준다return on your heads"라는 뜻입니다.

'사랑의 하나님께서 보복하신다고?' 현대 독자에게는 생소할지 모릅니다. "하나님께서 그들이 한 것처럼 똑같이 하신다고요? 어떻게 그러실 수 있어요?"라고 질문할 수 있습니다. 그러나 이 말씀은 이웃을 내 몸처럼 사랑하라는 말씀을 뒤집어서 같은 의미를 강조하고 있습니다. 이웃을 내 몸처럼 사랑하는 것이 인간의 도리인데, 이웃을 내 몸처럼 사랑하기는커녕 자기 이익이나 쾌락의 도구로 사용했다면, 똑같은 대가를 치르게 하는 것이 하나님의 정의입니다. 하나님께서 생명 하나하나를 얼마나 소중하게 여기시는지가 여기서 드러납니다. 하나님 앞에서 소중하지 않은 사람은 한 명도 없습니다. 그래서 하나님께서는 심판의 결과로 하나님의 정의를 실현하실 것입니다. 최근 자주 논의되는 회복적 정의는 하나님의 궁극적 목적이 회복이므로 매우 소중합니다. 그러나 회복이 일어나기 전에 엄중한 심판이 있다는 사실을 제거해 버리면 참된 회복은 불가능합니다. 하나님도 우리도 정의를 세상의 기초로 삼기 때문입니다.

4
심판의
시간

마지막 전쟁

요엘서 3장 9-13절은 마지막 전쟁을 이야기합니다. 앞서 1-8절에서는 심판에 관한 여호와의 말씀이 숨 가쁘게 이어졌고, 8절 마지막에 와서 요엘 선지자가 "여호와께서 말씀하셨느니라"라고 선언합니다. 그 직후 9-13절에서 하나님은 다시 엄청난 속도감으로 모든 민족에게 전쟁에 임하라고 호령하십니다. 명령하는 주체는 여전히 하나님이십니다. 이때 자그마치 명령어 14개가 등장합니다. 선포하라, 준비하라, 격려하라, 모으라, 진군하게 하라(이상 9절), 쳐서 만들라, 말하게 하라(이상 10절), 속히 와라, 모여라(이상 11절), 일어나라(깨어나라), 올라오라(이상 12절), 쓰라, 와라, 밟아라(이상 13절). 우리말로는 "-고, -고"라고 이어서 표현할 수밖에 없으나 쏟아지는 명령어들로 급박한 분위기가 생생히 전해집니다. "이리 다 나와라. 너희는 다 끝났다" 같은 느낌입니다. 무시무시하고 급박하게 몰아치는 하나님의 심판을 이야기합니다. 이 말씀은 요엘서 1장 14절이나 2장 15-16절에서 선지자가 이스라엘을 향해 "울어라. 애곡해라. 금식해라"라고 급박하게 명령했던 부분과 대조를 이룹니다. 그때는 하나님께서 선지자를 통해 급박하게 회개를 요청하셨으나, 이제는 "더 이상 은혜는 없다. 긍휼은 없다. 다 나와라. 아무도 심판을 피할 수 없다"라고 단호하게 말씀하십니다.

9절에는 용사들이 등장합니다. 2장 7절에서는 이스라엘 백성을 치는 하나님의 군대가 등장하는데, 여기서는 모든 "고이"(민

— 178

족)의 군대가 여호와의 군대와 싸워야 합니다. 10절의 "보습"과 "낫" 이미지는 이사야 선지자가 말했던 바와 정반대입니다. 이사야서에서는 "칼을 쳐서 보습을 만들고 창을 쳐서 낫을 만드는" 때가 온다고 했는데, 요엘서에서는 거꾸로 보습과 낫으로 칼과 창을 만들라고 합니다. 회복이 아니라 심판만이 남았다는 뜻입니다. 이제 평화의 여지는 없습니다. 10절 후반부에는 병약한 사람조차 용사가 되어야 한다고 말합니다. 앞서 1장에서 젖먹이부터 신랑과 신부까지 모두 나와서 회개해야 했다면, 이제는 병약한 사람조차 합류해 모든 사람이 용사가 되어 전쟁에 참여해야 합니다. 단 한 사람도 예외가 없다는 단호함입니다.

11절 중반까지 10개의 명령어가 쏟아져 나온 다음 11절 후반부에 요엘의 목소리가 잠깐 나옵니다. 요엘의 "여호와여, 주의 용사를 그리로 내려오게 하옵소서"라는 음성은 바로 이어서 나오는 하나님의 명령들로 덮어 버립니다. 아! 번역과 설명만으로는 쏟아져 내리는 하나님의 심판과 그 말씀을 들으면서 압도당하는 요엘을 재현할 수가 없습니다. "여호와여, 주의 용사들로 그리로 내려오게 하옵소서"라는 외마디 외침은 하나님의 급박하고 무시무시하고 두려운 심판에 묻혀 버리고 맙니다.

전쟁에 소집된 모든 나라는 이스라엘 "사면의 민족들"이라는 표현으로 11절과 12절에 두 번 등장합니다. 이스라엘의 이웃 나라들이 이스라엘을 괴롭혔습니다. 그래서 하나님은 그들을 전부 심판하겠다고 하십니다. 이들은 옛 이스라엘이 하나님 백성으로

179 —

4
심판의
시간

살지 못하게 유혹하고 괴롭혔습니다. 13절의 "곡식이 익었도다", "포도주 틀이 가득히 차고 포도주 독이 넘치니"라는 표현은 그들의 악이 가득 찼다는 뜻입니다. 오래 참으시는 하나님도 더 이상 참으실 수 없으며, 이제 낫을 들어야 할 때가 왔다는 뜻입니다. 낫의 이미지는 요한계시록에서도 이어집니다(요한계시록 14:14-19).

옛 이스라엘을 사면에서 에워싸 하나님 없이 살도록 유혹하고 결국 이스라엘의 주권까지 빼앗은 모든 나라와 모든 권세를 하나님께서 심판하시려고 마지막 전쟁으로 그들을 소집하십니다. 이 말씀은 새 이스라엘을 위한 것이기도 합니다. 오늘날 그리스도인들이 친구라고 생각하는 존재들이 사실은 우리의 대적일 수 있습니다. 피아를 구별하기 어려운 세상에서 세상에 동화된 채 사는 것이 너무나도 당연해졌습니다. 이처럼 하나님 자녀를 흩어지게 해서 자기 땅에 살면서도 세속 문화에 유배된 듯 살게 하는 세력들을 하나님은 심판하십니다. 그 세력이 주식이든 코인이든, 쏟아지는 온라인 엔터테인먼트이든, 세상의 그 어떤 유행과 흐름이든, 하나님의 자녀를 에워싸고 포로로 포박해 그 정체성과 자유함을 앗아 간다면, 하나님의 심판을 피할 수 없습니다. 눈에 보이는 현상 뒤에 있는, 우리 영혼을 옭아매서 하나님에게서 멀어지게 하는 모든 세력이 우리의 대적입니다. 그리고 그들이 하나님께서 마지막에 심판하실 "모든 나라"입니다.

아무도 피할 수 없는 심판의 날

드디어 심판의 골짜기에 모든 사람이 모였습니다. 14-16절은 심판의 날에 심판의 골짜기에서 일어날 일을 묘사하는데, 지금까지 불호령을 내리며 여호와의 전쟁을 준비하라고 말씀하신 데 비하면 너무나도 간략합니다. 한번 읽어 봅시다.

14 사람이 많음이여, 심판의 골짜기에 사람이 많음이여,
   심판의 골짜기에 여호와의 날이 가까웠음이로다.
15 해와 달이 캄캄하며 별들이 그 빛을 거두도다.
16 여호와께서 시온에서 부르짖고
   예루살렘에서 큰 소리를 내시리니 하늘과 땅이 진동하리라.
   그러나 여호와께서 그의 백성의 피난처, 이스라엘 자손의 요
   새가 되시리라.

끝도 시작처럼 말씀으로

수많은 사람이 판결의 골짜기에 모였습니다. 피할 수 없는 심판의 날입니다. 14절의 여호와의 날이 가까이 왔다는 선언은 1장 15절, 2장 1절과 11절에서도 나왔습니다. "여호와의 날이 가까이 왔다"라는 말씀은 요엘서의 주제입니다. 1-2장의 여호와의 날이 이스라엘의 심판을 가리킨다면, 3장의 심판은 모든 나라를

향합니다. 그래서 수많은 무리가 모였다고 표현하는데, 14절에서 "사람이 많음이여"를 두 번 반복함으로써 셀 수 없이 많은 사람이 모였음을 강조합니다. 1-13절에서 하나님은 심판의 이유를 자세히 알려 주고 하나님과의 전쟁을 대비하라고 불호령을 내리셨습니다. 이제 그 심판이 얼마나 무시무시한지가 자세히 묘사될 법한데, 딱 세 가지만 강조됩니다. 해와 달과 별의 변화, 여호와께서 내시는 큰 소리, 하늘과 땅의 진동.

앞서 하나님 앞으로 나와서 하나님과 싸울 준비를 하라고 길고 강렬하게 말씀하셨지만, 전쟁은 시작하지도 않고 끝난 듯합니다. 인간이 할 수 있는 한 최선의 준비를 했는데도 하나님의 군대를 대항해야 하는 전쟁은 제대로 시작도 못 하고 끝나 버린 듯한 인상입니다. 그래서 15-16절은 하나님의 심판 때 일어나는 모습을 간략하게만 표현합니다. 하나님께서 심판하시는 행위와 관련해서는 단 하나의 표현만 16절에 등장합니다. "여호와께서…부르짖고…큰 소리를 내시리니." "부르짖는다"라는 단어의 원어는 '샤아그יִשְׁאָג'인데, 사자가 으르렁거릴 때 내는 소리입니다. 하나님 이름도 감히 부르지 못하는 이스라엘 사람들이 하나님을 동물에 빗대다니 충격적입니다. 요엘서 바로 다음에 나오는 아모스서에서도 "사자가 으르렁거리는데, 누가 겁내지 않겠느냐? 주 하나님이 말씀하시는데, 누가 예언하지 않을 수 있겠느냐?"라고 말합니다(아모스 3:8). 당시 요엘서 청자들이 세상에서 가장 두려워할 만한 소리를 내는 맹수는 제일 무서운 동물인 사자였고, 그 맹

— 182

수가 으르렁거리듯이 하나님께서 포효하시면서 심판을 선언하신다고 이야기합니다.

하나님은 큰 소리를 내신 게 전부입니다. 그것으로 전쟁은 끝납니다. 하나님은 말씀으로 세상을 창조하셨듯이 마지막 심판도 말씀으로 끝내십니다. 그 심판을 자세히 표현할 필요도 없고, 표현할 수도 없습니다. 하나님의 주권이 온전히 나타나기만 하면 그것으로 심판은 이루어집니다. 빛은 어둠과 싸우는 법이 없습니다. 빛이 비치면 어둠이 퇴각하듯이 하나님의 등장으로 모든 나라에 심판이 임합니다. 전쟁을 준비하라고 다그치시던 하나님께서 나타나시면, 그 모든 준비는 아무 쓸모가 없어집니다. 하나님의 공의로운 심판 앞에 설 수 있는 존재는 하나도 없기 때문입니다.

모든 희망이 사라지고

하나님께서 임하셔서 심판을 '말씀'하시면, "해와 달이 캄캄하며 별들이 그 빛을 거두"는 현상이 일어납니다(15절). 문자적으로는 우주적 재난이 일어나는 듯합니다. 하지만 요엘서가 운문으로 쓰였다는 점을 기억해야 합니다. 해와 달과 별은 이방신을 가리킵니다. 특히 이스라엘을 마지막으로 침략해 노략한 바벨론이 해와 달과 별을 신으로 섬겼습니다. 따라서 이 구절은 물리적 현상을 예언한다기보다 이방인들이 신적 존재로 믿던 것들이 모두 다 힘을 잃는다고 봐야 합니다. 이스라엘을 박해한 나라와 권세들이 믿고 의지하며 자신들에게 복을 준다고 여겼던 해신, 달신, 별신이 다 끝났다는 선언입니다.

16절의 "하늘과 땅이 진동"한다는 표현 역시 지축이 흔들린다는 뜻이 아니라, 이 땅의 모든 존재가 두려워서 떤다는 의미입니다. 15-16절의 "해와 달이 캄캄하며 별들이 그 빛을 거두"고, "하늘과 땅이 진동"하는 현상은 요엘서 2장에서 "백성들이 질리고, 무리의 낯빛이 창백"해졌을 때도, 심히 두려운 여호와의 날을 표현할 때도 사용되었습니다. 시편에도 비슷한 표현이 자주 나옵니다. "민족들이 으르렁거리고 왕국들이 흔들리는데, 주님이 한 번 호령하시면 땅이 녹는다"(시편 46:6). 예수께서도 이 사상을 그대로 이어받으십니다. "그 환난의 날들이 지난 뒤에, 곧 해는 어두워지고, 달은 그 빛을 잃고, 별들은 하늘에서 떨어지고, 하늘의 세력들은 흔들릴 것이다"(마태복음 24:29). 하나님께서 마지막에 호령하며 심판하실 때, 하나님 앞에 설 존재는 이 세상에 하나도 없습니다. 하나님의 심판을 피해 살아날 가망이 있는 사람은 하나도 없다는 강렬한 표현입니다.

지금 이 예언을 듣고 있는 이스라엘의 처지를 떠올려 봅시다. 그들은 메뚜기 떼 재앙으로 혼이 나갔고, 마지막 심판이 임한다는 예언까지 들은 상태입니다. 물론 회개하면 하나님께서 심판을 돌이키고 그들을 회복하시겠지만, 이는 이스라엘이 마지막 회개의 기회에 마음을 찢고 진실하게 반응할 때만 가능한 일입니다. 하지만 그들은 하나님의 회복과 그에 따르는 복을 받을 준비가 전혀 안 되어 있었습니다. 북이스라엘은 이미 심판을 받아 멸망했고, 남유다 역시 주변국 어디와 동맹을 맺어야 할지 몰라 우왕좌왕하며 혼란스러웠습니다. 이스라엘 백성 중에 하나님 앞에서 깨어 있는 사람일수록 나라 안팎의 여러 어려움으로 인해 위축될 대로 위축돼 있었을 것입니다. 그런 그들에게 하나님은 마지막 심판이 모든 나라에 임한다고 말씀하십니다. 모든 나라가 하나님의 정의로운 심판대 앞에 설 것이며, 그들이 믿고 따르던 신들은 무가치한 존재가 되고, 자기 힘을 믿고 의지하던 이들이 두려워 떨 것이라고 하십니다.

단 하나 피할 길

16절 후반부의 "그러나"는 아주 반가운 "그러나"입니다. 하나님께서 무시무시한 심판이 있다고 선언하시면 하늘과 땅, 곧 모든 창조세계가 두려워 떱니다. 아무런 소망이 없기 때문입니다. 이때 그 모든 절망을 역전하는 "그러나"가 등장합니다. 아직 소망이 있습니다! "여호와께서 그의 백성의 피난처, 이스라엘 자손의 요새가 되시리라." 놀라운 반전입니다. 이방 나라 가운데서 빛으로 드러나야 했던 이스라엘마저 심판을 피하지 못하고 모든 나라와 함께 하나님의 심판대 앞에 섰는데, 누가 하나님의 심판에서 살아남을 수 있을까요? 2장 32절에서 "여호와의 이름을 부르는 자", 곧 "시온 산과 예루살렘에는 피할 자가 있을 것"이라고 했는데, 그 말씀이 여기서 강화됩니다. "시온 산과 예루살렘"이 아니라 여호와 하나님 자신이 "그 백성의 피난처, 이스라엘 자손의 요새"가 되십니다. 쏟아져 내리는, 아무도 피할 수 없는 하나님의 심판에서 면제되는 사람이 있는데, 그들은 바로 여호와께 피한 자들입니다.

이 놀라운 약속은 메시아 예수께서 오셔서 죄인인 우리의 피난처와 요새가 되심으로 성취됩니다. 우리가 누리는 구원의 도리를 면밀하게 밝힌 로마서를 봅시다. 바울 사도는 로마서 1장 17절부터 3장 20절까지 두 장에 걸쳐 우리가 죄인이라고 선언합니다. "하나님의 진노가, 불의한 행동으로 진리를 가로막는 사람의 온갖 불경건함과 불의함을 겨냥하여, 하늘로부터 나타납니다"(로마서 1:18)로 시작해 "그러므로 율법의 행위로는 하나님 앞에서 의롭다고 인정받을 사람이 아무도 없습니다. 율법으로는 죄를 인식할 뿐입니다"(로마서 3:20)라고 결론을 내립니다. 로마서를 제대로 읽은 사람이라면 3장 20절까지 읽고 나서 "아, 우리에게는 소망이 없구나. 모두가 죄인이구나"라며 절망하게 됩니다. 그런데 바로 다음 절인 3장 21절이 반가운 "그러나"로 시작합니다. 개역개정에는 반영되지 않았으나, 새번역은 "그러나 이제는 율법과는 상관없이 하나님의 의가 나타났습니다. 그것은 율법과 예언자들이 증언한 것입니다"라고 분명히 밝힙니다. 그리스도로 말미암아 우리가 얻은 속죄와 속량과 구원(로마서 3:24-25)을 설명합니다. 소망이 전혀 없는 자들의 처지를 역전하는, 메시아 예수 안에 나타난 하나님의 은혜! 그 은혜는 로마서의 축약판이라고 할 수 있는 에베소서 2장에도 나옵니다. 모든 사람이 허물과 죄로 죽었으며 그 결론으로 "나머지 사람들과 마찬가지로 날 때부터 진노의 자식이었습니다"라고 적습니다(에베소서 2:1-3). 이는 하나님의 심판을 피할 자가 하나도 없다는 선언입니다. 그다음 4절에 역시 반가운 "그러나"가 등장합니다. "그러나 하나님은 자비가 넘치는 분이셔서, 우리를 사랑하신 그 크신 사랑으로 말미암아 범죄로 죽은 우리를 그리스도와 함께 살려 주셨습니다." 그리스도 예수 안에서 하나님께서 이루신 놀라운 구원의 실체를 바울은 이어지는 에베소서 2장 5-6절에서 설명합니다.

"하나님은 우리 피난처이시며 요새"라는 말씀은 하나님께서 우리를 일상의 어려움에서 지키신다는 뜻이라기보다, 모든 나라에 임하는 하나님의 심판, 누구도 피할 수 없는 그 자리에서 벗어나는 길을 여신 분이 바로 여호와 하나님이라는 의미입니다. 우리가 지금 그리스도 예수 안에 있으면서 그 놀라운 복을 누리고 있지 않나요? 사랑과 자비가 풍성한 하나님은 세상 모든 나라를 심판하시는 와중에 피할 길을 내셨습니다. 그 길은 하나님께로 가는 길(요한복음 14:6)이며, 하나님께서 임재하시는 곳으로 들어가는 "새로운 살 길"(히브리서 10:20)입니다. 따라서 요엘서의 "그러나"는 참으로 반가운 "그러나"입니다. 심판을 면하게 하는, 은혜의 하나님을 드러내는 "그러나"입니다.

심판을 환영하는 사람의 태도

하나님의 역사 안에서 자기 인생의 의미를 찾을 수 있는 사람
은 복됩니다. 그는 어떤 삶을 무슨 힘으로 살아야 할지를 압니다.
맞습니다. 하나님은 우리에게 단지 천국 입장권을 주시려고 메시
아를 보내신 것이 아닙니다. 하나님은 하나님을 반역하고 사람을
멸시하며 자연까지 훼손하는 세상을 심판하고 회복하십니다. 그
래서 회개할 마지막 기회를 거부한 이스라엘은 "여호와의 날"에
심판받았고, 2천여 년 전 "여호와의 날"에는 온 세상을 심판하기
위해 메시아 예수가 오셨습니다. 예수께서는 "때가 찼다. 하나님
의 나라가 가까이 왔다"라고 선언하셨는데(마가복음 1:15), 구약성
경 선지자들이 기다리며 선포했던 "여호와의 날", 바로 "그때
ὁ καιρὸς"(원문은 관사로 강조)가 왔다는 뜻입니다. 이는 하나님께
서 직접 세상을 다스리는 하나님 나라가 시작되었다는 선언입니
다. 우리는 메시아 예수에게 피해서 살아남았고, 하나님을 반역
한 세상, 깨지고 상한 그 세상에 쏟아져 내리는 심판에서 벗어났
습니다. 우리는 하나님 나라에 속했고, 하나님이 우리의 요새요,
피난처이십니다. 이제 우리는 인류 전체를 마지막으로 심판하실
"여호와의 날"을 기다리고 있습니다. 여호와의 날이 한 번 더 남
았습니다. 새 이스라엘을 새 이스라엘답게 살지 못하게 하는 모
든 세력이 심판받는 그날이 옵니다. 우리는 "여호와의 날"을 경
험한 후 새 이스라엘이 되었고, 우리에게는 마지막 "여호와의

다시 재난
다시
하나님 나라

날"이 남아 있습니다.

기다립니다

그러므로 우리는 마지막 날을 기다립니다. 기독교가 전하는 메시지를 제대로 이해한 그리스도인이라면 누구나 그날을 간절히 기다립니다. 하지만 적지 않은 그리스도인이 마지막 날 임하는 '하나님 나라'를 그다지 기다리지 않는 것 같습니다. 마지막 날과 마지막 심판에 대한 믿음이 지금 이곳의 삶과 여러 결정에 큰 영향을 미치지도 않습니다. "마라나타! 주 예수여, 어서 오시옵소서!"는 초대교회 예배에서 아주 중요한 부분이었습니다. 하지만 오늘날 교회 예배와 개인 기도에서는 거의 눈에 띄지 않습니다.

그 이유는 기독교의 메시지를 전부 다 받아들이지 않고 일부만 받아들였기 때문입니다. 오늘날 많은 그리스도인이 '예수 믿으면 이 땅에서 복 받고 잘 살다가 죽으면 천당 간다'라고 믿습니다. 그들은 예수께서 제일 중요하게 가르친 '하나님 나라'를 놓치고 있습니다. 그래서 주님의 나라를 기다리기보다는 '언젠가는 오시겠지. 난 어차피 구원받았고 죽으면 천당 갈 거야'라고 생각합니다. 그래서 하나님의 마지막 심판을 그다지 기다리지도 않고, 이 땅의 복을 추구하며 세상 사람들과 별반 다르지 않게 삽니다. 그들의 기독교는 정신 수양이나 세속에 지친 마음을 위로받는 수준, 더 나아가서 죽음 이후를 대비하는 보험 정도에서 머뭅니다.

그러나 하나님 백성을 잘못된 길로 이끌고 심지어 압제하는 세상을 하나님이 질투하듯 미워하시며 "너희를 모두 심판하겠다"라고 말씀하신 줄 안다면 어떨까요? 이 세상이 사람들을 얼마나 훼손하고 있는지 그 현실을 제대로 알아서 세상을 보는 눈이 열린다면 어떻게 될까요? "주님이 빨리 오시지 않으면 깨지고 상한 세상에서 약자들의 눈물과 한숨과 고통이 끊어지지 않겠구나. 정의는 실현되지 않겠구나. 아무리 노력해도 교묘하게 인간을 착취하는 일은 끊임없이 벌어지겠구나. 세상에는 소망이 없구나"라고 고백할 것입니다.

별로 힘들이지 않고도 여유 있게 사는 사람일지라도 이웃이 고통받고 죽어 가면 모른 척하기 쉽지 않습니다. "하나님, 깨진 세상을 보십시오. 제 이웃이, 세상의 약자들이 고통을 겪고 있습니다. 주여, 어서 오시옵소서"라고 기도하게 됩니다. 만약 자신이 직접 이런저런 고통을 받는다면, 더 간절히 하나님께 기도할 것입니다. 하나님께서 다시 오셔서 그분의 정의가 실현되기를, 세상이 온전히 회복되기를 누구보다 절실히 바랄 것입니다. 어쩌면 깨진 세상에서 아무런 고통 없이 잠든 채 사는 것보다, 고통을 겪으며 세상의 실상을 깨어서 지켜보는 편이 차라리 더 나을지 모릅니다.

하나님께서는 하나님 없이 사람들을 속이고 훼손하는 세상을 회복하기를 원하십니다. 기독교는 하나님의 그 큰 사랑을 전합니다. 하지만 꼭 기억해야 합니다. 회복 이전에 하나님의 정의로운 심판이 있습니다. 많은 그리스도인이 하나님의 정의와 깨진 세상에 대한 인식 없이 기독교의 메시지를 일부분만 받아들이고는 "여호와의 날"을 기다리지 않습니다. 그런 사람들을 세상은 "포도주"로 유혹합니다. 세상에는 먹고 마시고 놀 게 너무나 많습니다. 조금만 눈과 귀를 열면 세상의 본모습이 보이고 곳곳에서 비명이 들립니다. 그런데도 눈과 귀를 막고 자기만의 공간에 칩거해 자기 안위만 생각하며 하루하루를 보냅니다. 포도주의 즐거움과 취기에 빠져 세상 현실을 외면합니다.

주님의 날을 기다리지 않는다면, 기독교의 메시지를 아직 정확하게는 이해하지 못했을 가능성이 큽니다. 하나님이 역사의 주관자이심을, 그 하나님이 세상을 사랑하셔서 메시아를 보내셨다는 사실을 제대로 믿고 받아들였다고 보기 힘듭니다. 그는 아마도 여전히 세상에 포박된 상태일 것입니다. 제발 깨어나시길 바랍니다. 정신을 차리고 속지 마세요. 우리가 지금 살고 있는 세상을 하나님께서는 심판하십니다. 그리고 그날은 인류 역사 중에 오고야 맙니다. 세상이 온전히 회복되기를 소망하는 사람들은 실제로 그 일이 일어날 "여호와의 날"을 간절히 기다립니다.

4
심판의
시간

위축되지 않습니다

그러므로 "여호와의 날"을 기다리며 사는 사람은 세상에 위축되지 않습니다. 우리를 에워싸고 헤집으며 위축시키는 그 무엇도 하나님의 엄중한 심판을 피하지 못합니다. 지난 장에서 살폈듯이 성령께서 오셔서 우리와 함께 계십니다. 그분이 우리 안에서 하시는 일 중에 가장 중요한 일이 무엇인가요? 하나님을 "아빠, 아버지"로 부르게 하신 것입니다(로마서 8:15; 갈라디아서 4:6). 우리가 그리스도 안에서 완전히 용납되었고, 특별한 존재이며, 하나님 나라 공동체에 속했다고 알려 주십니다. 성령님은 하나님께서 그리스도 안에서 이루신 놀라운 일을 끊임없이 상기시킵니다. 그런데 그런 일을 하시는 성령님과 보조를 맞추며 살지 않으면, 하나님의 관점이 아니라 세상의 관점으로 자신을 바라보고 평가하게 됩니다. 결국 우리가 갖지 못한 것, 이루지 못한 모습 같은 것으로 다른 사람과 자신을 계속 비교합니다. 이런 시각으로 살아가는 한 자족이나 행복과는 멀어질 수밖에 없습니다. 실패할 것 같다는 생각, 다른 사람들만큼 살지 못하겠지 하는 두려움이 우리를 위축시킵니다. 하나님 뜻을 따르는 삶은 어리석어 보이고, 세상의 넓은 문과 길은 매력적으로 보입니다. 세상에서 그리스도인은 위축되기 쉽습니다. 마지막 심판과 회복의 날을 기다리게 하시는 성령님과 더불어 살지 않으면 당연히 일어날 수밖에 없는 결과입니다.

최근 들어 결혼하는 사람이 지속적으로 감소하고 있습니다.

— 192

결혼을 미루거나 하지 않는 이유에 관해서는 다양한 조사 결과가 있는데, 대체로 경제적 이유가 컸습니다. 결혼 생활의 시작인 결혼식만 보아도 그렇습니다. 당사자도 일생에 큰일이고, 부모 역시 자녀를 자랑하고 싶은 마음이 있어서 보통은 엄청난 비용을 들입니다. 결혼식장, 예물, 드레스와 신부 화장, 사진 촬영, 피로연, 신혼여행까지 이 모든 것을 결혼식에 꼭 넣는 추세이고, 모두 적잖은 비용이 듭니다. 두 사람이 새로 시작하는데, 다른 사람들 눈에 보이기 위한 것들이 꼭 필요할까요? 그보다는 서로가 어떤 사람인지, 결혼 생활이 무엇인지를 배우는 게 중요합니다. 서로의 장단점을 파악하고, 갈등을 일으키는 문제와 패턴을 발견하고, 이를 풀어 가는 법을 배워야 합니다. 여기에 출산과 양육, 가정 경제 계획은 물론이고, 무엇보다 가정을 통해 어떤 삶을 이룰지를 하나님께 여쭤야 합니다. 다른 사람들 눈에 안 보이는 이런 일들이 더 중요하지 않을까요?

그런데 본질적인 것보다 눈에 보이는 결혼식에 더 신경 쓰는 이유는 무엇일까요? 다른 사람들 보기에 빠지지 않는 모습을 보여 주고 싶어서는 아닐까요? 세상의 가치에 조종당하고, 위축된 모습입니다. 비단 결혼식만이 아닙니다. 직장을 구할 때, 자녀를 낳고 기를 때, 집을 구할 때, 노년을 계획할 때까지 이런 태도는 계속 반복됩니다. 세상에 짓눌리고 위축된 줄도 모른 채 세상에 조종당하는 사람이 너무 많습니다.

대다수 사람은 세상이 정해 준 잣대로 자신과 타인을 비교하

며 부러움에 젖어 삽니다. 무엇을 얼마나 많이 가졌는지로 비교
하지 않고, 존재 자체에 자족하며 사는 일은 점점 요원해 보입니
다. 가수 장기하의 노래는 이런 모습을 풍자합니다. 제목은 역설
적으로 〈부럽지가 않어〉입니다.

> 야 너네 자랑하고 싶은 거 있으면 얼마든지 해
>
> 난 괜찮어
>
> 왜냐면 나는 부럽지가 않어
>
> 한 개도 부럽지가 않어
>
> 어? 너네 자랑하고 싶은 거 있으면 얼마든지 해
>
> 난 괜찮어
>
> 왜냐면 나는 부럽지가 않어
>
> 전혀 부럽지가 않어
>
> 니가 가진 게 많겠니
>
> 내가 가진 게 많겠니
>
> 난 잘 모르겠지만
>
> 한번 우리가 이렇게 한번
>
> 머리를 맞대고 생각을 해 보자고
>
> 너한테 십만 원이 있고
>
> 나한테 백만 원이 있어
>
> 그러면 상당히 너는 내가 부럽겠지
>
> 짜증 나겠지

— 194

근데 입장을 한번 바꿔서

우리가 생각을 해 보자고

나는 과연 니 덕분에 행복할까

내가 더 많이 가져서 만족할까

아니지

세상에는 천만 원을 가진 놈도 있지

난 그놈을 부러워하는 거야

짜증 나는 거야

누가 더 짜증 날까

널까 날까 몰라 나는

근데 세상에는 말이야

부러움이란 거를 모르는 놈도 있거든

그게 누구냐면 바로 나야

"나는 부럽지가 않어"라고 노래하지만, 서로 부러워하며 살고 있다는 이야기를 역설적으로 들려줍니다. 속으로는 부러워 죽겠는데, 자족하며 살고 싶다고 노래합니다. 그런데 가사를 아무리 보아도 "부러움이란 거를 모르는 놈"의 이유를 찾을 수 없습니다. 세상이 끊임없이 주입하는 '비교 메커니즘'을 극복하려면, 세상에 아예 무관심해지거나, 자기 존재나 가치를 다른 것과 비교해서 증명하지 않아도 되는 이유가 있어야 합니다. 맞습니다. 〈부럽지가 않어〉는 사실 그리스도인들의 노래일 수 있습니다. 그리스도인이야말로 10억 원, 아니 100억이나 1,000억 원으로도 얻을 수 없는 존귀한 메시아 예수를 선물로 받았기 때문입니다. 더군다나 그리스도인들은 메시아 안에 속함으로 메시아의 나라를 메시아와 함께 상속받았습니다. 그리스도인들이 이 사실을 정말로 믿고 매 순간 인식하며 살아갈까요? 기억하십시오. 마지막 날에 새 이스라엘을 에워싸고 끊임없이 위축시켰던 권력과 자본은 하나님의 엄중한 심판을 받을 것입니다. 그리고 여호와께 피했던 사람들은 하나님 나라를 완전히 상속받을 것입니다. 그래서 "여호와의 날"을 진실로 기다리는 사람이야말로 "부러움이란 거를 모르는 놈"으로 살아갈 수 있습니다. 우리를 겁박하고 세상 방식대로 살라고 계속 위협하는 세상에 우리는 조금도 위축되지 않습니다.

그런데도 자주 위축됩니다. 왜 그럴까요? 욕망과 두려움 때문입니다. 하나님을 신뢰하지 않으면 우리 안에서 욕망이 춤을 춥니다. 다른 사람은 누리는 것들이 내게는 이루어지지 않으니 위축됩니다. 세상에서 인정받지 못하고 뒤처진다는 두려움이 우리를 덮칩니다. 모두 하나님을 신뢰하지 않아서 발생하는 현상입니다. 반대로 하나님을 신뢰하면 어떤 일이 일어날까요? 욕망의 헛됨을 깨닫고는 거기서 빠져나와 하나님께서 이미 주신 것으로 자족하는 법을 배웁니다. 하나님을 신뢰하는 만큼 우리를 두렵게 하는 대상은 작아지고, 그에 따라 우리의 두려움도 점점 작아집니다. 다시 말해 하나님을 신뢰할수록 우리를 위축시키는 요소는

— 196

점점 약화하고 결국 사라지고 맙니다. "여호와의 날"을 기억하는 사람은 욕망과 두려움에서 벗어나 자유를 배우고 누립니다. 만약 내면에서 자유가 사라지기 시작하면, 외적 요인에 휘둘리지 말고 하나님 앞에 조용히 앉아서 그 실체를 발견해야 합니다. 그리고 하나님을 신뢰함으로 그것들을 태워 버릴 수 있습니다. 성경이 가르치는 "여호와의 날"을 통해 진리를 깨닫고 그것을 내면화할 수록 우리는 자유로워집니다.

꿈을 꾸지 못하는 이유도 위축되었기 때문입니다. 자꾸 꺾이고 실패하면 두려움이 생기고 위축됩니다. 위축되면 자유로움이 사라지고, 결국 꿈도 꾸지 못하게 됩니다. 그러면 하나님 뜻을 묻지 않게 됩니다. 심지어 반농담으로 "이번 생에는 안 되겠어요"라고 이야기하는 그리스도인도 있습니다. 농담이긴 하지만 참 안타깝습니다. 메시아를 만난 사람은 아무리 자기 인생이 허접해 보여도 하나님께서 쓰신다는 사실을 깨닫습니다. 예수님도 참으로 허접한 모습으로 이 땅에 오셨고, 허접한 자들만 만나셨고, 허접한 자들을 제자로 삼으셨고, 허접한 오병이어를 사용하셨습니다. 그런데 그렇게 허접한 인생이 십자가에서 죽음을 이기고 세상을 심판하는 자리에까지 오릅니다. 하지만 세상을 사랑하셔서 마지막 심판을 "여호와의 날"로 미루십니다. 이것이 기독교의 핵심 메시지입니다. 그러므로 우리를 에워싸고 포박하려는 문화가 아무리 우리를 열등하고 허접하다고 이야기해도 아무 소용 없습니다. 우리는 선명한 근거를 가지고 "난 괜찮아. 난 부럽지가 않아"라고 말할 수 있습니다. 세상에 속지 마세요. 개인으로도 공동체로도 꿈을 꾸십시오.

정의를 요구하고 실천합니다

위축되지 않아야 세상을 향해 정의를 요구할 수 있고, 실행할 수도 있습니다. 우리를 유혹하고 겁박하는 세상이 두렵지 않아야 결국 심판받는다고 경고할 수 있습니다. 오늘날처럼 옳고 그름을 자의적으로 해석하는 세상에서는 심판을 이야기하기 어렵습니다. 심판은 정의 개념이 분명할 때만 가능합니다. 정의가 모호해지면 심판도 모호해집니다. 최근 세계적으로 나타나는 현상이지만, 우리 정치권 역시 양 진영으로 나뉘어 토론과 협상이 희귀해지고 있습니다. 반대 진영만 세차게 비난하고 자기 진영에는 한없이 관대합니다. 정치 영역에서 절대 악이나 절대 선은 분명 존재하지 않는데, 진영 논리에 갇히는 순간 자기비판은 사라지고 상대만 비난합니다. 사안에 따라 자기 쪽 결함이나 한계를 지적하면, 반대 진영에 속한 것 아니냐는 눈총을 받습니다. 자기 진영에도 문제가 있으나 상대가 더 악하므로 자기 진영을 비판하지 말라는 답이 돌아옵니다. 그리고 양쪽 문제를 다 언급하면 비겁한 양비론자가 됩니다. 정의는 그 어디에도 설 자리가 보이지 않습니다. 내 편과 네 편이 있을 뿐입니다. 그리스도인은 어느 진영도 절대적으로 지지할 수 없습니다. 정치 영역에서 하나

— 198

님의 정의가 이루어지길 원한다면, 그리스도인은 언제든 조건적으로 지지할 수밖에 없습니다. 정의 자체이신 하나님에 대해 무지하고 또 무시하는 세상에서 정의를 구현하기란 불가능하기 때문입니다.

자기 이익과 관점, 해석으로 얽혀 있는 사회에서 정의를 요구하려면, 무엇보다 세상을 면밀하게 공부해야 합니다. 자기 입맛에 맞는 신문만 보고, 인공지능이 나와 비슷한 입장이라고 선별해 준 주장만 소셜미디어에서 흡수해서는 정의 문제를 제대로 논의할 수 없습니다. 마이클 샌델 같은 현대 정치학자들의 설명을 열심히 공부해도 정의가 무엇인지를 정의하기란 쉽지 않습니다. 정의하기 어려운 문제를 실행에 옮기기란 당연히 더 어렵습니다. 그래서 우리는 정의와 우리 사회에 대해 끊임없이 공부하고 토론하고 연구해야 합니다.

그런데 이때 오히려 필요한 것은 인문·사회과학적 논의보다 아주 기초적인 정의를 실행하는 것입니다. 우리는 정의가 무엇인지 본능적으로 압니다. 약자가 정당하게 대우받지 못할 때 정의가 무너진다는 느낌을 받습니다. 성경은 주변 가까운 약자들을 정의롭게 대하라고 합니다. 그들의 기본 권리에는 무관심하면서 거대한 사회 정의나 국제 관계에서의 정의만 논의하는 것은 위험합니다. 정의를 이야기하면서 자신의 숨은 동기나 이해타산을 살피지 않으면, 타인은 물론이고 자신까지 속이게 됩니다. 이해가 충돌하는 양쪽을 중재하거나 강자의 입장을 대변한 사람이,

심지어 약자 쪽에 서서 정의를 주장했던 사람이 사실은 자기 이익에 기초해서 활동했다는 사실이 밝혀져서 정당성을 잃는 사례는 비일비재합니다. 또 겉으로는 사회 정의를 이야기하면서 자기 부동산 문제나 친인척 부정 채용에는 관대합니다. 이처럼 남에게는 엄격하고 자기에게는 너그러운 사람이 정치인만은 아닙니다. 인간의 근본 속성인지 모릅니다. 하지만 그리스도인은 그 와중에 누구보다 정의롭게 생각하고 행동할 가능성이 있습니다. 모든 데이터를 아시고 그에 기초해 공명정대하게 사안을 이해하고 계신 하나님이 마지막 심판자이기 때문입니다. 그래서 그리스도인은 자신이 속한 진영을 대변하지 않고, 하나님의 정의 관점에서 사안별로 정의를 요구할 수밖에 없습니다.

정의를 요구하는 일과 함께해야 하는 일이 있습니다. 그리스도인은 주변 가까운 약자들 편에 서야 합니다. 자기가 속한 집단이나 주변에 마땅히 누려야 하는 권리를 누리지 못하고 박탈당한 이들이 있는지 눈여겨보아야 합니다. 그렇다면 우리 사회의 약자는 누구일까요? 이런저런 이유로 경쟁 사회에서 밀려나 홀로 지내는 사람, 우리 사회의 기본 기능을 감당하는 단순 노동자들이 포함됩니다. 그들을 인격적으로 대하고 그들의 기본권을 옹호해야 합니다. 이것이 하나님의 심판을 알고 기다리는 사람이 해야 하는 아주 기본적인 정의 실현입니다. 이 일은 가정에서 시작하면 좋습니다. 누구보다 약한 사람인 아이들을 인격적으로 대해야 합니다. 그렇게 우리가 속한 어느 곳에서나, 가정이든 학교이든 직장이든 그 어디서나 그곳의 약자를 돌봐야 합니다. 그 일을 소선지서 중 하나인 미가서가 잘 요약해서 보여 줍니다. "너 사람아, 무엇이 착한 일인지를 주님께서 이미 말씀하셨다. 주님께서 너에게 요구하시는 것이 무엇인지도 이미 말씀하셨다. 오로지 공의를 실천하며 인자를 사랑하며 겸손히 네 하나님과 함께 행하는 것이 아니냐!"(미가 6:8)

교회 공동체가 사회 정의를 말할 때 가난한 자를 먼저 돌보아야 한다는 사실을 잊지 않아야 합니다. 가난을 단지 개인 책임만으로 돌릴 수는 없습니다. 불공정한 사회 구조와 불의로도 많은 사람이 희생되고 있습니다. 태어날 때부터 운동장이 기울어져 있습니다. 정의를 생각하는 교회 공동체는 반드시 주변 가난한 자들을 위해 애써야 합니다. 가난한 사람들, 사회적 약자, 사회 정의가 취약한 곳에 있는 분을 위해 재정의 상당 부분을 사용하지 않는 교회를 하나님께서 기뻐하실 리 없습니다. 반대로 그들에게 재정과 에너지를 쏟아붓는 교회에는 하나님께서 복을 쏟아부으실 것입니다. 하나님은 정의를 부인당한 소자에게 관심이 많으시고 그들의 눈물과 한숨을 눈여겨보십니다. 그들에게 관심을 기울이지 않는 교회는 하나님의 자비롭고 공의로운 마음에 대해 무지한 것입니다. 가난한 사람을 위한 사역이 교회에서 사라지는 순간 주님의 촛대가 옮겨질지 모릅니다. 그래서 우리는 정의를 요구하는 동시에 스스로 실천해야 합니다. 성령님께서는 우리를 위축시키지도 않지만, 정의를 실천하라고 강력하게 요청하시기도 합니다.

"난 괜찮아!"

구매욕을 자극하는 다양한 상품이 즐비하고, 눈과 귀는 물론이고 마음까지 빼앗는 자극적이고 세련된 오락거리가 가득합니다. 그것들을 소비하려고 노동하고 그것에서 인생의 의미를 찾기도 합니다. 하지만 재정은 언제나 부족하고, 더 여유롭고 우월한 사람들을 보면 위축됩니다. 그 안에서 그리스도인은 자기 정체성을 지키며 살아가려고 분투하지만, 교회 안에까지 스며든 세속적 가치에 영향을 받아 별반 다를 바 없이 위축되기도 합니다. 하지만 그리스도인은 "난 괜찮아"라고 말할 수 있습니다. 왜냐하면 2천 년 전 "여호와의 날"에 하나님의 엄중한 심판이 임했으나 메시아의 십자가로 모면하고, 이제 마지막에 올 "여호와의 날"을 기다리고 있기 때문입니다. 그들은 여호와를 피난처와 요새로 삼습니다. 그렇게 하나님께 피한 자들은 세상에 살면서도 하나님 나라 방식으로 살아갑니다. 돈이 많지 않아도, 성공하지 않아도, 의미 있고 재미있게 살아가는 방식을 배우고 누리며 세상에 보여 줍니다.

이스라엘이 사방에 에워싸여 위축당했을 때 요엘 선지자는 다음 같은 메시지를 전합니다. "하나님께서 여러분을 회복하십니다. 여러분을 괴롭혔던 모든 나라는 하나님의 심판을 받습니다. 하지만 여호와께 피한 사람은 살아남습니다." 옛 이스라엘은 놀라운 회복의 메시지를 듣고도 회개하지 않았고, 그로 인해 하나

— 202

님의 심판을 받고 멸망하여 바벨론에 포로로 끌려가는 치욕을 당합니다. 새 이스라엘인 우리도 하나님을 저버리고 옛 이스라엘처럼 사방의 세상에 위축된 채 그것들에 끌려다니며 산다면, 우리 미래도 다를 바가 없습니다. 그러나 우리에게는 옛 이스라엘이 남긴 교훈도 있고, 무엇보다 하나님께서 우리 모두에게 부어주신 성령님이 계십니다. 또한, 성령님을 통해 하나님께 전적으로 의지하며 다른 방식으로 살려고 애쓰는 형제자매들, 곧 대안적 공동체가 있습니다. 그러니 사람을 위축시키고 굴복시키는 세상에 살면서도 우리는 "난 괜찮아"라고 말할 수 있습니다!

4
심판의
시간

5.

재난을 통과하는 힘

소셜미디어에는 여행, 맛집, 명품, 파티 같은 재밌고 신나는 이야기가 넘칩니다. 특히 요즘에는 플렉스^{flex}라는 표현이 유행합니다. 소비가 자랑인 세상이 저는 부담스럽습니다. 다른 사람을 생각해 자랑을 절제하는 시대를 살아온 저로서는 '플렉스'하는 시대가 반갑지만은 않습니다. 더군다나 오늘날 세상을 정직하게 들여다보면, 눈물과 한숨이 가득한 이들이 여전히 너무 많습니다. 생존 자체가 힘든 상황은 우리 사회, 더 나아가 지구촌, 모든 생명을 담고 있는 생태계도 마찬가지입니다. 한쪽에서는 "내가 헤아릴 수" 없는 "당신의 한숨"을 노래하면서 다른 한쪽에서는 플렉스를 자랑하는 세상에서 우리는 살고 있습니다.

우리는 정치와 사회 참여가 세상을 바꿀까 해서 투표도 열심히 하고 사회적 이슈에 목소리도 내고 행동도 합니다. 그러나 세월이 지날수록 우리 사회가 과연 나아지고 있는지 점점 의문입니다. 전후 잿더미에서 열 손가락에 꼽히는 부국이 되었지만, 살림살이는 나아지지 않는다고 느끼는 사람이 많습니다. 경제적 이유로 결혼과 출산을 미루는 일도 계속 늡니다. 정치·사회·경제·교육 모든 면에서 불안과 부조리가 상존합니다. 출발부터 공정하지 않은 세상살이로 힘겨워하는 사람이 적지 않습니다. 신체적·정신적 어려움을 태어나면서부터, 또는 어떤 사고로 얻어서 평생 지고 가는 사람도 있습니다. 불교의 첫 번째 가르침이 고성제^{苦聖諦}인데, 석가모니가 관찰했던 세상과 오늘날 세상은 똑같이 '고통의 바다'입니다. 고난이 불쑥불쑥 찾아옵니다.

여기에 코로나19 팬데믹이 덮쳤습니다. 감염병은 물론이고 홍수, 기근, 지진 같은 재난도 계속 찾아옵니다. 최근에는 문명사회에서는 일어날 것 같지 않던 전쟁이 우크라이나에서 일어나 충격을 주었습니다. 그 때문에 총성만 없을 뿐 상대가 죽어야 내가 사는 경제 전쟁은 더욱 심화하고 있습니다. 경제 블록화로 세계 경제 상황은 전문가는 물론이고 일반인들까지 염려하는 길로 가고 있습니다. 생태계 역시 지구상의 생명이 여섯 번째로 멸망하는 시기에 이르렀다는 경고가 울리고 있습니다. 전 지구에 재난이 일상처럼 번지고 있습니다.

복합골절 같은 고통

그렇게 개개인은 사회적 재난과 개인의 고난이라는 '복합골절'을 당한 꼴입니다. 각국 정부와 초국가 기업, 많은 지식인과 시민운동가들이 이에 대응해 대안을 내놓지만, 개인뿐 아니라 온 세상이 겪고 있는 복합골절은 나아질 길이 요원해 보입니다. 그런데 이런 상황에서 가장 놀라운 일은 '먹고살 만한 사람들'의 외면과 낙관, 그리고 망각입니다. 코로나19 팬데믹으로 인해 700만 명이 넘는 생명이 숨졌어도 생존에 전혀 위협을 느끼지 않는 사람도 있습니다. 솔직히 한국 사회의 많은 사람도 여기에 속합니다. "취하는 자들"과 "포도주를 마시는 자들"(요엘 1:5)은 재난을 외면합니다. 조금 전에 일어난 "메뚜기 재앙"도 망각하고 현재 진행 중인 재앙에도 눈을 감아 버립니다. 그리고 앞으로 임할 "여호와의 날"도 무시하며, 다 지나간다고, 다 잘될 것이라고 낙관합니다. 그러다가도 정작 자신에게 어려움이 닥치면 세상이 다 무너진다는 듯 고통스러워하고 괴로워합니다.

성경을 자주 읽고 기도하는 그리스도인 중에도 복합골절 같은 재난 상황을 외면하고 낙관하고 망각하는 사람이 적지 않습니다. 자기 인생만 중시하고, 사회나 국가, 지구촌의 현실에는 별 관심이 없습니다. 그래서 하나님도 철저히 자신만의 하나님이셔야 합니다. 세상 모든 민족의 주님이라고 고백하면서도 그 맥락에서 이웃과 세상을 잘 살피지는 못합니다. 개인적 고난이나 사회적 재난이 없을 때는 세상 흐름에 따라, 비록 플렉스를 외치지는 않더라도, 개인의 행복과 재미에 취해 삽니다. 그러다가 재난이 엄습하면 어쩔 줄 몰라 하며 자기만의 삶으로 더욱 칩거합니다.

하지만 그 와중에도 자기 몫을 의연히 감당하는 개인과 공동체가 있습니다. 요엘 선지자가 그런 사람이었고, 요엘의 소리를 듣고 반응한 2,500년 전 소수와 그 명맥을 이어 온 메시아 공동체도 있습니다. 그렇게 하나님의 역사는 지난 수천 년간 소수일 수밖에 없는 사람들과 그들의 공동체를 통해 이어지고 있습니다. 요엘서 마지막 부분은 "여호와의 날"을 기다리는 그들의 삶이 어떤지, 그리고 그들이 어떻게 살아남는지를 알려 줍니다. 한마디로 그들은 '재난을 통과하는 공동체'입니다. 이제 요엘서 3장 16-21절을 살펴봅시다. 16절은 이전 장에서 다루었지만, 연결하는 구절이라서 함께 포함했습니다.

16 여호와께서 시온에서 부르짖고
예루살렘에서 큰 소리를[1] 내시리니 하늘과 땅이 진동하리라.
그러나 여호와께서 그의 백성의 피난처,
이스라엘 자손의 요새가[2] 되시리라.

17 "그때에[3] 너희는 내가 나의 성산 시온에 사는
너희 하나님 여호와인 줄 알게 될 것이라.
예루살렘이 거룩한 곳이 되고[4]
다시는 이방 사람이 그 가운데로 통행하지 못하리라.

18 그날에 산들이 단 포도주를 떨어뜨릴 것이며
작은 산들이 젖을 흘릴 것이며
유다 모든 시내가 물을 흘릴 것이며
샘이 여호와의 성전에서 흘러 나와서
싯딤 골짜기에 물을 대리라.

19 그러나 애굽은 황무지가 되겠고

---

1 "목소리"보다는 "큰 소리"로 옮기는 편이 더 적절하다.

2 "피난처"와 더불어 안전한 장소, 방편, 보호자를 뜻하므로, "산성"보다는 "요새"가 더 적절하다.

3 와우 계속법으로 "그때에"로 번역한 새번역이 더 적절하다.

4 완료형으로 미래에 "거룩한 곳이 될 것"이라는 의미이다.

에돔은 황폐한 들이 되리니

이는 그들이 유다 자손에게 포악을 행하여

무죄한 피가 그 땅에서 흘렀기 때문이다.

20 유다는 영원히 있겠고 예루살렘은 대대로 있으리라.

21 내가 전에는 그들의 피 흘림 당한 것을 갚아 주지 아니하였으나

이제는 내가 갚아 줄 것이다."[5]

이는 여호와가 시온에 거하시기 때문이니라.

마침내 도착하는 회복

16-21절은 앞선 심판의 메시지에 비하면 짧지만, 하나님께서 얼마나 온전하게 세상을 회복하실지를 잘 보여 줍니다. 1-16절이 "하나님 심판의 신학"이라면, 16-21절은 "하나님 회복의 신학"입니다. 요엘 선지자는 "여호와의 날"에 이루어질 회복의 본질(16-17절), 회복의 성격(17하-18절), 온전히 회복된 하나님의 정의(19-20절)를 차례대로, 소망에 가득 차서 외칩니다.

---

5 21절의 이 부분까지가 하나님 말씀이고, 마지막 부분은 선지자의 첨언으로 보는 것이 타당하다(NIV는 이를 반영하였다).

하나님께서 그곳에 계셨다

회복의 메시지는 17절의 "그때에"로 시작합니다. 여호와께서 "여호와의 날"에 여호사밧 골짜기에 나타나셔서 큰 소리로 단번에 심판하신 바로 그때입니다(14-16절). 즉 하나님의 회복은 심판에 이어서 바로 일어납니다. 16절의 반가운 "그러나"를 기억하시나요? 하나님의 엄중한 심판을 피하는 사람들이 있었는데, 그들의 피난처와 요새는 여호와였습니다. 심판을 모면한 다음에 그제야 여호와가 바로 그들의 하나님이며, 성산 시온에 거하는 줄 알게 됩니다. "여호와가 시온에 거한다"라는 표현은 21절 결론에 다시 한번 등장합니다. 심판의 본질이 하나님의 소유물을 유린하고 하나님에게 대항하여 하나님과의 관계가 끊어지는 것이라면, 회복의 본질은 그 관계가 깨지기 전으로 돌아가는 것입니다. 그 회복의 중심에는 "아, 하나님이시구나! 하나님께서 성산에 계셨구나" 하는 깨달음이 있습니다.

이미 2장에서 성산 시온과 예루살렘은 바벨론의 공격으로 폐허가 된다고 이야기했습니다. 3장에서는 마지막 심판의 날이 임하기 전에, 주변국들이 이스라엘 백성을 포로로 잡아가 여러 나라에 팔고, 소년과 소녀를 매매하고, 성전의 기물을 노략질한다고 말했습니다. 이처럼 이스라엘의 땅과 백성이 철저히 유린될 때, 하나님은 그곳에 계시지 않고 이미 떠나셨다고 여겨졌습니다. 그런데 하나님의 회복이 일어날 때, 놀라운 사실이 밝혀집니다. 황폐해진 예루살렘과 성산 시온에 하나님께서 여전히 살고 계셨습니다. "거한다שׁכַן"(샤칸)라는 뜻의 히브리어 동사는 현재 분사형으로 쓰여 있습니다. 눈에 보이는 세상에는 하나님이 안 계신 것 같고, 온갖 간교한 세력과 악한 권세만이 지배하는 듯 보입니다. 하지만 그곳에 하나님이 계십니다. 하나님의 현존에 눈이 열리는 것이 회복의 시작이며 본질입니다.

이는 예수를 메시아로 받아들이고 자기가 쥐고 있던 삶의 주권을 하나님께 드린 사람, 곧 하나님의 회복을 경험한 사람의 고백과도 닮았습니다. 이들은 하나님을 떠나 멀리 있을 때도 하나님께서 자기 삶에 계셨음을 깨닫습니다. 자신은 인식하지도 못하고, 의식하지도 않았지만, 하나님께서 자기 인생을 이끌어 오셨음을 알게 됩니다. 성산 시온과 예루살렘은 하나님께서 당신 이름과 영광을 두겠다고 하신 대표적인 곳입니다. 비록 폐허가 될지라도 하나님은 그곳을 떠나지 않으십니다. 하나님의 영광은 하나님께서 창조하신 세계, 특히 당신 형상을 따라 만드신 인간 속에 여전히 남아 있습니다. 인간이 하나님을 떠나서 깨진 세상에서 망가진 채 살고 있다고 해도 하나님은 그들을 떠나지 않으시고, 그들을 회복하고 싶어 하십니다. 아직 구원에 이르지 못한 이들을 향한 하나님 마음이 이럴진대, 메시아 예수를 통해 하나님 나라에 들어간 사람들, 그리스도 안에 속한 사람들을 향한 하나님의 신실함은 어떻겠습니까? 비록 우리가 자주 세상에 점령당하는 듯해도, 세상에 유린당하는 듯 보여도 하나님은 우리를 떠나시지 않습니다. 우리를 떠나지 않고 한결같이 사랑하시는 하나님에 눈이 열리고 그 하나님을 만나는 것이 **회복의 본질**입니다.

문화와 산업, 생태계까지

하나님의 회복이 시작되면, "다시는 이방 사람이 그 가운데로 통행하지 못하"게 됩니다(17절하). 영어 성경이나 새번역은 "침범하지 못할 것이다"라고 의역하는데, 원래 뜻은 글자 그대로 '지나간다'입니다. 그래서 침범한다고 의역하기보다는 이방인들이 함부로 휘젓고 다니는 모습을 그리고 있다고 보면 좋습니다. 하나님 주권이 엄연한 곳에서 하나님 백성 사이를 마구 휘젓고 다니며 악영향을 미치고 악행을 저지르는 이방인을 더 이상 볼 수 없다는 말씀입니다. 하나님을 무시하고 그 주권을 부인하면, 하나님 없는 세계관과 그에 근거한 문화와 생활 방식이 만연합니다. 그 세계관의 핵심은 '자기중심성'입니다. 깨진 세상의 근본 문제를 인간이 해결하지 못하는 이유는 하나님을 세상과 인생의 중심에서 제거하고 자신을 그 자리에 세웠기 때문입니다. 하지만 오늘날 세계관은 자기중심성을 찬양하며 하나님 백성을 사면에서 억압하고 유린합니다. 자기중심성이 하나님 백성을 휘젓고 다니면서 허물어뜨립니다. 그러나 요엘 선지자는 하나님의 회복이 시작되면, 더 이상 그런 일은 일어날 수 없다고 분명하게 못을 박습니다.

18절에는 1장의 묘사와는 정반대 그림이 등장합니다. 황폐해진 산과 작은 산들에 포도주와 젖이 풍성하게 흐릅니다. 초토화된 농경과 목축이, 이스라엘의 주산업이 다시 살아납니다. 그다음은 물의 이미지입니다. "유다 모든 시내가 물을 흘릴 것이며 여호와의 성전에서 샘이 흘러 나와서 싯딤 골짜기에 물을 대리라." 싯딤 골짜기가 어디인지는 여러 의견이 있으나 정확하게 알 수는 없습니다. 단, "아카시아 골짜기"로도 번역되는 이곳은 당시 가장 건조한 지역임에 분명합니다. 물이 다 말라 황무지로 변한 곳, 어떤 생명도 생존하기 힘든 그곳에까지 물이 흘러가 넘칩니다. 그런데 그 물의 근원은 성전의 샘입니다. 이 표현은 에덴 동산을 떠올리게 합니다. "강 하나가 에덴에서 흘러나와서 동산을 적시고, 에덴을 지나서는 네 줄기로 갈라져서 네 강을 이루었다"(창세기 2:10). 강은 인간 생존의 근간이며, 인류 문명은 강을 중심으로 발전합니다. 강은 풍성한 생명력을 상징합니다. 반면, 메말라 먼지 나는 강은 깨지고 상한 세상을 가리킵니다. 그래서 성전에서 흘러나와 세상을 촉촉이 적시는 물의 이미지는 요한계시록에서 회복된 세상을 묘사할 때도 등장합니다. "천사는 또, 수정과 같이 빛나는 생명수의 강을 내게 보여 주었습니다. 그 강은 하나님의 보좌와 어린양의 보좌로부터 흘러나와서, 도시의 넓은 거리 한가운데를 흘렀습니다. 강 양쪽에는 열두 종류의 열매를 맺는 생명 나무가 있어서, 달마다 열매를 내고, 그 나뭇잎은 민족들을 치료하는 데 쓰입니다"(요한계시록 22:1-2).

맞습니다. 하나님의 회복은 하나님과의 관계가 이전처럼 복원

되고, 하나님께서 여전히 우리 곁에 계신다는 사실을 깨달으면서 시작되지만, 거기서 멈추지 않습니다. 실제 삶의 변화로까지 이어집니다. 하나님의 회복은 세계관과 문화, 생활 방식은 물론이고, 산업과 생태계까지 다시 살립니다. 이방의 가치관은 더 이상 힘을 쓰지 못하고, 휫젓고 다녔던 그 기세는 완전히 꺾입니다. 대신 하나님 중심의 세계관이 자리를 잡습니다. 근근이 먹고사는 정도가 아니라, 산업이 완전히 회복되어 풍성히 먹고 누립니다. 또한 생명의 근원인 물이 온 땅을 적시므로 창조세계가 살아나고 생태계 전체가 회복됩니다. 이 모습이 하나님께서 만물을 지으실 때 원래 의도하셨던 바이며, "여호와의 날"에 마침내 회복하실 세상이며, 하나님께서 이루시는 '회복의 성격'입니다.

억울했던 세월의 청산

19절에서 요엘 선지자는 이집트와 에돔을 언급합니다. 옛 이스라엘을 괴롭힌 대표적인 두 나라입니다. 모든 나라를 심판하면서 대표 격으로 두로와 시돈과 블레셋을 언급한 것과 같은 방식입니다(요엘 3:4). 다시 한번 심판받는 나라를 언급한 이유는 하나님께서 회복하신 세계와 하나님의 심판을 받은 지역을 대조하기 위해서입니다. 한쪽은 물이 흘러넘치며 모든 것이 풍성하고, 다른 한쪽은 황무지와 황폐한 허허벌판이 됩니다. 하지만 여기서 더욱 강조하는 바는 그렇게 된 근본 원인입니다. 19절 후반부에 나오듯이 심판을 받는 나라들이 "유다 자손에게 포악을 행하여 무죄한 피가 그 땅에서 흘렀기 때문"입니다.

포악, 폭행, 탄압이라고 번역된 히브리어 '하마스חָמָס'는 구약 성경에서 중요한 단어입니다. 노아 시대 때도 '포악함'(하마스)이 땅에 가득해서 하나님께서 온 세상을 심판하십니다(창세기 6:11-13). 예레미야서에서는 "예루살렘은 심판을 받아야 할 도성이다. 그 도성 안에서는 탄압(하마스)이 자행되고 있다"라고 합니다 (6:6). 이스라엘에 폭력(하마스)이 만연하자 하나님께서 누차 경고 하십니다(예레미야 20:8: 아모스 3:10). 이방 국가인 니느웨와 에돔 을 심판할 때도 똑같이 적용됩니다. 요나서는 "저마다 자기가 가 던 나쁜 길에서 돌이키고, 힘이 있다고 휘두르던 폭력(하마스)을 그쳐라"(3:8)라고 말하며, 에돔에 심판의 말씀을 전한 오바댜도 "네 아우 야곱에게 저지른 그 폭행(하마스) 때문에" 영원히 멸절 될 것이라고 선언합니다(오바댜 1:10). 그러나 회복된 이스라엘에 서는 "하마스"가 사라진다고 이사야는 예언합니다. "다시는 너 의 땅에서 폭행(하마스) 소문이 들려오지 않을 것이며"(이사야 60:18).

하마스는 자기 이익을 극대화하려고 자기가 가진 힘을 부당하 게 사용하는 것입니다. 물리적 힘을 쓰든, 법과 제도를 교활하게 활용하든, 인맥을 동원해 압력을 가하든, 그 무엇이든지 간에 부 당하게 힘을 휘두르는 것입니다. 예수께서도 "이방 민족들의 통 치자들은 백성을 마구 내리누르고, 고관들은 백성에게 세도를 부

215 —

5
재난을
통과하는 힘

린다"(마태복음 20:25)라고 비판했습니다. 남용되는 힘과 폭력은 주로 약자에게로 향합니다. 가난한 자와 의로운 자를 압제하고 착취하는 행동은 무죄한 자가 피를 흘리는 데서 그 정점에 이릅니다. 그런 일이 인류 역사에서 반복되리라는 암시는 아담의 아들 가인이 동생 아벨을 살해했을 때 이미 나옵니다. 그때 하나님은 앞으로 이런 일을 좌시하지 않겠다고 명확하게 밝히십니다. "네가 무슨 일을 저질렀느냐? 너의 아우의 피가 땅에서 나에게 울부짖는다. 이제 네가 땅에서 저주를 받을 것이다.…너는 이 땅 위에서 쉬지도 못하고, 떠돌아다니게 될 것이다"(창세기 4:10-12). 그래서 신명기에는 무죄한 자가 피 흘리는 일이 없게 하라고 반복해서 경고합니다(19:10, 13; 21:8-9; 27:25). 지금 살펴보고 있는 요엘서 3장 21절도 하나님께서 "그들의 피 흘림 당한 것"을 다 기억하고 계신다고 암시합니다. 하나님은 누군가가 자기 힘을 부당하게 휘둘러 약자를 괴롭히고 이용하고 희생시키는 불의를 바로잡으십니다.

20절에서는 무죄한 피를 흘린 유다와 예루살렘이 영원히 존재할 것이라고 말씀합니다. 단지 유대인들의 영토와 수도가 회복되어 영원히 이어진다는 의미 같지는 않습니다. 그보다는 하나님을 섬기며 핍박받은 이들이, 하나님께서 모든 나라를 심판하고 회복시킨 그 공동체가 영원하리라는 말씀입니다. 새 이스라엘의 특징이 무엇인가요? 하나님께서 모든 나라를 심판하실 때, 피난처이자 요새인 하나님께 피한 사람들입니다. 우리 역시 세상 사람들과 마찬가지로 죄인이었으며, 하나님을 떠난 사람들이었습니다. 그런데도 심판을 면하고 심지어 영원한 생명까지 얻은 이유는 예수 그리스도께서 우리의 피난처요 요새이시기 때문입니다. 하나님은 당신에게로 피한 사람들과 함께하시며, 그래서 그 공동체는 영원합니다.

마지막 심판에 이어 회복이 일어날 때 하나님은 그동안 유예했던 정의를 실현합니다. 21절에 "전에는 그들의 피 흘림 당한 것을 갚아 주지 아니하였으나 이제는 내가 갚아 줄 것"이라고 하십니다. 이 말씀은 하나님의 정의 실현이 악행의 순간마다 이루어지지 않는다는 사실을 암시합니다. 하나님의 정의는 마지막 심판 후에 완전히 세워집니다. 영원히 존재할 유다와 예루살렘은 마침내 실행된 정의를 누리게 됩니다. 하지만 그전까지 무죄한 사람이 흘리는 피는 참으로 억울합니다. 아벨에서 스데반에 이르기까지, 그리고 오늘날 세계 곳곳에서 의를 위해 죽어 가는 수많은 사람에 이르기까지, 인류 역사는 죄 없는 사람들의 피로 얼룩져 있습니다. 하나님은 이들의 억울함을 다 기억하고 계십니다. 그들의 소리를 낱낱이 듣고 계셨던 하나님께서 결국 정의를 실현하십니다. 그러므로 거듭 말씀드리지만, 하나님의 회복은 엄중한 심판 다음에 찾아옵니다. 마지막으로 여호와 하나님은 온전한 회복의 근거를 밝히십니다. 정의가 실현될 수밖에 없는 이유는 "나 여호와가 시온에 거하기 때문"이라고 말씀하십니다. 정의의 하나님 앞에서는 어떤 불의도 서 있을 수 없습니다. 하박국 선지자의 고백처럼 "주님께서는 눈이 맑으시므로, 악을 보시고 참지 못하시며, 패역을 보고 그냥 계시지 못하시는 분입니다"(하박국 1:13). 그때 비로소 우리는 **온전히 회복된 정의**를 봅니다.

하지만 지금은 아니다

하나님과의 관계가 회복되고, 훼파된 모든 것이 제자리로 돌아오고, 유예되었던 정의가 완벽하게 실현됩니다. 이 모든 일이 하나님의 심판 직후 "여호와의 날"에 이루어집니다. 이 같은 약속은 여호와에게 피하는 사람에게는 아주 큰 위로입니다. 하지만 그날이 오기 전까지는, 다시 말해 지금 이곳에서는 그 일들이 온전히 이루어지지 않는다는 뜻이기도 합니다. "여호와의 날"이 올 때까지는 힘겨운 세상살이를 견뎌 내야 한다는 말씀입니다. 요엘서 결론 부분은 세상살이가 모든 사람에게 힘들고, 특히 새 이스라엘에게는 더욱 어려울 것이라고 암시합니다. 새 이스라엘은 하나님의 약속을 붙들고 그날이 올 때까지 개인의 고난과 사회적 재난을 통과해야 한다고 말씀합니다. 그래서 새 이스라엘, 하나님의 새로운 공동체는 재난을 다 같이 통과하는 공동체입니다.

— 218

눈물겨운 세상살이

그날에 포도주와 젖이 넘쳐흐른다는 것은, 그전까지는 세상에 포도주와 젖이 부족하다는 뜻입니다. 당시 이스라엘의 주산업인 농업(포도주)과 목축업(젖)이 시원치 않았으니 노동한 대가도 적고 그마저도 제대로 받기 어려웠을지 모릅니다. 요즘 식으로 말하면 뼈 빠지게 일해도 손에 쥐는 것은 몇 푼 안 되었습니다. 오늘날 산업은 당시와는 비교할 수 없을 정도로 규모도 크고 발전속도도 빠릅니다. 하지만 그 활동의 결과인 "포도주와 젖"은 여전히 일한 사람들에게 정당하게 돌아가지 않습니다. 인류는 여러 산업 분야에서 매년 최고 생산량을 갱신하고 있습니다. 하지만 인류 문명 초기부터 지속된 공정 분배 문제는 여전히 해결하지 못하고 있습니다. 노동과 자본을 합해 어떤 생산 결과를 만들어내도 노동자와 투자자 사이에 적절한 배분을 위한 타협안을 도출하기란 참 어렵습니다. 노동자가 자신이 일한 대가를 정당하게 배분받기란 쉽지 않은 일입니다.

그러자 사람들은 투자로 눈을 돌립니다. 그중에서도 한국 사회는 유독 부동산에 관심이 많습니다. 앞서도 이야기했지만, 땅은 하나님께 속한 것입니다. 구약성경에서 하나님은 땅을 가문별로 배분하되 사고팔지 못하도록 합니다. 땅은 생산 수단이자 거주 공간이므로, 모든 사람이 자기 땅에서 일하고 살 수 있는 권리를 가졌습니다. 그것이 하나님 뜻이었습니다. 하지만 오늘날 우리 사회는 땅을 재산 증식 도구로 삼고, 하나님이 그토록 중시했던 거주권마저 불안합니다. 평생 일해도 자기 집을 구하기란 거의 불가능해졌고, '똑똑한 한 채'에 '영끌'해서라도 투자해야 그나마 가능성이 보인다고 부추기는 세상이 되었습니다.

노동의 대가는 불합리하고, 거주지는 정해지지 않아서 이리저리 떠돕니다. 이래서는 미래를 꿈꾸기 힘듭니다. 공정하지 않고 부조리한 세상에서 끊임없이 고통을 겪습니다. 더군다나 요즘은 청년들의 절망이 큽니다. 결혼을 미루고, 결혼한 사람도 아이를 낳지 않는 상황이 점점 심해지고 있습니다. 그런데 이런 모습은 우리 역사에서 형태만 달랐지, 반복돼 온 일입니다. 오늘날 청년들의 어려움에 공감하면서도 우리 역사에서 청년의 때가 자랑스러웠던 적이 언제 있었나 하는 생각이 듭니다. 일제강점기에는 강제 징용되어 혹독한 노동에 시달리고 심지어 위안부 역할까지 합니다. 이어지는 한국전쟁 때는 총알받이로, 산업화 때는 재봉틀을 돌리는 값싼 노동력으로 동원됩니다. 민주화 때는 고문과 탄압으로 스러집니다. IMF 외환위기 이후부터는 취직을 위해 '스펙 쌓기'에 전력을 다합니다. 그렇게까지 했는데도 세 가지, 네 가지, 다섯 가지를 포기해야 합니다. 청년의 삶은 이토록 고달프고 또 고달팠습니다.

이것이 세상살이의 민낯입니다. 기득권층이 자기 것을 이웃과 나눈다면 동화 같은 유토피아가 탄생할지 모르겠습니다. 그러나 기득권층과 아닌 사람을 가르는 절대적인 선도 없고, 대다수 사람은 자기가 피해자라고 생각합니다. 그 와중에 명백한 기득권층조차 정의 개념이 희박해서 공정한 배분은 꿈도 꾸기 힘듭니다. 각자도생의 길만 남은 세상에서 약삭빠르거나 교활하거나 악한 사람이 유리한 자리를 차지하면 모두가 지치고 고통에 빠집니다. 이런 문제를 해결하려고 정부가 시장에 개입하는 게 맞는지 아닌지, 개입하면 얼마나 해야 하는지를 두고 갑론을박이 오갑니다. 큰 선거 때마다 정부가 시장을 통제할지, 시장을 신뢰할지를 두고 토론을 벌이지만, 명확한 답을 찾기는 어려워 보입니다. 그래서 정권이 바뀔 때마다 상반된 경제 정책이 냉탕과 온탕을 오가듯 번갈아 가며 등장합니다.

그런데 문제는 "포도주와 젖"으로 대표되는 산업이나 경제생활만이 아닙니다. 더욱 심각한 문제는 "유다의 모든 시내"에서 물이 말라 간다는 것입니다. "샘이 여호와의 성전에서 흘러 나와서 싯딤 골짜기에 물을 대리라"라는 말씀에서 알 수 있는 사실은 우리가 사는 세상이 싯딤 골짜기처럼 메마를 대로 메말랐다는 것입니다. 신기하게도 물이 생명의 근원임은 이제 상식이 되었습니다. 과학자들은 물이 있는 행성이 지구 말고 더 있는지 찾고 있습니다. 물이 있으면 생명체가 있을 가능성도 크기 때문입니다. 우리 몸도 물로 이루어져 있고, 지구라는 행성도 거대한 물 시스템에 의해 돌아갑니다. 그런데 물 부족과 물 오염뿐 아니라, 물 온도가 계속 상승해서 지구 생태계 전체가 위기를 맞고 있습니다. 성전에서 샘이 흘러 나와서 싯딤 골짜기에 물을 댈 때까지 환경 문제는 심각할 것입니다. 인간은 물론이고 물에 의존하는 지구상의 모든 생명체가 함께 신음할 것입니다. 이처럼 세상 모든 생명체의 세상살이가 힘듭니다.

다시 말하지만, 생태계 전부가 신음해도 별 상관없이 지내는 사람도 있습니다. 그들에게는 세상살이가 그리 어렵지 않습니다. 하지만 자기 여건을 자기 권리로 오해하고 만족하면 안 됩니다. 바로 옆 이웃이, 이웃 나라가 그렇게 살지 못하기 때문입니다. 현재 누리는 부와 풍요도 불안정한 세계 경제 위에서 아슬아슬하게 유지되고 있으므로 늘 겸허한 마음으로 받은 복을 누리면서 청지기로서 경제생활을 영위해야 합니다. 또한 생태계 전반에도 책임을 지는 삶의 방식을 택해야 합니다. 그들은 요엘 선지서의 메시지에 귀를 기울여야 합니다. "세상에 속지 마라. 네가 좀 살 만하다고 속지 마라. 포도주가 말랐고 젖이 흐르지 않으며 물도 구하기가 어려운 세상이다. 이렇게 어려운 세상을 깨어서 직면하라."

이렇게 세상이 불안정하고 위태로운데 때때로 불가항력적 재난까지 덮칩니다. 2,500년 전 메뚜기 재앙 같은 재난은 계속 찾아오고 있으며, 코로나19 팬데믹도 그중 하나입니다. 기억하시듯이 각국 정부는 코로나19 팬데믹 첫 2년간 혼란에 빠져 갈팡질팡했습니다. 2년이 다 지날 때까지 전 세계 사람이 고통을 당했고 많은 사람이 숨졌습니다. 물론 지금도 여전히 힘든 시기를 지나고 있습니다. 그런데 놀랍게도 이런 상황에서 일부 기업과 사람들은 엄청난 부를 축적합니다. 참으로 희한한 세상입니다.

이런 부조리한 세상에서 우리가 살고 있습니다. 일부 운이 좋거나 좀 더 약삭빠른, 한 걸음 더 나아가 교활하거나 악한 사람들은 남들이 어려울 때 더 잘살 수 있을지 모릅니다. 그러나 대다수는 힘든 세상살이를 해 나갈 수밖에 없습니다. "여호와의 날"이 와서 완전한 정의가 실행되고 완전한 회복이 이루어질 때까지 우리의 세상살이는 힘겹습니다.

더 어렵고 힘든 사람들

세상살이 자체가 힘든데 새 이스라엘로 살기란 더 힘겹습니다. 앞서 살펴본 3장 11-12절에서 하나님은 이스라엘 "사면의 민족들"을 소환하십니다. 영어 성경에서는 "every side"라고 표현합니다. 이스라엘을 모든 면에서 에워싼 민족이란 하나님을 무시하는 세상을 가리킵니다. 당시 이스라엘도 그들에게 포위되어 있었고, 오늘날 새 이스라엘도 똑같습니다. 그들처럼 우리도 포위된 채 살아갑니다. 예배를 드리거나 이런 책을 읽을 때는 하나님이 계신 것 같습니다. 그러나 예배당을 나서는 순간, 세상으로 돌아가 일을 하거나 여러 오락물을 보며 쉬려고 할 때, 하나님을 발견하기란 거의 불가능합니다. 하나님이 없다고 주장하는, 아니 아예 하나님에 무관심한 세상이 우리를 포위하고 있습니다.

이방 민족은 이스라엘을 포위했을 뿐 아니라 3장 17절에서처럼 예루살렘을 휘젓고 돌아다닙니다. "여호와의 날"에 하나님께서 심판하고 회복하실 때까지 이렇게 휘젓고 돌아다니는 일은 지속됩니다. 새 이스라엘을 포위하고 압박하는 세상의 여러 세력이 자신들의 가치관과 삶의 방식으로 강력하게 영향을 끼칩니다. 이 일 역시 마지막 심판과 회복의 날까지 지속됩니다. 정말 두려운 존재는 밖에서 공격하는 적이 아닙니다. 밖에서 공격하는 어떤 세력보다 우리를 안에서 궤멸하는, 눈에 보이지 않는 적이 더 무섭습니다. 이것이 새 이스라엘이 처한 오늘의 현실입니다.

예수께서도 세상이 제시하는 삶의 방식과 하나님께서 가르치신 방식을 극적으로 대조합니다. "너희 원수를 사랑하고, 너희를 박해하는 사람을 위하여 기도하여라…너희를 사랑하는 사람만 너희가 사랑하면, 무슨 상을 받겠느냐? 세리도 그만큼은 하지 않느냐?"(마태복음 5:44, 46) 그리스도인의 사랑은 받은 만큼 주는 것이 아니라, 원수까지 사랑하는 것입니다. 예수께서는 세리도 자기를 사랑하는 사람은 사랑할 줄 안다고 지적합니다. 그런 사랑은 누구나 하는 사랑이라고 꼬집습니다. 원수까지 사랑하는 일은 일상에서도 일어나야 하지만, 하나님께서 세우신 두 공동체인 가정과 교회에서 먼저 일어나야 합니다. 예수께서는 "이제 나는 너희에게 새 계명을 준다. 서로 사랑하여라. 내가 너희를 사랑한 것 같이, 너희도 서로 사랑하여라. 너희가 서로 사랑하면, 모든 사람이 그것으로써 너희가 내 제자인 줄을 알게 될 것이다"(요한복음 13:34-35)라고 말씀하셨습니다. 오늘날 가정과 교회에 하나님의 임재가 나타나지 않고, 그 안의 사람들이 예수님의 제자로 세상

— 224

에 드러나지 않는 이유가 무엇일까요? 예수께서 몸소 가르치신 전혀 다른 방식의 삶을 따르지 않기 때문입니다. 원수를 사랑하기는커녕 가족이나 교회 공동체 식구도 자기가 사랑받은 만큼만 사랑하기 때문입니다.

오늘날 우리 속을 헤집고 우리 안에서 준동하는 가장 큰 힘은 '나'에 대한 지극한 관심과 애정입니다. 자본보다 더 무서운 적이 바로 '내 마음대로 살도록 나를 끌고 다니는 나'입니다. 오늘날의 시대적 특징입니다. 모든 것을 내가 결정해야 한다고 말합니다. 내가 느끼고 생각하는 것이 가장 중요하다고 이야기합니다. 나는 그럴 자격이 있다고도 말합니다. 역사, 자유, 평등, 민족, 국가 같은 거대한 가치가 중요했던 시대는 지나갔고, '우리' 가족, '우리' 친구같이 '우리'가 중요한 시대도 지나가고 있습니다. 내가 중요한 시대에 살면서 그런 가치관이 우리 속을 헤집고 다니니, 가정생활도 교회 공동체도 제대로 세워지기가 힘듭니다. 그러면서 하나님의 임재가 나타나고 예수의 제자로 세상에 드러나는 일은 더욱 드물어집니다. 그리스도인과 하나님을 모르는 사람이 별반 다르지 않습니다. 간혹 자기를 낮추고 희생한다 해도 그 역시 자기 판단에 따라 결정합니다. 주님이 우리에게 자신을 내주셨듯이 서로를 위해, 공동체를 위해 자신을 내주는 일은 점점 더 어려워집니다. 그러자 하나님께서 세상에 두신 두 공동체인, 그리스도인 가정과 그리스도인 공동체에서도 하나님이 잘 보이지 않습니다.

그뿐만 아니라 우리가 사는 세상은 다양한 '하마스'로 가득 차 있습니다. 자기가 가진 힘을 오용하거나 악용하는 경우가 비일비 재합니다. 예수께서 그리스도인은 "세상의 소금이다…세상의 빛 이다"라고 말씀하셨지만(마태복음 5:13-14), 세상이 새 이스라엘을 부당하게 힘으로 누르고 포악하게 다루므로 소금과 빛이 되지 못할 때가 많습니다. 새 이스라엘이 세상에서 소금과 빛 역할을 하려고 하면, 세상은 손뼉을 치거나 칭찬하기는커녕 불편해하고 비난하고 공격합니다. 그리스도인과 그리스도인 공동체가 뒷걸음질 치는 이유 중 하나는 세상에 만연한 '하마스' 때문입니다. 종교의 자유가 있는 사회에서도 이럴진대, 목숨을 걸고 신앙을 지켜야 하는 지역의 그리스도인들에게 '포악'은 실제적 위협입 니다.

이처럼 외부에서 가해지는 폭력은 대응하기가 쉽지 않지만, 분별하기는 그리 어렵지 않습니다. 정말 어려운 상대는 우리 속 의 하마스입니다. 누구나 일정한 힘을 가지고 있고, 성별, 나이, 재산, 실력, 경험, 직책 등이 힘이 되기도 합니다. 하나님께서 주 신 힘은 언제나 자신이 아니라 이웃과 공동체와 세상을 섬기는 데 써야 합니다. 예수께서 말씀하셨듯이 세상의 통치자들은 세도 를 부리고 권력을 마구 휘두르지만, 그리스도를 따르는 자들은 크고자 하는 자가 섬기고, 으뜸이 되고자 하는 자가 종이 됩니다 (마태복음 20:25-27). 그리스도인 가정과 공동체는 관계를 맺는 방 식이 달라야 하고, 차별화된 그 방식을 계속 발전시켜 가야 합니 다. 그런데도 갈등과 분열과 분쟁의 소식이 끊기지 않습니다. 위임받은 힘을 오용하거나 악용해서 일어나는 일입니다. 교회 공동체에서 재정이나 윤리 면에서 문제가 생기면 그나마 쉽게 간파됩니다. 하지만 힘의 문제는 쉽게 드러나지 않아서 오용될 가능성이 큽니다. 나이가 많아지고 경험이 늘고 존경을 받을수록 점점 더 큰 힘을 위임받습니다. 자신의 헌신과 경험과 직위를 적절하게 사용하지 않을 때, 정당하지 않은 힘이 생기고, 하나님 공동체에는 하나님이 아닌 다른 주인이 자리를 잡습니다. 이는 반드시 억압과 분열과 분쟁을 일으킵니다.

새 이스라엘은 세상에 포위당했으며, 그 속을 휘젓고 다니는 세상의 가치관과 삶의 방식에 끊임없이 영향을 받습니다. "여호와의 날"이 이르러 우리를 사면에서 에워싸고, 또 안에서 헤집고 다니면서 영향을 주었던 세력들이 심판받을 때까지, 하나님 백성이 온전히 회복되는 그때까지 그 영향은 계속됩니다. 깨진 세상에서 살기란 누구에게나 쉽지 않고, 더군다나 새 이스라엘로서 새로운 정체성과 가치관을 지키며 "여호와의 날"이 이를 때까지 살아 내기란 더욱 어렵습니다.

곁에서 아주 가까이

세상살이 자체가 힘들고 새 이스라엘에게는 더욱 어렵다면, 우리는 무슨 힘으로 살아갈 수 있을까요? 요엘 선지자는 그 비결을 선명하게 들려줍니다. 요엘서 전체에서 가장 중요한 선언인

"여호와께서 시온에 거한다"라는 말씀이 17절과 21절에 두 번 등장합니다. "거한다"라는 단어는 앞서 언급했듯이 현재분사형으로 "거하고 있다"라는 뜻입니다. 그런데 그때 상황이 어땠었나요? 시온은 주변 강대국에 겁탈당하듯 짓밟혔습니다. 하나님은 안 계신 것 같았습니다. 만약 하나님께서 시온에 계셨다면 더없이 무력해 보입니다. 그런데 주님께서 말씀하십니다. "나는 겁탈당하고 짓밟히는 시온에 거하고 있다." 하나님은 하마스가 횡행하는 바로 그곳에 계십니다. 하나님은 지금도 하마스의 현장 한 가운데 계십니다. 떠나지 않으십니다.

이 구절은 짧지만 매우 놀라운 이야기를 전합니다. 우리는 불의와 악이 횡행할 때, 하나님은 이미 떠나시고 안 계신다고 생각합니다. 우리는 하나님께서 불의와 악을 보시는 순간 즉각 처단하신다고 전제합니다. 그러나 하나님께서 즉각 심판하신다면 우리 중에 살아남을 자는 없습니다. 하나님은 심판을 유예하고 "그들의 피 흘림 당한 것을 갚아 주지 아니하였으나" 마지막 심판과 회복의 날에 "이제는 내가 갚아 줄 것"이라고 말씀하십니다. 불의와 악의 현장인 시온에 하나님은 계셨습니다. 구약성경의 시온은 하나님께서 거하고 통치하기 위해 택하신 특별한 곳입니다. 그러나 우리가 사는 세상 전체가 하나님께서 지으신 곳이며, 하나님의 통치권이 미치지 않는 곳은 없습니다. 하나님은 우리가 사는 세상, 곧 세상살이를 힘들게 만들고, 새 이스라엘을 유혹해 위협하며 실제로 위해를 가하는 그 세상에 지금도 계십니다.

— 228

삶에 고난이 찾아오면, 그것이 자기 과실 때문이든 아니면 무고하게 당해서든지 상관없이 하나님은 저 멀리 계시고 아무 일도 안 하신다고 느낍니다. 그러나 우리 생각과 달리, 버려졌다고 느끼는 바로 그 순간에 하나님은 함께 계십니다. 사회적 재난이나 자연재해가 덮칠 때면, 왜 하나님은 아무 일도 하시지 않느냐는 질문을 많이 듣습니다. 하나님은 인간이 자율적으로 움직여서 사랑과 공의를 실천하기를 원하십니다. 무죄한 사람이 피를 흘리는 최악의 상황일지라도 사사건건 개입하거나 간섭하지 않으십니다. 그 대신 하나님은 무죄한 피가 흐르는 그 현장, 시온을 떠나지 않으십니다. 즉각적 심판을 유보하고 함께 계시면서 회개하기를 기다리십니다. 요나서의 마지막 구절은 이 같은 사실을 아주 인상적으로 보여 줍니다. 하나님은 사람뿐 아니라 모든 생명체를 사랑하시며, 그들을 심판하기보다는 그들이 돌아오기를 간절히 바라십니다. 요나만이 아니라 우리 상식으로도 죄가 가득한 니느웨를 심판하는 것이 맞습니다. 그러나 하나님은 요나에게 "하물며 좌우를 가릴 줄 모르는 사람들이 십이만 명도 더 되고 짐승들도 수없이 많은 이 큰 성읍 니느웨를, 어찌 내가 아끼지 않겠느냐?"(요나 4:11)라고 말씀하십니다. 하나님은 하마스가 횡행하는 세상을 마음에 두고 그들을 살피시며, 당신 백성인 이스라엘은 물론이고 그들의 원수, 그들의 짐승까지도 모두 아끼시며 기다리십니다. 하나님은 우리를 떠나지 않으십니다.

다시 말하지만, 우리가 개인적으로든 사회적으로든 고통을 당할 때, 아니 둘 다일 때도 하나님은 우리를 떠나지 않으셨습니다. 요엘은 짓밟히는 시온에서도 하나님께서 자기 백성과 함께 계셨다고 말씀합니다. 하나님께서 보내신 메시아 예수는 인간이 당할 수 있는 모든 고통을 태어날 때부터 죽을 때까지 겪으셨고, 가장 낮은 자들과 함께했습니다. 우리는 깨진 세상을 들여다볼수록 절망하고, 냉소하고, 자신에 대해서는 무기력해지기 쉽습니다. 망가진 세상이지만 그 안에 하나님이 계신다는 믿음을 잃어버리면, 우리는 절망하거나 악한 편에 서서 '하마스'에 가담할 가능성이 큽니다. 그러나 하나님께서 우리를 떠나지 않는다고 믿었던 사람들은 온갖 어려운 상황에서도 살아남았습니다. 그들은 "내가 세상 끝 날까지 항상 너희와 함께 있을 것이다"(마태복음 28:20)라는 예수 그리스도의 말씀을 믿었습니다. 그래서 "그들은 믿음으로 나라들을 정복하고, 정의를 실천하고, 약속된 것을 받고, 사자의 입을 막고, 불의 위력을 꺾고, 칼날을 피하고, 약한 데서 강해지고, 전쟁에서 용맹을 떨치고, 외국 군대를 물리쳤습니다"(히브리서 11:33-34). 그러나 그들 중 "어떤 이들은 조롱을 받기도 하고, 채찍으로 맞기도 하고, 심지어는 결박을 당하기도 하고, 감옥에 갇히기까지 하면서 시련을 겪었습니다. 또 그들은 돌로 맞기도 하고, 톱질을 당하기도 하고, 칼에 맞아 죽기도 하였습니다. 그들은 궁핍을 당하며, 고난을 겪으며, 학대를 받으면서, 양과 염소의 가죽을 입고 떠돌았습니다. 세상은 이런 사람들을 받아들일 만한 곳이 못 되었습니다. 그래서 그들은 광야와 산과 동굴과 땅굴을 헤매며 다녔습니다"(히브리서 11:36-38).

인생이 어렵고, 시온이 짓밟히고 유린당하듯이 고통을 겪고 있나요? 주님께서 말씀하십니다. "나는 고통의 현장에 함께 있다. 나는 너를 떠난 적이 없다." 이것이 성경의 가장 중요한 가르침입니다. 자신의 잘못된 결정과 행위와 삶의 방식으로 인생이 힘들어졌다고 해도 하나님은 우리를 떠나지 않습니다. 세상의 부조리하고 악한 구조 안에서 별로 잘못한 것도 없는데도 고난을 겪을 때, 주님이 곁에서 더 꽉 붙드십니다. 우리를 버리지 않으십니다. 하물며 주님을 위해 고난을 겪고 피해를 받으며 어려움을 무릅쓰는 사람을 주님께서 떠나실까요? 그분은 지금도 우리와 함께 계십니다.

재난을 뚫고 끝까지

그리스도인은 "여호와의 날"을 기다리며 힘겨운 세상살이를 해 나갑니다. 새 이스라엘의 삶은 더 어렵고 고되므로, 하나님께서 그날에 이루실 약속을 늘 기억하고 의지하며 살아갑니다. 그런데 어떤 사람은 천당에서 상다리 휘어지게 차려 놓고 잔치할 날이 오기를 기다립니다. 또 다른 사람은 세상살이가 힘드니 천국이나 가자는 심정으로 기다립니다. 하지만 그리스도인은 내세를 지향하거나 현실에서 도피하려는 목적으로 "여호와의 날"을 기다리지 않습니다. 우리는 깨진 세상, 크고 작은 재난이 끊임없이 찾아오는 세상에서 이미 시작된 하나님 나라 시민으로 살면서 하나님의 마지막 심판과 온전한 회복을 기다립니다. 이런 우리를 계속해서 덮치는 재난은 마지막 날까지 이어집니다. 요엘서 1장의 '메뚜기 재앙'은 여러 다른 모습으로 오늘날까지도 이어지고 있습니다. 그렇다면 새 이스라엘, '재난을 맞은 공동체'는 그날이 오기 전까지 어떻게 살아야 할까요? 계속 찾아오는 재난들을 어떻게 통과해야 할까요?

조직에서 공동체로

가장 먼저 새 이스라엘의 정체성을 분명히 하고, 그에 기초한 공동체를 계발하고 심화해야 합니다. 정체성을 갖게 하는 중요한 요소는 소속감입니다. 우리가 가정, 회사, 사회, 국가, 민족 같은 집단에 속하면 그에 부합하는 정체성이 생깁니다. 그렇다면 그리스도인은 그 정체성을 어디에서 찾을 수 있을까요? 그리스도인에게 가장 중요한 집단은 하나님 나라입니다. 우리는 하나님 나라에 속한 '새 이스라엘'입니다. 세상은 끊임없이 자기 자신에게 집중하라고 말하지만, 성경은 끊임없이 하나님께서 무엇을 하고 계시는지 주목하라고 합니다. 하나님은 새 이스라엘을 통해 세상을 회복하고 계시며, 온 세상 회복 프로젝트의 마지막 날, "여호와의 날"에 세상을 심판하실 것입니다. 그때까지 새 이스라엘은

— 232

하나님께서 역사를 이뤄 가시는 통로이자 동역자입니다. 그러므로 우리는 "하나님께서 함께 일하고 계시는 공동체에 속한 사람이다"라는 정체성을 가집니다. 이것은 '새 이스라엘 정체성'이라고 부를 만합니다.

새 이스라엘 정체성을 갉아먹는, 어쩌면 아예 무너뜨리는 개인주의가 매우 심각한 문제라고 앞서 지적했습니다. 그리스도인을 에워쌌을 뿐 아니라 헤집고 다니는 개인주의야말로 우리를 새 이스라엘답지 못하게 하는 주적입니다. '넌 어차피 혼자야. 네가 제일 중요해'라며 끊임없이 세뇌하는 세상에서, 절대 홀로 존재할 수 없는 그리스도인들이 살아가고 있습니다. 하나님께서는 우리를 개개인으로 부르지 않고, 새 이스라엘로 부르셨음을 기억해야 합니다. 하나님께서 우리를 자녀로 삼으신 이유는 서로 상관없는 각자가 아니라 새로운 한 가족으로 살게 하기 위해서입니다. 더 정확하게 말하면, 우리는 각자 부르심을 받아 공동체를 형성하는 것이 아니라, 하나님께서 새로운 공동체를 세우시고 그 일원으로 우리 각자를 부르신 것입니다. 그러므로 그리스도인에게 공동체는 선택 사항이나 2순위가 아니라, 존재 근거이자 살아가는 방식입니다.

코로나19가 세계를 덮쳤을 때, 전 세계는 서로 연결되어 있음을 깨달았습니다. 인간만이 아니라 모든 생명체가 얽혀 있다는 사실이 새삼 분명해졌습니다. 연대는 인간을 포함한 모든 생명체가 존재하는 방식입니다. 그리스도인은 이러한 보편적 연대를 뛰

어넘어 그리스도 안에서 독특하게 연합합니다. 그 연합에 근거해 우리를 사면에서 에워싸고, 또 헤집고 다니는 세속의 가치와 권력에 대항해 싸울 수 있습니다. "우리는 새 이스라엘이라는 공동체", 이 정체성은 그리스도인이 유지하고 심화해야 하는 중요한 내적 자세입니다.

그런 면에서 코로나19 팬데믹은 한국 교회에 큰 물음을 던졌습니다. 주일에 모여 예배드리는 정도로는 너무나 허약하다는 사실이 분명해졌습니다. 코로나19 팬데믹이 심해지면서 모든 종교 모임이 금지되자 많은 교회가 패닉 상태에 빠졌습니다. 주일 예배가 신앙생활의 거의 전부였던 수많은 교인은 점점 믿음이 약해졌고, 주일 사역에 집중했던 목회자들은 '주일 공백 상태'에서 어떻게 사역해야 할지 몰라서 당황했습니다. 교회는 새 이스라엘이라는 정체성에 기초한 공동체이며, 성도는 그 공동체에 근거해 살아간다는 인식과 실천이 부족했습니다. 일주일에 한 번 교회 와서 한 시간 남짓 예배드리거나 그 전후로 약간의 활동을 덧붙이는 것만으로는 공동체라고 하기에 너무 부족했습니다.

이와 달리, 공동체에 기반한 교회는 팬데믹 상황에 대처하는 모습이 매우 달랐습니다. 가정교회, 목장, 셀, 구역, 소그룹 등이 교회 안에 있는지 없는지는 중요하지 않습니다. 여러 모임이 단순히 조직체의 하부 단위인지 진정한 공동체인지는 재난이 찾아왔을 때 드러납니다. 위기 상황에 생명 활동이 멈추면 조직체에 가깝고, 오히려 더 결속하면 공동체에 가깝습니다. 교회가 관리

— 234

조직이나 프로그램 중심으로 움직이지 않고 공동체에 가까울 때는 코로나19 상황에서도 건재했습니다. 이런 교회 공동체는 잠시 후에 이야기할 내적 특징은 물론이고, 외적 특징이 분명했습니다. 10명 안팎의 공동체가 소위 '방학'도 없이 1년 내내 매주 한 번씩 모여서, 두세 시간 이상 그리스도를 따라 살도록 서로 격려하고 예배하고 함께 식사를 나누는 특징을 보였습니다.

이 같은 특징을 보이는 교회와 주일 예배 중심의 일반 교회가 실제로 얼마나 다른지를 조사한 적이 있습니다. 코로나19가 발생하고 6개월이 지났을 때 목회데이터연구소의 도움으로 두 그룹의 신앙생활 변화를 살펴보았습니다. 그 결과는 237쪽과 같습니다.[6]

두 그룹은 큰 차이를 보였습니다. 기도하는 시간, 성경 읽는 시간, 신앙 서적 읽는 시간, 성경 공부하는 시간의 변화에서 모두 현격한 차이가 났습니다. 특히 교회 운영과 직결되는 '헌금'에서 두 그룹의 차이가 컸습니다(일반 교회는 29.8%, 공동체 기반 교회는 3.6%가 순감소). '전반적인 신앙생활'은 일반 교회가 심각하게 위축된 반면, 공동체 기반 교회 역시 위축되었으나 그 정도가 일반 교회에 비해 절반 정도였습니다(일반 교회는 35.6%, 공동체 기반 교회는 14.9%가 순감소). 주일에만 활발하게 활동하는 교회일수록 주일

———— 6 목회데이터연구소, 〈넘버스〉 69호(2020. 10).

5
재난을
통과하는 힘

모임에 제약이 생기면 당연히 위축될 수밖에 없습니다. 반면에 작은 공동체로 구성된 교회는 주일 예배와 활동이 불가능해도 원래 일상 공동체로 주중에 연결된 지점이 많아서 신앙생활을 유지하기에 유리한 환경입니다. 오히려 위기 상황이 찾아오면 서로 도울 기회가 많아지므로 신앙이 더 깊어지는 계기가 되기도 합니다. 그래서 '전반적인 신앙생활'이 코로나19 이전에 비해 늘었다거나 비슷하다는 수치도 일반 교회에 비해 공동체 기반 교회가 높았습니다(일반 교회는 49.8%, 공동체 기반 교회는 67.8%).

다음으로 미국 퓨리서치센터가 비슷한 시기에 실시한 조사 결과를 봅시다.[7] 코로나19 팬데믹으로 종교적 신앙에 변화가 있었는지를 경제 선진국 14개국에서 조사했는데, 한국 교회와 세계 교회를 비교할 수 있는 조사 결과라서 생각할 거리를 많이 던져줍니다. 한국 교회는 세계에서 미국 교회 다음으로 규모도 크고 영향력도 있다고 평가받고 있는데, 조사 결과는 다소 충격적입니다.

14개국의 평균(중앙값)을 먼저 봅시다. 코로나19로 인해 신앙이 강해졌다고 응답한 비율은 10%였습니다(약해졌다 3%, 큰 변화 없다 85%). 한국은 강해졌다는 응답에서 공동 5위(10%)로 중간 위

---

7 PEW RESEARCH CENTER, "More Americans Than People in Other Advanced Economics Say COVID-19 Has Strengthened Religious Faith", 2021. 01. 27.

코로나19 이전과 이후의 신앙생활 변화

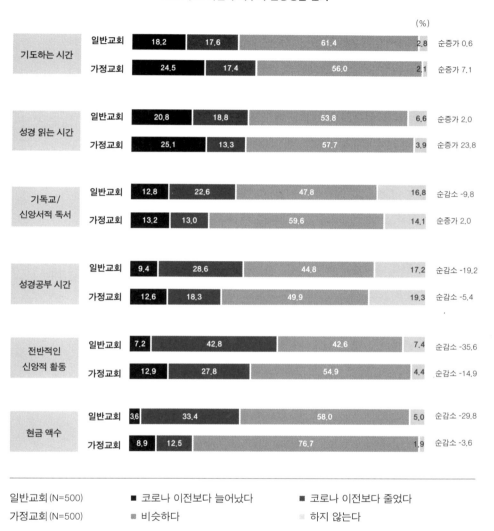

(%)

		코로나 이전보다 늘어났다		비슷하다	하지 않는다	
기도하는 시간	일반교회	18.2	17.6	61.4	2.8	순증가 0.6
	가정교회	24.5	17.4	56.0	2.1	순증가 7.1
성경 읽는 시간	일반교회	20.8	18.8	53.8	6.6	순증가 2.0
	가정교회	25.1	13.3	57.7	3.9	순증가 23.8
기독교/ 신앙서적 독서	일반교회	12.8	22.6	47.8	16.8	순감소 -9.8
	가정교회	13.2	13.0	59.6	14.1	순증가 2.0
성경공부 시간	일반교회	9.4	28.6	44.8	17.2	순감소 -19.2
	가정교회	12.6	18.3	49.9	19.3	순감소 -5.4
전반적인 신앙적 활동	일반교회	7.2	42.8	42.6	7.4	순감소 -35.6
	가정교회	12.9	27.8	54.9	4.4	순감소 -14.9
현금 액수	일반교회	3.6	33.4	58.0	5.0	순감소 -29.8
	가정교회	8.9	12.5	76.7	1.9	순감소 -3.6

일반교회 (N=500)   ■ 코로나 이전보다 늘어났다   ■ 코로나 이전보다 줄었다
가정교회 (N=500)   ■ 비슷하다   하지 않는다

치였으나, 약해졌다는 응답에서는 압도적으로 꼴찌였습니다 (9%). 밑에서 두 번째였던 스페인(5%)과도 큰 차이를 보였습니다. 신앙이 강해졌다고 응답한 비율이 가장 높았던 나라는 미국이었습니다(28%). 신앙이 강해졌다는 응답에서 신앙이 약해졌다는 응답을 뺀 수치(순증가)에서도 한국은 1%에 불과했고, 평균은 7%, 미국은 24%였습니다. 이 수치에서도 한국은 맨 아래 자리를 차지했습니다. 통계 수치가 모든 것을 말해 주지도 않고, 원인 분석 역시 여러 변수를 고려해야 합니다. 하지만 규모와 명성 면에서 미국 교회 다음이라는 한국 교회가 다른 나라들에 비해 결과치가 낮고, 심지어 최하위라는 사실은 매우 충격적입니다. 한국 교회가 재난 같은 위기 상황에 취약하다는 사실을 잘 보여 주는 조사 결과입니다.

다시 한번 강조하지만, 한국 교회가 위기에 취약한 이유 중 하나는 낮은 공동체성에서 찾을 수 있습니다. 한국 교회는 조직화·제도화되어서 주일 예배와 다양한 활동에서는 강세를 보입니다. 그런데 재난이 닥치면 다른 나라들에 비해 신앙이 더 약해집니다. 그 이유는 힘겨운 세상살이도 혼자, 신앙생활도 혼자 해왔는데, 그 위에 재난이 덮치자 홀로 버티는 데 한계가 왔기 때문입니다. 한국 그리스도인은 새 이스라엘이라는 공동체성을 확실히 하지 못한 채 '나 홀로' 신앙생활하고 있습니다.

이 같은 특징은 자살률이 교회 안팎에서 별반 다르지 않은 데서도 드러납니다. 자살 충동률은 일반인과 종교인 사이에 거의

코로나19로 인한 자신의 종교적 신앙 변화(14개 경제 선진국)

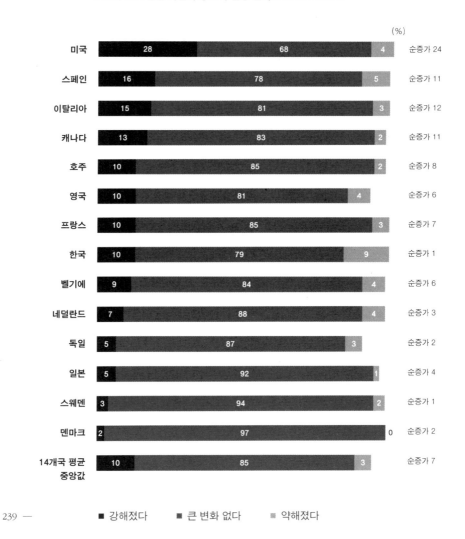

(%)

	강해졌다	큰 변화 없다	약해졌다	
미국	28	68	4	순증가 24
스페인	16	78	5	순증가 11
이탈리아	15	81	3	순증가 12
캐나다	13	83	2	순증가 11
호주	10	85	2	순증가 8
영국	10	81	4	순증가 6
프랑스	10	85	3	순증가 7
한국	10	79	9	순증가 1
벨기에	9	84	4	순증가 6
네덜란드	7	88	4	순증가 3
독일	5	87	3	순증가 2
일본	5	92	1	순증가 4
스웨덴	3	94	2	순증가 1
덴마크	2	97	0	순증가 2
14개국 평균 중앙값	10	85	3	순증가 7

■ 강해졌다   ■ 큰 변화 없다   ■ 약해졌다

5
재난을
통과하는 힘

차이가 없으나,[8] 자살 시도율은 종교인이 전반적으로 낮습니다. 그런데 개신교인의 자살 시도율이 전체 종교인의 거의 절반을 차지합니다(46.30%). 신도 수가 개신교와 비슷한 불교는 자살 시도율이 27.7%, 신도 수가 절반가량인 천주교는 10.10%로 개신

———— **8** 목회데이터연구소, 〈넘버스〉 16호(2019. 10) 11쪽, 113호(2021. 10) 7쪽 참조.

교에 비해 상대적으로 낮습니다.[9]

한 개인이 극단적 선택을 시도할 정도로 힘들 때 개신교 교회가 불교 사찰이나 천주교 성당에 비해 도움이 되지 않는다는 사실을 보여 줍니다. 천주교는 사제의 역할이 크고, 불교는 일요일마다 사찰을 찾지 않으므로, 일반적으로는 개신교 교회가 자주 모이고 성도들의 활동 참여도 많다고 봅니다. 그런데도 자살 시도율이 더 높다는 결과는 무척 심각한 문제입니다. 이처럼 성도 개인의 재난에도 취약한데, 사회적 재난이 덮칠 때 적절하게 대응할지는 미지수입니다. 만약 새 이스라엘이라는 정체성을 분명히 하고 성도 한 명 한 명이 유기적 공동체로 연결되어 있었다면, 개인적 위기와 사회적 재난에 대응하는 교회의 모습이 지금과는 달랐을 것입니다.

가정교회, 소그룹, 셀, 구역 등 교회 내 작은 공동체를 부르는 이름은 많지만, 프로그램이나 관리 조직이 아니라 공동체가 절실합니다. 그래서 여기서 중요한 질문은 "공동체를 어떻게 정의할 것인가"입니다. 공동체를 정교하게 정의할 수 있어야 프로그램이나 조직과 구분할 수 있습니다. 외적 특징은 앞서 짧게 언급했습니다. 여기서는 내적 특징을 살펴보겠습니다. 공동체는 아무

---

9 박대웅, "자살 시도자 종교 현황 외," 〈기독일보〉, 2014. 04. 02., https://www.christiandaily.co.kr/news/35828

5
재난을
통과하는 힘

거리낌 없이 마음껏 자랑해도 누가 흉보지 않고, 자신의 실패와 죄책감과 수치를 이야기해도 흠 잡히지 않는 모임입니다. 안전하고 신뢰할 수 있는 관계를 형성한 사람들입니다. 기쁠 때나 힘들 때나 찾아가고 싶은 사람들입니다. 공동체는 프로그램이나 관리 조직이 아니라 하나님께서 세우신 새 이스라엘이며, 하나님을 아버지라고 부르는 사람들이 모인 하나님 가족입니다. 따라서 공동체는 이 땅에서 새 이스라엘로 함께 존재하고 있다는 자연스러운 표현입니다. 코로나19 팬데믹 때도 가족 공동체인 가정과 경제 공동체인 직장은 그대로였습니다. 그런데 두 공동체보다 더 본질적 관계인(마태복음 12:48-50) 새 이스라엘인 교회가 마비되고 중단된 사실은 심각하게 생각해 보아야 합니다. 한국 교회는 코로나19를 겪으면서 주일 예배 중심의 회중이 공동체로서 얼마나 허약한지를 발견했습니다. 이런 아픈 자각은 한국 교회가 조직체 중심에서 공동체 중심으로 전환해야 한다는 문제를 제기했으며, 코로나19 팬데믹은 그 문제를 풀 수 있는 절호의 기회였습니다.

위기는 건강한 공동체를 강화하고, 허약한 공동체를 해체합니다. 교회의 공동체성이 약해서 재난을 통과하는 중에 그 기능을 제대로 발휘하지 못하고 있다면, 무엇을 가장 먼저 점검해야 할까요? 요엘 선지자는 1장에서 재난 상황에서는 지도자들이 본을 보여야 한다고 강권했습니다. 그러므로 누구보다 교회 지도자들이 먼저 각성해야 합니다. 생각해 봅시다. 교회 지도자가 교회의 중요한 결정을 하고 여러 행사를 집행하는 사람인가요? 아니면 성도 한 사람 한 사람을 붙들고 성장시키면서 공동체를 세우는 사람인가요? 한 교회의 지도자들이 전자에 가깝다면, 그 교회는 조직체 성격이 강할 것입니다. 후자에 가깝다면, 그 교회는 공동체성이 강할 것입니다. 신약성경의 교회 지도자들은 조직체 운영자가 아니라 모두 목양자였습니다. 그에 비추어 교회 지도자들이 조직체 운영자 쪽으로 기우는 우리 현실은 매우 우려됩니다.

실제로 교회 지도자들이 목회자까지 포함해서 공동체를 경험한 적이 드물고, 그래서 공동체를 형성하지 못한 경우가 일반적입니다. 교회 지도자들이 기쁨과 수치를 안전하게 나눌 수 있는 공동체를 경험하지도 형성하지도 못한 채 공동체를 논의한다면 그 결과는 불 보듯 뻔합니다. 매우 낮은 차원의 공동체이거나 어쩌면 관리 조직이나 프로그램에 불과할 것입니다. 교회 지도자 그룹을 먼저 회의체 중심에서 공동체 중심으로 바꾸어야 합니다. 그리고 교회 전체를 어떻게 조직체에서 공동체로 전환할지를 심각하게 연구하고 고민해야 합니다.[10]

교회는 살아 있는 유기체이므로 준비되지 않은 상태에서 근간

---

10 공동체 기반으로 교회를 세우려는 많은 시도가 있었고 좋은 사례도 적지 않다. 목회자에게는 '가정교회사역원'에서 오랫동안 시도해 온 가정교회도 좋은 사례이며, '하나복네트워크'가 제공하는 "심화 강좌"의 주제이기도 하다. '하나복아카데미'의 "진실한 공동체로의 전환" 강의도 도움이 된다. 성도들은 '하나복네트워크'의 "성도 지도자 강좌"를 살펴보면 좋다.

을 바꾸는 일은 매우 위험합니다. 공동체성이 낮은 조직체를 진실한 공동체로 전환하는 일은 잘 준비된 목회자와 이미 공동체를 맛본 교회 지도자 공동체가 존재할 때 성공할 가능성이 큽니다. 교회 지도자 모임이 그 교회의 건강성을 결정합니다. 성도들의 영적 성장, 예배의 깊이, 나눔의 진실함 등은 교회 지도자들의 수준을 넘지 못할 때가 많습니다. 교회 지도자들 수준이 그 교회 성도의 수준을 정한다고까지 말할 수 있습니다. 그만큼 영향과 책임이 큽니다. 그러므로 지도자들이 '새 이스라엘 정체성'을 분명히 한 다음, 먼저 지도자 모임에서 공동체를 경험하고, 자신들이 속한 교회 내 작은 모임에까지 그 공동체성을 퍼뜨려야 합니다. 이제 그렇다면 공동체로 산다는 것은 도대체 무엇이며, 어떻게 해낼 수 있을까요?

공동체로 살아가는 낯선 방식

예수를 메시아로 믿고 따르며 "여호와의 날"을 기다리는 사람에게 공동체 생활은 필연적이며, 신약성경의 교회도 그 같은 특징을 잘 보여 줍니다. 그들은 "기뻐하는 사람들과 함께 기뻐하고, 우는 사람들과 함께 울며", "서로 한 마음이 되고, 교만한 마음을 품지 말고, 비천한 사람들과 함께 사귀고, 스스로 지혜가 있는 체하지" 않는 삶(로마서 12:15-16)을 지향했습니다. 이 같은 삶을 수백 수천 명의 군중과 함께하기는 힘듭니다. 하지만 초대교회가 대부분 그랬듯이, 30-40명 규모의 공동체는 바울 사도의 이 이야기를 들으면 떠오르는 얼굴이 있습니다. 함께하는 공동체 식구들의 상황을 알기 때문입니다.

초대교회 성도에게 그리스도를 따른다는 것은 "같은 생각을 품고, 같은 사랑을 가지고, 뜻을 합하여 한 마음이 되어서…무슨 일을 하든지, 경쟁심이나 허영으로 하지 말고, 겸손한 마음으로 하고, 자기보다 서로 남을 낫게 여기고…자기 일만 돌보지 말고, 서로 다른 사람들의 일도 돌보"는 것이었으며, 그 마음이 "곧 그리스도 예수의 마음"이기도 했습니다(빌립보서 2:2-5). 이런 삶은 몇몇 사람과의 밀접한 관계에서만 가능합니다. 친밀하고 서로를 책임지는 관계는 일주일에 한 번 스치듯 만나서는, 더군다나 수백 명의 회중과는 절대 맺을 수 없습니다. 공동체로 사는 것은 서로 책임감을 느끼며 진실한 관계를 맺고 함께 살아가는 것입니다.

교회가 30-40명 규모라면 전체가 공동체일 수 있고, 교인 수가 그 이상이라면 작은 공동체들의 연합으로 세워질 수 있습니다. 교회는 커질수록 작아져야 합니다! 그런데 여전히 대형교회가 되어야 부흥한다고 생각하는 교회 지도자들이 많습니다. 그러다 보니 공동체조차 부흥의 수단처럼 활용합니다. 아닙니다. 그래서는 곤란합니다. 메시아를 따르는 사람은 "여호와의 날"이 이를 때까지 이미 시작된 하나님 나라에 속한 사람들과 함께 공동체를 형성해서 살아갑니다. 이것은 기본입니다. 그래서 교회를 조직체에서 진실한 공동체로 전환하는 일은 시급한 과제입니다.

하지만 그 전환은 교회 지도자와 공동체가 잘 준비되었을 때, 3-4년에 걸쳐 이루어집니다.

그렇다면 아직 공동체로 전환되지 않았거나, 아예 시도조차 하지 않는 교회에 속한 성도는 어떻게 해야 할까요? "여호와의 날"을 기다리는 그리스도인은 공동체의 삶을 어떻게 해서든지 배우고 누리려고 애써야 합니다. 공동체로 사는 것이 그리스도인의 생활 방식이기 때문입니다. 이를 위해서는 무엇보다 일주일에 한 번 모여서 예배드리는 활동을 교회라고 생각하지 않는 의식 전환이 필요합니다. 앞서 살펴본 요엘서에 따르면 교회란 "여호와의 날"을 기다리며 피난처이자 요새인 여호와에게로 피한 사람들의 공동체입니다. 그렇다면 현재 속한 교회가 아직 공동체가 아니더라도, 만에 하나 앞으로도 공동체로 전환하지 않더라도, 자신이 속한 소모임이나 사역팀을 공동체로 바꿀 수 있습니다. 이때 우리는 잊지 않아야 합니다. 교회 안에서 어떤 모임을 하든 그 목적은 예수 메시아를 잘 따르기 위해서입니다. 성경 공부 모임이든 봉사 모임이든 그 무엇이든 예수를 더 알아 가고 더 가까이 따르는 것이 우리 목적입니다. 그 목적을 이루려면 서로 격려하고 고민을 나누고 기도하는 일이 필수입니다. 달리 말하면, 그리스도를 알아 가고 따르는 일에서 성장하는 것이 중요합니다. 만날 때마다 영적 진보를 고민하고 진실하게 나눈다면, 그 은혜를 주시는 하나님을 향해 예배드리게 됩니다. 그리스도인이라면 이 같은 공동체성을 교회 내 모임에서 더욱 심화할 수 있습니다. — 246

공동체는 적게는 두 사람에서 시작합니다. 예수께서는 "두세 사람이 내 이름으로 모여 있는 자리, 거기에 내가 그들 가운데 있다"(마태복음 18:20)라고 교회의 기본단위를 말씀하셨습니다. 교회 공동체는 이처럼 작은 기본단위로 이루어져 있고, 성도들이 그 기본단위 안에서 성장하고 성숙할 때 공동체는 세워집니다. 그렇다면 두 사람이 공동체로 발전하려면 무엇을 해야 할까요? 다음 세 가지가 필요합니다.

먼저, 자신이 세상에 에워싸여 얼마나 영향을 받고 있는지, 얼마나 부족하고 약한지를 공유하는 데서 시작해야 합니다. 그리스도인은 깨지고 상한 세상, 마지막 심판이 유예된 세상에서 살고 있음을 서로 깊이 공감합니다. 세상 사람들은 흔히 술의 힘을 빌려서 자기 신세를 하소연하지만, 그리스도인은 성령의 힘과 형제자매의 우애를 바탕으로 삶의 어려움을 나눌 수 있습니다. 그러고 나서야 그리스도를 향한 서로의 고백을 공유할 수 있습니다. 원래는 깨진 세상의 일부였고 심판의 대상이었으나 이제는 하나님 나라에 속해 성령과 동행하는 복을 받고 있으며, 그 모든 일이 메시아 예수로 인해 가능했다는 서로의 고백을 듣고 눈을 맞춥니다. 그 고백이 새로운 관계의 기초입니다. 마지막으로 그 고백은 삶의 현장으로 이어집니다. 신앙 고백은 교회 안에서 신앙 이야기를 할 때만 유효한 것이 아닙니다. 그리스도인이라면 일상에서도 추구하는 바이므로 언제 어디서라도 그리스도를 닮고 따라가려고 애쓰게 됩니다. 이것이 진실한 관계의 특징이며, 공동체의 기초단위에서 일어나는 일입니다. 이렇게 될 때, 성도 한 사람 한 사람은 그리스도를 닮아 가는 공동체로 세워지고, 그리스도께서는 성도들의 관계와 공동체를 통해 지금 세상에서 하고 계신 일들을 이루어 가십니다.

진실한 관계를 바탕으로 공동체의 삶을 배운 성도는 삶터와 일터에서도 진실한 관계를 맺고 공동체를 형성합니다. 동네에서, 학교에서, 직장에서 곁에 있는 사람들을 챙기고 섬깁니다. 따뜻한 미소, 격려 한 마디, 차 한잔으로 이웃을 돌아보는 삶이 그리스도인이 살아가는 방식입니다. 더 나아가 일터에 동료 그리스도인이 있다면, 아침이나 일주일에 한 번 모여서 기도하고 말씀 묵상을 나누며 서로 격려합니다. 하나님은 없다고 하는 세상에서 그리스도인으로 살기란 쉽지 않으므로 일터의 그리스도인과 연대해 더 넓은 범위에서 새 이스라엘로 살아갑니다. 그리스도인도 물론 연애, 취미, 연봉, 재테크 같은 주제로 이야기를 나눕니다. 하지만 그리스도인을 에워싸고 또 그 안에서 휘젓는 세상의 가치관에 근거해서 이야기하지는 않습니다. "여호와의 날"을 기다리는 관점에서 생각을 나누고 서로를 위해 기도합니다.

직장에서는 일하고 돈 벌고, 집에서는 쉬고 잠자고, 교회에서는 일주일에 한 번 예배하는 것이 오늘날 그리스도인들의 일반적 삶의 방식인지 모릅니다. 각 영역은 칸막이로 나뉜 채 서로의 경계를 침범하지 않습니다. 신앙생활은 교회에서 주일에만 합니다. 그러나 새 이스라엘에 속한 그리스도인은 분리된 삶, 각자도

생하는 방식으로는 개인적 재난은 물론이고 사회적 재난을 이겨 낼 수 없다는 사실을 알아챈 사람입니다. 그래서 교회를 공동체로 전환하고 공동체성을 더 강하게 하려고 연구하고 기도하고 애씁니다. 그뿐만 아니라 삶의 터전에서도 연대하고 서로 돕는 관계를 세워 나갑니다. 그리스도인은 재난을 통과하고 있는 공동체이기 때문입니다. "여호와의 날"을 기다리는 공동체 없이는 깨진 세상에서 살아남을 수 없다는 사실을 깨달았기 때문입니다.

활력의 비밀

새 이스라엘은 공동체입니다. 세상이 아직 경험해 보지 못한 대안을 가진 공동체입니다. 새 이스라엘이 형성하는 대안 공동체의 특징은 무엇일까요? 가난한 사람을 돕는 것일까요? 선하게 사는 것일까요? 동네 주민을 위해 봉사하는 것일까요? 그 일들은 그리스도인도 할 수 있고 그리스도인이 아니어도 할 수 있습니다. 요즘은 교회나 그리스도인들보다 더 열심히 하고 더 잘하는 단체와 개인이 많습니다. 그리스도인 공동체가 특별한 이유는 공공선이나 정의를 실현하기 위해 다양한 활동을 하는 데 있지 않고, 그보다 더 근본적입니다. 새 이스라엘 공동체의 특징은 "시온에 계시는 하나님"을 "피난처와 요새"로 삼는 것입니다. 정의와 사랑의 하나님에게로 피해서 그 하나님을 누리는 것입니다. 여기서 하나님에게 피하는 것은 단지 마음의 자세로만 하는 것이 아니라, 일상에서 실제로 하나님을 사모하고 하나님 뜻을 구하며, 하나님께 전적으로 순복하는 것입니다. 다시 말해 하나님 앞으로 나아가 하나님을 예배하고 하나님을 사랑하는 것입니다. 더 순전하게 사랑하려고 애쓰며 그 뜻을 따르는 것입니다. 이웃을 돕고 사회를 변혁하는 힘도 여기서 나옵니다. 이것이 새 이스라엘 공동체의 핵심입니다.

나들목교회 빈민 사역으로 출발한 '바하밥집'은 처음에 컵라면 다섯 개로 시작했지만, 지금은 1년 예산이 20억 원이 넘는 사역으로 성장했습니다(김현일의 〈바하밥집〉(죠이북스) 참조). 사람들은 그 비밀을 궁금해하는데, 바하밥집 형제자매들은 알고 있습니다. 사역을 이끄는 지도자들이 하나님을 붙들고 놓치지 않는 것입니다. 그들은 사역보다 예배가 더 중요하다는 사실을 알아 버렸습니다. 깨지고 오염된 세상을 다루면서도 그 세상에 영향받지 않고 섬길 수 있는 비밀은 피난처이고 요새이신 여호와께 머무는 것입니다. 그러므로 대안 공동체로 제대로 서는 길은 예배 공동체가 되는 것입니다. 교회, 교회 내 소모임, 사역 단체에서 예배가 사라지면 맡은 일은 성공적으로 해낼지라도 점점 생명력이 약해지고, 결국 무너집니다. 그런 모습을 우리는 너무나 많이 봐왔습니다.

그래서 예배가 중요합니다. 대안 공동체, 그리고 대안적 삶을 추구하는 그리스도인의 가장 중요한 특징이자 생존 비결은 예배입니다. 그래서 성숙한 그리스도인은 매일 짧더라도 예배를 중심으로 삶을 재구성하여 삶 자체가 예배가 되도록 합니다. 그리고 주일 예배를 소홀히 하지 않습니다. 주일 예배를 '보지' 않고 '드립니다'. 많은 사람이 예배당에 나와서 제삼자처럼 수동적으로 앉아 있습니다. 그 수동성이 온라인 예배에서는 더욱 심해집니다. 그러므로 주일 예배에 처음부터 끝까지 능동적으로 참여하려고 온 마음을 모아야 합니다.

예배 시작 전에 일주일간 걸어온 광야 같은 세상을 되돌아보고, 공동체에 속해 여호와께 피하는 복을 주셨음에 감사하며 예배로 들어갑니다. 조금 일찍 도착해 함께 예배드리는 사람들과 따뜻한 인사를 미리 나누는 것도 좋습니다. 찬양이 시작되면 가사를 마음으로 되뇝니다. 그러다가 때때로 찬양을 잇지 못하고 회개 기도를 드립니다. '주님, 제가 어떻게 제 입을 벌려서 이런 노래를 부를 수 있겠습니까? 죄송합니다. 일주일 내내 그렇게 살지 못했습니다. 용서해 주세요. 저를 이렇게 사랑하시는데….' 대표 기도 역시 듣지만 않고 마음을 모아서 함께 기도합니다. 찬양과 기도로 마음을 표현했다면, 설교를 통해서는 하나님께서 자신과 공동체에 주시는 말씀을 듣습니다. 하나님께서 세상에서 지금 어떻게 일하고 계신지, 그 일에서 우리에게 원하시는 바가 무엇인지를 경청합니다. 그런 면에서 설교자는 책임이 무겁습니다. 자기 사상이나 생각이 아니라 하나님의 메시지를 공동체에 전달해야 합니다. 헌금 시간에는 시간과 재물을 청지기처럼 사용하고 있는지를 돌아봅니다. 마지막으로 예배를 마치고 나오면서는 깨진 세상으로 돌아가 마지막 심판의 날을 기다리며 어떻게 제 몫을 다할지를 결단합니다. 일주일에 한 번 드리는 예배를 정성껏 드리고, 될 수 있으면 함께 모여서 드리는 대면 예배에 출석합니다. 사랑은 마음으로 하는 것이 아니라 몸으로 하는 것이기 때문입니다.

작은 공동체 모임에서는 좀 더 깊고 인격적인 예배를 배우고 누립니다. 주일에는 아무래도 형식을 갖춘 예배를 드렸다면, 소모임 예배 때는 적은 인원이 자기 고백을 담아서 조금 더 자연스럽게 예배드릴 수 있습니다. 다 함께 하나님을 찾고 부르며 누립니다. 이렇게 예배를 배우기 시작하면, 여호와에게로 피하는 삶이 자연스럽게 일상에 녹아듭니다. 그래서 예배로 하루를 시작하고, 일과 중에도 시간을 내서 하나님을 바라보며 하나님 앞에 머무르고, 하루의 마무리 역시 예배로 합니다. 이처럼 예배는 그리스도인의 특권이며, 예배를 누리는 법을 배우면 우리 내면은 더 깊이, 더 자주 예배를 사모하게 됩니다. 나들목교회의 가정교회에 속한 후에 어떤 변화가 있냐는 물음에 많은 사람이 "예배를 배웠습니다" 또는 "예배를 회복했습니다"라고 말하는데, 이것이 새 이스라엘로서 대안 공동체에 속한 사람들이 누리는 복입니다. 우리는 여호와를 피난처와 요새로 삼은 사람들입니다.

다시 강조하지만, 새 이스라엘의 가장 큰 특징이자 특권은 하나님을 배우고 누리는 예배입니다. 우리 피난처와 요새이신 여호와께 피하지 않고서는 깨진 세상에서 살아남을 수 없기 때문입

— 252

니다. 우리를 에워싸고 헤집고 다니는 세상 가치관과 삶의 방식을 거부하는 능력과 다르게 살 수 있게 하는 원동력은 "영과 진리로 예배를"(요한복음 4:24) 드리는 데서 나옵니다. 그리스도인과 그 공동체가 활력을 잃을 때, 가장 먼저 점검해야 할 부분은 예배입니다. 선지서에서 하나님께서 역겹다고 하신 매너리즘에 빠진 예배, 마음을 드리지 않고 형식적이고 의무적으로 드리는 예배가 아닌지를 가장 먼저 점검해야 합니다. 어떤 상황에서도 시온을 떠나지 않는 하나님을 바라보며 누리는 예배는 우리를 새롭게 하고 활력을 불어넣으며 기쁨을 넘치게 합니다. 예배는 그리스도인 공동체의 특징이자 존재 이유이며, 깨진 세상에서 생존하는 비법입니다.

예배 공동체로서 더 깊고 인격적인 예배를 추구할 때, 성령께서는 예배자에게 꿈을 주십니다. 요엘서에서 살펴보았듯이 우리가 사는 세상은 정의가 실행되지 않고 결국은 하나님의 마지막 심판을 피할 수 없습니다. 그런 세상에서 정의와 사랑의 하나님을 찾고 그분께 나아갈수록 하나님은 세상의 필요를 보여 주십니다. 가끔 젊은이들이 "뭘 해야 할지 모르겠어요. 전 꿈이 없어요"라고 합니다. 40-50대 그리스도인들은 "아직도 뭘 해야 할지 모르겠어요"라고 말합니다. 자기 욕망을 따라 하고 싶은 일을 하지 않고, 하나님께서 원하시는 일을 찾는다면, 나이가 많든 적든 하나님 마음으로 세상을 보는 눈을 키워 나가야 합니다. 그러기 위해서는 예배할 때마다 자신 안에 계신 성령님께 민감하게 반응하면서 어떤 삶을 감당해야 하는지 물어볼 수 있습니다. 그러면 세상을 좇거나 세상에 에워싸여 위축되지 않고, 세상에서 점점 자유로워지는 법을 배우게 됩니다. 그리고 예배 중에 깨진 세상에서 일하고 계신 하나님을 거듭해서 만날수록 하나님께서는 우리를 자신이 원하시는 영역으로 이끄시고 그 영역에서 우리가 감당해야 할 몫을 보여 주십니다.

이들이 드리는 예배는 이 땅에서 자신과 자기 가족의 현세적 복만 추구하는 '현세기복적 예배'와는 다릅니다. 이 땅의 깨지고 상한 현실을 인식할 뿐 아니라, 그 현실을 끌어안고 그 속에서 자기 몫과 자신이 속한 공동체의 몫을 감당하며 드리는 예배입니다. 그럼에도 불구하고 우리의 수고로 하나님 나라가 완성되는 것이 아님을 알기에 주님께서 오시기를 간절히 소망합니다. 그때까지 주님께서 우리가 사는 깨진 세상을 회복하려고 일하시므로 우리도 주님 편에 서서 애쓰고 동역하며 주님을 기다립니다. 이들이 드리는 예배는 '소망하는 예배'입니다. 그래서 그들은 다음과 같이 노래합니다.

깨어진 세상을 끌어안고, 나와 우리의 몫을 감당하며
주님의 완전한 하나님 나라 기다리며 사모합니다.
깨어진 세상 회복하시며 내 사랑하는 주 일하시니

다시 재난
다시
하나님 나라

소망하는 예배, 우리의 애씀 주어 받으소서.[11]

일할 때는 같은 일이라도 노동의 가치와 의미가 새로워져서 일하는 자세와 방법이 달라집니다. 때로는 하나님께서 직장이나 직업을 바꾸는 방향으로 이끄십니다. 보수와 경력도 중요하지만, 하나님께서 주시는 꿈이 더 중요합니다. 그 꿈은 현재 하는 일과 관련되기도 하고, 다른 길이 열리기도 하고, 교회 공동체와 함께 하는 사역일 수도 있습니다. 그래서 어떤 사람은 가난한 사람을 섬기고, 또 어떤 사람은 골방에서 중보 기도를 합니다. 우리가 흔히 간과하지만 기도야말로 세상을 변혁하는 일의 핵심입니다. 나이 드신 분 중에 "저는 이제 시간이 많아서, 할 게 없어서 기도해요"라고 말씀하시는 분이 계십니다. 아닙니다. 기도야말로 하나님 나라를 꿈꾸는 사람이 할 수 있는 가장 급진적인 사역입니다. 그래서 우리는 "하나님 뜻을 하늘에서 이루심같이, 땅에서도 이루어 주십시오"라고 기도합니다.

기도이든 일터와 삶터의 노동이든 그 일을 자기 몫으로 여기는 이는 삶으로 예배를 드리는 사람이며, 이들은 모여서 '여호와의 날'을 소망하는 예배를 드리며 공동체로 세워져 갑니다. 그 공

─────
11 이 책의 부록 "찬양. 하나님 나라를 소망하는 노래"에 노래를 들을 수 있는 QR코드와 악보가 있다.

255 ─

5
재난을
통과하는 힘

동체가 하는 사역은 프로그램이 아니라 '라이프스타일'이 됩니다. 예배 공동체를 주일에 교회에만 세우지 않고, 삶터에 세우는 일이 그래서 중요합니다. 나들목교회가 18년간 성장한 후 다섯 교회로 분교한 이유도 이 때문입니다. 서울과 경기도 전역에서 오는 성도들이 먼저 다섯 권역으로 흩어져 공동체를 세우고, 그 다음에 한 걸음 더 나아가 각자의 삶터에서 지역에 뿌리내린 지역 공동체를 세우는 것이 분교의 꿈이었습니다. 분교는 대형교회가 되지 않겠다는 목적 때문이 아니라, 세상으로 들어가 약자와 함께 정의를 실현하되 '라이프스타일'로 실천하는 예배 공동체를 세우기 위해서였습니다. 그리스도인이 이런 공동체를 이룰 때야 사람들은 '하나님을 믿는 사람들이 진짜 있구나. 그래서 사는 방식이 달랐구나' 하고 깨닫습니다. 그리고 그제야 하나님이 없다고 하는 세상에서 하나님이 계실 가능성에 눈을 뜹니다. 그들이 의식적으로든 무의식적으로든 찾고 있었던 삶을 그리스도인 공동체에서 발견하고는 그 근원에 관심을 가집니다. 옛날처럼 예배당을 만들고 십자가를 세우면 사람들이 찾아오는 시대는 지나가고 있습니다. 사람들은 '진짜'를 원합니다. 그리스도인 공동체는 "여호와의 날"을 진심으로 기다리므로 근본적으로 다를 수밖에 없습니다. 우리는 그 차이를 통해 하나님을 발견하게 만드는 공동체입니다.

많은 그리스도인이 교회 숫자가 준다며 위기라고 합니다. 그러나 건물이나 종교 조직체로 존재하는 교회인지, "여호와의 날"

을 기다리며 여호와께로 피하는 사람들의 공동체인지는 의문입니다. 경주 남산에 가 본 적이 있습니다. 절터가 너무 많아서 다 복원하기가 힘들 정도였습니다. 신라 전성기에는 남산 전체가 절로 가득 찼다고 하는데 지금은 절터만 남았습니다. 우리나라 도시의 밤 하면 빨간 십자가가 떠오를 정도로 교회도 참 많았습니다. 하지만 제도와 조직에 기댄 종교 집단은 시대와 함께 사라졌습니다. 한국 교회도 이미 그 단계에 접어들었는지 모릅니다. 물론 하나님의 공동체도 제도와 조직과 건물이 필요합니다. 하지만 무엇보다 중요한 것은 진정으로 "여호와의 날"을 기다리며 여호와께로 피하는 사람들의 공동체입니다. 세상 속에서 예배 공동체를 세우는 사람들, 하나님께로 피하며 재난을 거뜬히 통과하는 여호와의 공동체가 소멸하지 않고 건재한지가 중요합니다.

그래도 남아 있다

요엘서를 공부하며 설교를 준비하던 어느 새벽에, 처음부터 마음에 걸려서 저를 누르던 생각이 수면 위로 떠 올랐습니다. 인터넷만 연결하면 온갖 재미있고 자극적인 것이 넘쳐나는 세상인데, 다음 세대는커녕 바로 옆집 이웃도 돌아보지 않고 자신에게만 침거해 살아가는데, 코로나19도 결국 다 지나간다는 분위기인데, 요엘 선지서의 심각한 메시지를 풀어서 전달한다고 누가

들을까 하는 생각이었습니다. 사람들을 위로하고, 세상은 좋아지고 있다며, 자기 계발해서 재미있고 의미 있게 살라는 이야기라면 모를까, 재앙이 계속 찾아오니 깨어 있으라고, 마지막 심판의 전조임을 깨달으라고, "여호와의 날"을 기다리며 공동체로 함께 살라는 호소에 누가 귀 기울일까 싶어 낙심했습니다.

그러다가 어느 순간에 '요엘 선지자 심정이 이랬겠구나'라는 생각이 들었습니다. 요엘 선지자가 주님이 주신 메시지를 이스라엘에 전했을 때 반응이 어땠을까요? 귀 기울여 들었을까요, 아니면 듣는 척하다 말거나 아예 듣지 않았을까요? 그들은 요엘이 전한 메시지를 거절했습니다. 결국 이스라엘은 심판받았고, 열국으로 흩어졌습니다. 요엘 선지자가 그토록 애타게 외쳤으나 이스라엘은 듣지 않았습니다.

이런 생각에 마음이 더 무거워졌습니다. '어차피 나도 똑같구나. 내가 이렇게 외친다고 누가 들을까?' 무거운 마음으로 설교를 준비하고 묵상하던 어느 날 아침, 동이 터 오는데 하나님께서 다른 마음을 주셨습니다. "그런데 아들아, 그들 가운데 남은 자들이 있었단다. 메시아를 기다리며 소망을 잃지 않고 살았던 사람들이 있었단다. 시온에 거하는 나를 잊지 않은, 나를 피난처와 요새로 삼은 소수가 있었단다. 지금도 그렇단다."

새 이스라엘이 된 우리는 시온에 계신 그분을 놓치지 않고 끝까지 남아서 그분께로 피한 사람들입니다. 그분은 인류 역사를 이끌어 가시며, 결국은 이 땅을 온전히 회복하시기를 간절히 바

— 258

라십니다. 옛 이스라엘은 그분의 간절한 마음을 무시하고, 수많은 선지자의 권고를 거절했습니다. 이스라엘을 회복해서 그들을 통해 이루려 했던 세상 회복 프로젝트를 무산시켰습니다. 그렇지만 하나님의 계획을 완전히 무너뜨릴 수는 없었습니다. 그분은 예고하신 대로 옛 이스라엘을 "여호와의 날"에 심판하셨고, 온 세상을 심판하고 회복하기 위해 "여호와의 날"에 메시아를 보내셨고, 메시아에게로 피한 모두에게 성령을 부어 주셨습니다. 그리하여 새 이스라엘이 탄생했고, 지금 새 이스라엘을 에워싸고 헤집고 다니며 하나님의 세상 회복 프로젝트를 방해하는 "모든 나라"를 마지막 "여호와의 날"에 심판하십니다. 그때에 깨진 이 세상은 완전하게 회복될 것입니다. 하지만 그때까지는 이런저런 재난이 계속 올 것입니다. 그때까지 우리는 재난을 통과하며 하나님 나라 공동체로 함께 살아갈 것입니다. 재난 속에서 우리가 살 수 있는 비결은 그분이 시온을 떠나지 않으시기 때문입니다. 그분은 모든 것이 짓밟힌 듯 보이던 시온에 여전히 계시며, 결국은 그 임재를 온 천하에 드러내실 것입니다.

어떤 상황에서도 그분을 놓치지 않고 붙든 사람이 옛 이스라엘에도 있었습니다. 오늘날 교회가 어렵고 혼란하지만, 여전히 그분을 붙들고 있는, 남은 자들이 있습니다. 맞습니다. 그분을 놓치면 모든 것을 놓치는 것이고, 그분을 붙들면 모든 것을 얻는 것입니다. 이 땅의 모든 성도가 그분을 부르며 재난을 통과하는, 남은 자들의 영광스러운 공동체로 발돋움하기를 소망합니다.

에필로그 "아, 전멸은 면했나 보다!"

〈성서조선〉 1942년 3월호 권두언의 마지막 문장입니다. "조와
弔蛙"(개구리의 죽음을 슬퍼함)라는 제목이 붙은 이 글에서, 김교신
선생(1901-1945)은 "작년 늦은 가을 이래로 새로운 기도터"가 된
폭포수 아래에서 "비상한 혹한에…동사한 개구리 시체를 모아
매장하여 주고" 실망합니다. 하지만 "담저潭低에 아직 두어 마리
기어 다"니는 개구리를 발견하고는 경이와 소망으로 외칩니다.
전멸은 면했다고…. 이 글이 조선인의 기개를 부추긴다는 이유로
〈성서조선〉은 불온 잡지로 지목되어 폐간당하고 "성서조선사건"
이 터집니다. 김교신 선생은 암울한 현실을 늘 고독하게 마주하
면서도 소망의 끈을 놓지 않았습니다.

— 260

지금 시대는 그때보다 더 '교활'합니다. "비상한 혹한에 동사" 하는 위협을 가하는 대신에 "미지근한 물을 천천히 데워서 삶아 버리기" 때문입니다. 경고등은 이미 여러 곳에서 동시다발로 켜지고 있지만, 세상에는 이를 상쇄하고도 남는, 우리 영혼을 따뜻하게 데워 주는 것들이 즐비합니다. 사정이 이러하니 재난을 정면으로 마주 보고, 그 속에서 하나님 말씀을 듣는 사람은 점점 희귀해집니다. 교회 강단에서조차 더 이상 선지자의 외침을 듣기가 힘듭니다. 위로의 말씀, 또는 세상과 괴리된 메아리만 공허하게 울려 퍼집니다. 성도들은 "위를 바라보지 마"라는 말에 순응해 땅의 것만 바라보며 삽니다. 그러기에도 시간이 모자라고 바쁩니다.

코로나19가 닥쳤을 때, 세상 사람들이 그러했듯이 많은 그리스도인과 교회 지도자들도 코로나19가 종식되기만을 기다렸습니다. 코로나19에 담긴 의미를 신학적으로, 하나님 나라 역사 관점에서 읽어 내는 일은 희귀했습니다. 이제 다시 재난이 잠시 자취를 감추는 시기가 오겠지요. 우리의 탁월한 망각병은 도질 것이고, 머지않아 코로나19보다 훨씬 복잡하고 어려운 재난이 다시 찾아올 것입니다. "옛날에도 없었고 이후에도 대대로 없"을 (요엘 2:2) 재난이 언제 닥쳐도 이상하지 않은 세상이며, 마지막 재난이 임하기 전에 전조 증상은 계속 이어질 것입니다.

코로나19 팬데믹이 끝나 가는 때에 이 책을 내는 이유는 이 때문입니다. "비가 내리고, 홍수가 나고, 바람이 불어서, 그 집에 들이치니, 무너졌다. 그리고 그 무너짐이 엄청났다"(마태복음 7:27)

에필로그

라는 말을 듣기 전에, 신앙의 본질을 회복하고 그에 걸맞게 살면서 "여호와의 날"을 기다리는 공동체를 재건할 기회가 그리 많이 남지 않았기 때문입니다. 이미 심하게 무너지는 모습을 보고도 '어떻게 되겠지'라고 생각하는 사람에게 하나님은 요엘 선지자를 통해 큰소리로 외치십니다. "그러나 이제라도…금식하고 울며 애통하고 마음을 다하여 내게로 돌아오라"(요엘 2:12). 2,500여 년 전에도 이 메시지에 반응하는 "남은 자"들이 있었고, 오늘날에도 있을 것입니다. 김교신 선생은 "아, 전멸은 면했나 보다!"라고 외쳤지만, 그들은 요엘 선지자를 따라, 그를 따랐던 베드로(사도행전 2:21)와 바울 사도(로마서 10:13)를 따라, "주님의 이름을 부르는 사람은 누구든지 구원을 얻을 것이다"라고 외칠 것입니다. 어떤 불가항력적 재난보다 하나님의 불가항력적 은혜가 승합니다!

2023년을 맞는 첫날 새벽에

조와 弔蛙

작년 늦은 가을 이래로 새로운 기도터가 생겼었다. 층암이 병풍처럼 둘러싸고 가느다란 폭포 밑에 작은 담潭을 형성한 곳에 평탄한 반석 하나 담 속에 솟아나서 한 사람이 꿇어앉아서 기도하기에는 천성의 성전聖殿이다.

이 반상에서 혹은 가늘게 혹은 크게 기구하며 또한 찬송하고 보면, 전후좌우로 엉금엉금 기어 오는 것은 담 속에서 암색에 적응하여 보호색을 이룬 개구리들이다. 산중에 대변사大變事나 생겼다는 표정으로 신래新來의 객에 접근하는 친구 와군蛙君들, 때로는 5, 6마리 때로는 7, 8마리.

늦은 가을도 지나서 담상에 엷은 얼음이 붙기 시작함에 따라서 와군들의 기동이 일부일日復日 완만하여지다가, 나중에 두꺼운 얼음이 투명을 가리운 후로는 기도와 찬송의 음파가 저들의 이막耳膜에 닿는지 안 닿는지 알 길이 없었다. 이렇게 격조하기 무릇 수 개월여!

봄비 쏟아지던 날 새벽, 이 바위틈의 빙괴도 드디어 풀리는 날이 왔다. 오래간만에 친구 와군들의 안부를 살피고자 담 속을 구푸려 찾았더니, 오호라, 개구리의 시체 두세 마리 담 꼬리에 부유하고 있지 않은가!

짐작건대, 지난겨울의 비상한 혹한에 작은 담수의 밑바닥까지 얼어서 이 참사가 생긴 모양이다. 예년에는 얼지 않았던 데까지 얼어붙은 까닭인 듯, 동사한 개구리 시체를 모아 매장하여 주고 보니 담저潭低에 아직 두어 마리 기어 다닌다. 아, 전멸은 면했나 보다!

〈성서조선〉, 158호(1942년 3월호) 권두언
김교신

부 록

1장

1 브두엘의 아들 요엘에게 임한 여호와의 말씀이라.

2 "늙은 자들아, 너희는 이것을 들으라.

땅의 모든 주민아, 너희는 귀를 기울이라.

너희의 날에나 너희 조상들의 날에 이런 일이 있었느냐? [1]

3 너희는 이 일을 너희 자녀에게 말하고,

너희 자녀는 자기 자녀에게 말하고,

그 자녀는 후세에 말하라.

4 팥중이가 남긴 것을 메뚜기가 먹고,

메뚜기가 남긴 것을 느치가 먹고,

느치가 남긴 것을 황충이 먹었도다.

---

1 2-8절은 하나님의 신탁으로 보아야 한다. 7절에서 "나의 포도나무", "나의 무화과나무"라고 표현하고 있기 때문이다. 9절의 "여호와의 성전"과 "여호와께 수종 드는"은 이 구절 이후가 선지자의 말임을 시사한다(비교. 13, 14절).

다시 재난,
다시
하나님 나라

5 취하는 자들아, 너희는 깨어나서[2] 울라.

　포도주를 마시는 자들아, 너희는 통곡하라.[3]

　이는 단 포도주가 너희 입에서 끊어졌기 때문이다.

6 다른 한 민족이 나의 땅에 올라왔고,

　그들은 강하고 수가 많으며,

　그들의 이빨은 사자의 이빨 같고,

　암사자의 송곳니[4]를 가졌도다.

7 그들이 나의 포도나무를 멸하며

　나의 무화과나무를 긁어 말갛게 벗겨 버리니

　그 모든 가지가 하얗게 되었도다.

8 너희는 어렸을 때 약혼한 남자를 잃고

　베옷을 입은[5] 처녀처럼 애곡하라."[6]

2　술에서 깨어난다는 의미이므로 "깨어"가 아닌 "깨어나서"로 번역했다.

3　"통곡하다"는 1장에서만 3회(5, 11, 13절) 등장한다. 통일성을 위해 "통곡하라"로 번역했다.

4　개역개정에서 "어금니"로 번역한 שֵׁן(셴)은 일반적으로 치아를 가리키는데, 본문의 공격성을 고려하면, 송곳니fangs(대다수 영어 성경)로 번역하는 것이 더 적절하다.

5　"허리띠를 졸라맨다"는 뜻으로 "베로 동이고"로도 번역할 수 있으나, 베옷을 입는다는 뜻이므로 13절에서도 동일하게 "베옷을 입다"로 번역했다.

6　"처녀로 말미암아 굵은 베로 동이고 애곡함 같이 할지어다"라는 어순은 히브리어의 비교를 잘 설명해주지 못한다.

9 소제와 전제가 여호와의 성전에서 끊어졌고,

그 여호와께 수종 드는 제사장은 슬퍼하도다.

10 밭이 황무하고 토지가 슬퍼하니 [7]

그 곡식이 떨어지며 새 포도주가 말랐고 기름이 다하였도다.

11 농부들아, 부끄러워하라,

그 포도원을 가꾸는 자들아, 통곡하라.[8]

그 이는 밀과 보리 때문이라.

그 밭의 소산이 다 없어졌기 때문이다.

12 포도나무가 시들었고 무화과나무가 말랐으며,

그 석류나무와 대추나무와 사과나무와 밭의 모든 나무가 다 시들

그 그 었으니,

그 이러므로 사람의 즐거움이 말랐도다.

13 제사장들아, 베옷을 입어라.

그 그리고 슬피 울라.

---

7 "마르니"라고 의역이 가능한 이 단어는 본문에서 반복되는 애곡과 애통의 언어군을 볼 때 본래 뜻인 슬퍼하다mourn와 애도하다lament가 더욱 적절하고, 9절의 제사장에게도 적용되었다. 반면, "말랐다"라는 단어는 실제로 포도주(10절), 포도나무(12절, 시들었고), 모든 나무(12절, 시들었으니), 사람의 즐거움(12절), 곡식(17절, 시들었고), 시내(20절)에 집중적으로 쓰인다.

8 8절, 11절의 명령문에서 개역개정의 "너희는"을 뺐다. 모두 명령문이므로 주어가 불필요하며, 절박성을 약화하기 때문이다.

— 268

다시 재난,
다시
하나님 나라

제단에서 수종 드는 자들아, 통곡하라.

나의 하나님께 수종 드는 자들아,[9]

와서 굵은 베옷을 입고 밤을 지새워라.[10]

이는 소제와 전제를 너희 하나님의 성전에 드리지 못함이로다.

14 금식일을 정하라. 성회를 소집하라.

장로들과 이 땅의 모든 주민을 너희 하나님 여호와의 성전으로 모으라.

그리고 여호와께 부르짖어라.[11]

15 슬프다, 그날이여!

여호와의 날이 가까웠나니,

곧 멸망같이 전능자로부터 이르리라.

16 먹을 것이 우리 눈앞에서 끊어지지 아니하였느냐,

기쁨과 즐거움이 우리 하나님의 성전에서 끊어지지 아니하였느냐.

17 씨가 흙덩이 아래에서 썩어졌고 창고가 비었고 곳간이 무너

---

9 개역개정은 "너희"라는 주어를 4회 반복하는데(14절에서도 1회), 이 명령문은 동사들을 집중적으로 배치하여 급박함과 절실함을 나타내므로 "너희"를 생략하는 것이 의미 전달에 적절하다.

10 "밤을 지새워라"는 한 단어로, '투숙하다, 묵다, 밤을 지새우다'라는 뜻이다.

11 명령어가 반복되므로 "-고"로 이어지는 번역보다 단문으로 끊는 번역이 좋다.

269 —

부록

졌으니

이는 곡식이 시들었기 때문이다.

18 가축이 울부짖고 소 떼가 헤매니¹² 이는 꼴이 없음이라.

양 떼도 괴로워하도다.¹³

19 여호와여, 내가 주님께 부르짖습니다.

불이 목장의 풀을 살랐고

불꽃이 들의 모든 나무를 살랐기 때문입니다.

20 들짐승도 주를 향하여 헐떡거리오니

시내가 다 말랐고 들의 풀이 불에 타 버렸습니다.

---

12 개정개정판이 "소란하다"라고 번역한 בוך(부크)는 목적 없이 방황하는 뜻이므로 "헤매니"로 번역했다.

13 개역개정이 "피곤하도다"라고 번역한 단어는 '죄를 범하다, 유죄로 판결받다, 형벌을 당하다' 등의 의미로 사용되는 단어이다. 문맥을 고려해 "괴로워하도다"라고 번역했다.

2장

1 "시온에서 나팔을 불며

나의 거룩한 산에서 경고의 소리를 질러

이 땅 주민들로 다 떨게 하라."

이는 여호와의 날이 이르게 되었고

이제 가까웠기 때문이다.[14]

2 곧 어둡고 캄캄한 날이요, 짙은 구름이 덮인 날이라.

새벽빛이 산꼭대기에 덮인 것과 같이

많고 강한 백성이 이르렀도다.

이와 같은 것이 옛날에도 없었고 이후에도 대대로 없으리라.

3 불이 그들의 앞을 사르며 불꽃이 그들의 뒤를 태우니

그들의 예전의 땅은 에덴 동산 같았으나

그들의 나중의 땅은 황폐한 들 같으니

그것을 피한 자가 없도다.

4 그의 모양은 말 같고 그 달리는 것은 기병 같으며

5 그들이 산꼭대기에서 뛰는 소리는 병거 소리와도 같고

불꽃이 검불을 사르는 소리와도 같으며

---

14 קָרוֹב(카로브)는 1장 15절, 2장 1절, 3장 14절에 반복해서 등장하며, 요엘서의 중요한 단어이므로 일관적으로 "가까웠다"로 번역했다. 또한 원문에서 두 번 반복되는 왜냐하면כִּי의 의미를 반영했다.

부록

강한 군사가 줄을 벌이고 싸우는 것 같으니

6 그 앞에서 백성들이 질리고, 무리의 낯빛이 창백해졌도다.[15]

7 그들이 용사같이 달리며 무사 같이 성을 기어오르며

각기 자기의 길로 나아가되 그 줄을 이탈하지 아니하며

8 서로[16] 부딪치지 아니하고 각기 자기의 길로 나아가며

접전을 벌이면서도 대오가 무너지지 아니하며[17]

9 성에 돌진하여 성벽을 타고 오르며[18]

집에 기어오르며 도둑같이 창으로 들어가니

10 그들[19] 앞에서 땅이 진동하며 하늘이 떨며

해와 달이 캄캄하며 별들이 빛을 거두도다.

11 여호와께서 그의 군대 앞에서 소리를 지르시니

그의 진영은 심히 크고 그의 명령을 행하는 자는 강하도다.

---

15 "하애졌도다"(개역개정)는 원래 붉다는 뜻이다. 나훔 2장 10절에서도 "빛을 잃다"로 번역했다. 창백해졌다가 적절한 뜻이며, 구약성경에 2회 등장한다.

16 "피차에"(개역개정)보다 자연스러운 말인 "서로"로 번역했다.

17 "무기를 돌파하고 나아가나 상하지 아니하며"(개역개정)는 무기와 무기가 부딪치는 접전 상황을 표현한 것으로, 그런 상황에서도 군의 대오가 무너지지 않는다는 견고함을 보여 준다.

18 "성중에 뛰어 들어가며 성 위에 달리며"(개역개정)는 성을 포위하여 성벽에 사다리를 놓고 돌진해 올라가는 모습을 표현한 것으로 보인다.

19 "그"(개역개정)는 다소 모호한 번역이며, 여기서 "그들"은 예루살렘을 공격하는 군대를 구체적으로 가리킨다.

다시 재난,
다시
하나님 나라

여호와의 날이 크고 심히 두려우니 [20] 누가 견뎌 내랴. [21]

12 "그러나 이제라도," [22] 여호와께서 선언하시도다.

"금식하고 울며 애통하고 마음을 다하여 내게로 돌아오라." [23]

13 너희는 옷을 찢지 말고 마음을 찢고

너희 하나님 여호와께로 돌아오라.

그는 은혜로우시며 자비로우시며 노하기를 더디 하시며

인애가 크시사 뜻을 돌이켜 재앙을 내리지 아니하시나니

14 그가 [24] 혹시 마음과 뜻을 돌이키시고 그 뒤에 복을 내리셔서

너희 하나님 여호와께 소제와 전제를 드리게 하실지 누가 알

겠느냐.

15 너희는 시온에서 나팔을 불라.

거룩한 금식일을 정하라. 성회를 소집하라.

16 백성을 모으라. 그 모임을 거룩하게 하라.

———— **20** 문장을 매끄럽게 이해하기 위해 "지르시고", "강하니", "두렵도다"를 "지르시니", "강하도다", "두려우니"로 옮겼다.

21 "당할 자가 누구이랴"(개역개정)의 동사는 '감당하다'라는 뜻이다.

22 매우 중요한 단어가 개역개정에서는 빠졌다. "Yet even now"(NASB, NRSV), "Even now"(NIV)처럼 많은 영어 성경은 이를 반영해 번역했다.

23 여호와의 신탁을 강조하기 위해 문장을 다듬었다.

24 "주께서"(개역개정)라는 번역은 여호와라는 이름을 뜻하는 듯한 오해를 줄 수 있다. 같은 뜻이지만 원문이 3인칭 남성 단수 접미어이므로 "그가"가 적절하다.

부록

장로들을 모으라. 어린이와 젖 먹는 자를 모으라.

신랑을 그 방에서 나오게 하라.

신부도 그 신방에서 나오게 하라.

17 여호와를 섬기는 제사장들로

낭실과 제단 사이에서 울며 이르게 하라.

여호와여 주의 백성을 불쌍히 여기소서.

나라들로 그들을 조롱하여 주의 기업을 욕되게 하지 하옵소서.

어찌하여 사람들로[25]

그들의 하나님이 어디에 있느냐 말하게 하겠나이까.

18 그러면[26] 여호와께서 자기의 땅을 질투하듯 사랑하시어[27]

그의 백성을 불쌍히 여기실 것이라.

19 여호와께서 그들에게 응답하여 이르시기를

"보라 내가 너희에게 곡식과 새 포도주와 기름을 주리니

---

25 18절의 "나라들"과 "사람들"의 히브리어는 다른 단어이나, 70인역에서는 같은 단어로 번역했다. 히브리어를 고려해 다르게 번역했다. 전자(고이)는 나라들이며, 후자(암)는 일반적인 사람을 뜻한다.

26 접속사로 이어지는 이 부분은 시간을 특정하기보다는 조건적 전제를 뜻하므로 "그때에"보다 "그러면"으로 번역하는 것이 적절하다.

27 '시기하다, 질투하다'라는 의미이며, 한글 성경은 "중심이 뜨거우시며"(개역한글), "극진히 사랑하시어"(개역개정), "마음 아파하시고"(새번역)로 번역했는데, '질투하시는 하나님'이 구약성경의 중요한 개념이므로 조금 거칠더라도 그대로 살려서 번역했다.

너희가 이로 말미암아 흡족하리라.

내가 다시는 너희가 나라들 가운데에서

욕을 당하지 않게 할 것이며

20 내가 북쪽 군대를 너희에게서 멀리 떠나게 하여

메마르고 적막한 땅으로 쫓아내리니

그 앞의 부대는 동해로,

그 뒤의 부대는 서해로 들어갈 것이라.

상한 냄새가 일어나고 악취가 나리라." ²⁸

진실로 그가 큰일을 행하실 것임이라. ²⁹

21 땅이여 두려워하지 말고 기뻐하며 즐거워하라.

여호와께서 큰일을 행하실 것임이라.

22 들짐승들아 두려워하지 말라.

들의 풀이 싹이 나며 나무가 열매를 맺으며

무화과나무와 포도나무가 다 힘을 내는도다.

23 시온의 자녀들아

너희 하나님 여호와로 말미암아 기뻐하며 즐거워하라.

---

28 하나님의 말씀과 선지자의 말을 구별할 필요가 있다.

29 21에서도 동일한 구절이 반복되는데 부정사로 표현된 문장이라서 문맥에 따라 시제를 부여할 수 있다. 2장 전체 내용은 미래에 일어날 일로 보는 편이 타당하며, 18절의 조건적 접속사를 고려해 '조건적 미래'로 번역했다.

부록

그가 너희를 위하여 비를 내리시되

이른 비를 너희에게 적당하게 주시리니

이른 비와 늦은 비가 예전과 같을 것이라.

24 마당에는 밀이 가득하고

독에는 새 포도주와 기름이 넘치리라.

25 "내가 전에 너희에게 보낸 큰 군대

곧 메뚜기와 느치와 황충과 팥중이가 먹은 햇수대로

너희에게 갚아 주리니

26 너희는 먹되 풍족히 먹고

너희에게 놀라운 일을 행하신

너희 하나님 여호와의 이름을 찬송하라.

나의 백성이 영원히 수치를 당하지 아니하리라.

27 그런즉 내가 이스라엘 가운데에 있어

너희 하나님 여호와가 되고

다른 이가 없는 줄을 너희가 알 것이라.

나의 백성이 영원히 수치를 당하지 아니하리라.

28 그 후에 내가 나의 영을 만민에게 부어 주리니

너희 자녀들이 장래 일을 말할 것이며

너희 늙은이는 꿈을 꾸며

너희 젊은이는 이상을 볼 것이며

다시 재난,
다시
하나님 나라

29 그날들 동안[30] 내가 또 나의 영을 남종과 여종에게 부어 줄 것
　　이며

30 내가 하늘과 땅에 징조를 베풀리니 곧 피와 불과 연기 기둥
　　이라.

31 여호와의 크고 두려운 날이 이르기 전에
　　해가 어두워지고 달이 핏빛같이 변하리라."[31]

32 누구든지 여호와의 이름을 부르는 자는 구원을 얻으리니
　　이는 여호와의[32] 말대로 시온 산과 예루살렘에 피할 자가 있을
　　것이며
　　살아남은 자 중에 여호와의 부르심을 받을 자가 있을 것이라.

---

30 히브리 성경이나 70인역에서는 "이날들"이라는 복수를 쓰는데, 한글
성경(개역개정, 새번역)의 "그때에"보다는 좋은 번역이다.

31 여호와의 말씀과 선지자의 해설을 구별할 필요가 있다. "여호와의 크
고 두려운 날"이라는 언급 때문에 31절이 선지자의 예언처럼 보이는데,
내용상 앞에서 이어지는 신탁의 결론으로 보는 편이 자연스럽다. 따라서
31절까지를 여호와의 말씀으로 간주한다.

32 개역개정에서는 32절에 "나 여호와"라는 단어가 두 번 반복해서 나오
는데, 이는 32절을 여호와의 신탁으로 해석했기 때문이다. 원문은 여호와
를 대상으로 볼뿐 주체로 보지 않으므로 "나"를 제거하는 편이 낫다.

3장

1   "왜냐하면,[33] 보라 그날들과 그때[34]

     곧 내가 유다와 예루살렘의 사로잡힌 자를 돌아오게 할 때

2   내가 모든 나라들을[35] 모아 데리고

     여호사밧 골짜기에 내려갈 것이기 때문이라.[36]

     거기에서 나의 백성 곧 나의 기업인 이스라엘을 위하여 그들
       을 심문하리니

     이는 그들이 나의 백성을[37] 나라들 가운데에 흩어 버리고

     나의 땅을 나누었음이며

3   또 나의 백성을 제비 뽑아[38] 소년을 기생과 바꾸고

---

33 원문의 접속사를 "왜냐하면"으로 번역해 삽입하면, 문장이 매끄럽지는 않으나 2장과의 연관성을 보여 줄 수 있다. NASB도 "For behold", NRSV 는 "For then"으로 옮겼다.

34 원문에 "그날들"과 "그때"가 함께 등장해 그 기간과 시기를 강조하고, 많은 영어 성경이 "in those days and at that time"으로 옮기고 있다.

35 개역개정에서 "만국"으로 번역된 이 단어는 민족, 국가, 국민, 백성같이 특정한 단체나 무리, 조직을 가리킬 때 사용한다. 현대의 국가 개념이 고대의 국가 개념과 다르므로 여기서는 일반적인 "나라"라고 옮겼다.

36 1절의 "왜냐하면"이 "내려갈 것이기 때문이라"까지를 꾸며 준다.

37 개역개정은 "이스라엘"을 불필요하게 덧붙였다.

38 "내 백성을 끌어가서"는 원문의 "제비를 뽑다"라는 의미를 그대로 살렸다.

— 278

다시 재난,
다시
하나님 나라

소녀를 술과 바꾸어 마셨기 때문이다.

4 두로와 시돈과 블레셋의 모든 지역아,[39]

너희가 나와 무슨 상관이 있느냐?

너희가 나에게 보복하겠느냐?

만일 나에게 보복하면 너희가 보복하는 것을

내가 신속히 너희 머리에 돌릴 것이니

5 곧 너희가 나의 은과 금을 빼앗고

나의 진기한 보물을 너희 신전으로 가져갔으며

6 또 유다 자손과 예루살렘 자손들을 헬라 족속에게 팔아서

그들의 영토에서 멀리 떠나게 하였기 때문이다.

7 보라 내가 그들을 너희가 팔아 이르게 한 곳에서 일으켜 나오

게 하고

너희가 행한 것을 너희 머리에 돌려서

8 너희 자녀를 유다 자손의 손에 팔리니

그들은 다시 먼 나라 스바 사람에게 팔리라."

여호와께서 말씀하셨느니라.

9 "모든 민족에게 이렇게 널리 선포하라.

전쟁을 준비하라.

모든 용사를 격려하라.

——— 39 개역개정의 "사방아"는 '모든 영토·지역'을 뜻한다.

부록

그들을 다 모아 진군하게 하라.

10 보습을 쳐서 칼을 만들라.

낫을 쳐서 창을 만들라.

약한 자도 "나는 강하다"라고 말하게 하라.

11 사면의 민족들아 속히 와서 모여라."[40]

여호와여 주의 용사들로 그리로 내려오게 하옵소서.

12 "민족들은 일어나서 여호사밧 골짜기로 올라오라.

내가 거기에 앉아서 사면의 민족들을 다 심판하리라.

13 낫을 쓰라. 곡식이 익었도다. 와서 밟으라.

포도주 틀이 가득히 차고 포도주 독이 넘치니

그들의 악이 큼이로다."

14 사람이 많음이여, 심판의 골짜기에 사람이 많음이여,

심판의 골짜기에 여호와의 날이 가까웠음이로다.

15 해와 달이 캄캄하며 별들이 그 빛을 거두도다.

16 여호와께서 시온에서 부르짖고

예루살렘에서 큰 소리를[41] 내시리니 하늘과 땅이 진동하리라.

그러나 여호와께서 그의 백성의 피난처,

---

40 9-11절의 동사는 모두 명령형이다. 개역개정은 반복해서 "너희는"을 사용했으나, 명령의 급박성을 전달하기 위해 원어와 마찬가지로 명령어만 나열했다.

41 "목소리"보다는 "큰 소리"로 옮기는 편이 더 적절하다.

다시 재난,
다시
하나님 나라

이스라엘 자손의 요새가[42] 되시리라.

17 "그때에[43] 너희는 내가 나의 성산 시온에 사는

너희 하나님 여호와인 줄 알게 될 것이라.

예루살렘이 거룩한 곳이 되고[44]

다시는 이방 사람이 그 가운데로 통행하지 못하리라.

18 그날에 산들이 단 포도주를 떨어뜨릴 것이며

작은 산들이 젖을 흘릴 것이며

유다 모든 시내가 물을 흘릴 것이며

샘이 여호와의 성전에서 흘러 나와서

싯딤 골짜기에 물을 대리라.

19 그러나 애굽은 황무지가 되겠고

에돔은 황폐한 들이 되리니

이는 그들이 유다 자손에게 포악을 행하여

무죄한 피가 그 땅에서 흘렀기 때문이다.

20 유다는 영원히 있겠고 예루살렘은 대대로 있으리라.

21 내가 전에는 그들의 피 흘림 당한 것을 갚아 주지 아니하였

으나

---

42 "피난처"와 더불어 안전한 장소, 방편, 보호자를 뜻하므로, "산성"보다는 "요새"가 더 적절하다.

43 와우 계속법으로 "그때에"로 번역한 새번역이 더 적절하다.

44 완료형으로 미래에 "거룩한 곳이 될 것"이라는 의미이다.

부록

이제는 내가 갚아 줄 것이다."[45]

이는 여호와가 시온에 거하시기 때문이니라.

---

45 21절의 이 부분까지가 하나님 말씀이고, 마지막 부분은 선지자의 첨언으로 보는 것이 타당하다(NIV는 이를 번역에 반영하였다).

다시 재난,
다시
하나님 나라

찬양 하나님 나라를 소망하는 노래

깨어진 세상을 끌어안고

소망하는 예배 II

작사 김형국
작곡 천강수

스마트폰으로 QR코드를 스캔하면
나들목 찬양 "깨어진 세상을 끌어안고"를 들을 수 있습니다.

부록

◇ 만남 1. 재난을 해석하는 힘 ◇

1. 요엘서 1장을 각자 여러 번 읽고 모여서, 함께 천천히 한 번 낭독합시다.

2. 지금까지 코로나19 상황을 어떤 자세로 대했나요? 그 심각성을 깊이 생각해 본 적 있나요?

3. 우리 인생과 우리가 사는 세상이 깨지고 상하는 근본 원인으로 요엘서가 지적하는 내용은 무엇인가요? 그에 대한 당신 생각은 어떤가요? 인간의 자기중심성이 우리 삶과 문화에 어떻게 나타나고 있는지를 나눠 봅시다.

4. 코로나19 팬데믹 같은 재앙을 만났을 때 그 근본 원인을 숙고   — 284

하는 일과 하나님을 찾는 일은 어떻게 연결될까요? 두 가지가 맞물리려면 구체적으로 무엇을 해야 할까요?

5. 당신은 불가항력적 재난을 통과하면서 주님의 날을 기다리고 있나요? 주님을 기다리는 삶은 어떤 모습으로 나타날까요? 그렇게 깨어 있으려면 당신에게는 무엇이 필요한가요?

6. 재난 상황에서 이끄미는 가정에서, 사회에서, 교회 공동체에서 어떤 본을 보여야 할까요?

7. 하나님의 심판과 회복의 날이 다가오는 세상에서 깨어 있도록 서로를 위해 기도합시다. 기도 제목을 구체적으로 나누고 함께 기도합시다.

"우리가 만나는 불가항력적 재난"

김형국 목사의 요엘서 연구 시리즈, 첫 번째 설교 동영상입니다.
더 깊은 묵상과 나눔을 위해 1장과 함께 보면 좋습니다.
스마트폰으로 QR코드를 스캔하면 설교 영상을 들을 수 있습니다.

부록

◇ 만남 2. 마지막 날 ◇

1. 요엘서 2장 1-17절을 여러 번 읽으면서 이스라엘에 임한 "여호와의 날"을 상상해 봅시다.

2. 코로나19 팬데믹 같은 불가항력적 재난이 당신에게는 어떤 의미로 다가왔나요? 그 이유는 무엇인가요?

3. "여호와의 날"은 모든 사람에게 무서운 심판의 날입니다. 하지만 새 이스라엘에게는 그렇지 않습니다. 그 이유를 12절을 중심으로 묵상하고 이야기 나눠 봅시다.

4. 옛 이스라엘의 실패는 어떤 식으로 이루어집니까? 그들이 실패하는 패턴이나 원인이 새 이스라엘인 우리에게는 없는지 살펴봅시다.

5. 하나님의 세상 회복 프로젝트라는 큰 이야기 안에 우리 삶을

놓고 바라보는 시각이 당신의 삶에 어떤 영향을 주고 있나요?

6. 지금 우리 시대가 심판의 날을 향해 가고 있다고 믿으면, 당신의 삶은 어떻게 달라질까요? 그 심판의 대상인 사람들을 위해 우리는, 그리고 당신은 무엇을 할 수 있을까요?

7. 우리가 제사장이자 선지자로서 그 역할을 감당하려면 어떤 자세로 무엇을 해야 할까요? 그 일을 위해 서로 기도합시다.

"불가항력적 재난이 주는 도전"

김형국 목사의 요엘서 연구 시리즈, 두 번째 설교 동영상입니다.
더 깊은 묵상과 나눔을 위해 2장과 함께 보면 좋습니다.
스마트폰으로 QR코드를 스캔하면 설교 영상을 들을 수 있습니다.

부록

◇ 만남 3. 하나님의 소원과 은혜 ◇

1. 요엘서 2장 18-32절을 여러 번 읽어 봅시다. 사도행전 2장 1-41절을 함께 읽어 봅시다.

2. 인간을 향한 하나님의 간절한 소원은 무엇인가요? "심판하기를 원치 않으시며 언제든지 돌이켜 회복하고 싶어 하시는 하나님"이 당신에게는 어떤 분으로 다가오나요?

3. 하나님의 계획이 옛 이스라엘을 통해서는 실패하는 듯 보였습니다. 그랬던 그 계획이 새 이스라엘인 우리를 통해서 어떻게 성취되나요? 그것이 당신에게는 어떤 의미가 있나요?

4. 당신 안에 계신 성령님과 어떻게 보조를 맞추며 살고 있나요? 새 이스라엘에게 주신 복인 성령님과 동행하는 삶을 누리기 위해 당신에게 필요한 것은 무엇인가요?

다시 재난,
다시
하나님 나라

5. 하나님께서 예고하신 마지막 시기의 특징은 무엇인가요? 그 특징은 오늘날 어떤 모습으로 나타나고 있나요?

6. 마지막 시기를 살아 내기 위한 비결은 무엇인가요?(32절) 하나님께 나아가는 능동성과 하나님의 은혜를 받아들이는 수용성을 생각해 보고, 둘의 균형이 더 깊어지려면 우리는 무엇을 해야 할지 나눠 봅시다.

7. 한국 교회와 한국 사회를 바라보며 드는 마음은 무엇입니까? 그 마음을 품고 우리 공동체가 하나님 앞에서 어떤 기도를 하고, 어떤 삶을 살아야 할까요?

"하나님의 소원과 불가항력적 은혜"

김형국 목사의 요엘서 연구 시리즈, 세 번째 설교 동영상입니다.
더 깊은 묵상과 나눔을 위해 3장과 함께 보면 좋습니다.
스마트폰으로 QR코드를 스캔하면 설교 영상을 들을 수 있습니다.

부록

◇ 만남 4. 심판의 시간 ◇

1. 요엘서 3장 1-11절을 여러 번 소리 내서 읽어 봅시다.

2. 당신은 언제 주로 위축되나요? 그때 당신이 보이는 모습은 어떤가요?

3. 당신뿐 아니라 우리와 세상 사람 모두를 위축시키는 "나라" (고이)의 실체에 관해 이야기해 봅시다.

4. 하나님께서 정의로 세상을 심판하신다는 사실이 당신에게는 어떤 위로와 힘을 주나요?

5. 당신의 삶에서 "하나님의 마지막 날"을 기다리는 것이 얼마나 소중하고 무게감이 있나요? 그 소망이 당신의 삶에 구체적으로 어떻게 영향을 미치고 있습니까?

6. 우리가 위축되지 않고 오히려 정의를 요구하고 또 실행해야 할 영역이 있다면 무엇일까요?

7. "마지막 날"을 기다리며 사는 대안적 삶을 추구하고, 또 그 삶을 함께 일구어 가는 대안적 공동체를 함께 세워 나갈 수 있도록 기도합시다.

"불가항력적 마지막 심판과 그리스도인"

김형국 목사의 요엘서 연구 시리즈, 네 번째 설교 동영상입니다.
더 깊은 묵상과 나눔을 위해 4장과 함께 보면 좋습니다.
스마트폰으로 QR코드를 스캔하면 설교 영상을 들을 수 있습니다.

부록

1. 요엘서 3장 16-21절을 여러 번 읽어 봅시다. 가능하다면 부록에 실린 요엘서 전체를 여러 번 읽어봅시다.

2. 우리 상황이 "복합골절" 당한 것 같다고 생각하는 사람이 주변에 있나요? 마음을 나눌 수 있는 사람이 있다면 같이 이야기 나눠 봅시다.

3. 하나님의 회복에 관한 내용("마침내 도착하는 회복") 중에서 특히 도전되거나 격려받은 부분이 있었다면 무엇이었나요?

4. 완전한 회복이 이르기 전에 우리 삶이 어떨지, 그 어렵고 힘든 삶을 진심으로 받아들이고 있는지를 이야기해 봅시다.

5. 그토록 힘겨운 세상살이를 뚫고 끝까지 가도록 손잡아 주는 공동체가 당신에게는 있나요?

i) 당신이 속한 교회의 공동체성이 아직 약하다면 무엇을 할 수 있을까요?

ii) 이미 그런 공동체에 속해 있다면 그 공동체를 위해 무엇을 할 수 있을까요?

6. 여호와의 날을 기다리는 새 이스라엘의 가장 중요한 특징은 무엇인가요? 그 특징을 붙들고 놓치지 않기 위해 우리가 배워야 할 것은 무엇인가요?

7. 이 책을 읽는 모든 사람이, 더 나아가 모든 성도가 재난을 무사히 통과해 영광스러운 남은 자들의 공동체로 발돋움할 수 있도록 기도합시다.

"재난을 통과한 공동체에 거하시는 하나님"

김형국 목사의 요엘서 연구 시리즈, 다섯 번째 설교 동영상입니다.
더 깊은 묵상과 나눔을 위해 5장과 함께 보면 좋습니다.
스마트폰으로 QR코드를 스캔하면 설교 영상을 들을 수 있습니다.

부록

기 록

코로나19와 한국 교회

코로나19 위기와 그리스도인의 자세

신종 코로나 바이러스감염증(코로나19)으로 온 나라가 두려움에 휩싸여 있다. 언론은 코로나19로 도배되고 우리의 일상은 불과 한두 달 전과는 완전히 달라졌다. 이 기습적인 위기 앞에 그리스도인들과 교회도 예외는 아니다. 많은 교회가 현장 예배를 온라인 예배 등으로 대체하고 있다. 최근 통계는 60% 가까운 그리스도인들이 주일에 교회에 가지 않았고, 20%는 아예 예배도 드리지 않았음을 보여 준다. 세상 사람들과 별다르지 않게 두려워하고 비슷한 방식으로 이 위기에 대처하고 있다. 이 위기 상황 속에서, 그리스도인답게 산다는 것은 무엇일까.

데살로니가전서 5장 1-11절은 세상을 살아가는 두 가지 종류의 사람을 대조해서 보여 준다. 어둠과 밤에 속한 일반적인 사람들은 위기가 찾아오기 전까지는 "평안하다", "안전하다"며 살아간다(3절). 그러다 마지막 날이 도적처럼, 임신한 여인의 진통처럼 찾아오면(2-4절) 놀라고 두려워한다. 두려움에 빠지면 사람들은 책임자를 찾아 분노하고 혐오한다. 혐오는 그 대상에 대한 낙인찍기, 배제와 억압으로 이어지곤 한다.

대조적으로 빛과 낮에 속한(4-5, 8절) 자들은 주님의 날과 때

(2절)를 기다리며 산다. "정신을 차리고 깨어 있다"(6, 8절)는 것은 '그날'이 오기 전에 위기가 찾아올 것을 알고 자신의 소속과 정체성을 선명히 하고 그에 걸맞게 살아간다는 것이다. 그들은 전쟁터 한복판 같은 두려운 세상 속에서 "믿음과 사랑의 흉배, 구원의 소망의 투구를 씀으로써 정신을 차린다"(8절). 자신들이 "예수 그리스도로 말미암은 구원을 쟁취하게 될 것"에 안도하며(9절), "깨어 있든지 자고 있든지(살든지 죽든지) 하나님과 함께 사는 삶"을 추구한다(10절). 그래서 그들은 위기 가운데 서로 격려하고 세우는 삶을 멈추지 않는다(11절).

누가 재난과 위기를 좋아하겠는가? 그러나 그리스도인들은 '그날'을 기다리고 '그날' 이전에 이런저런 위기가 있을 것을 '알고' '믿고' 있다. 위기는 우리 내면을 성찰하게 한다. 내가 어디에 속했는지, 세상사에 대해서 어떤 마음을 가지고 있었는지 질문하게 한다. 위기가 두려움으로 이어지는 세상과 달리, 그리스도인들은 위기를 재해석하고 우리의 흉배와 투구이신 그리스도를 의지하여, 전쟁 한복판 같은 세상에서 '그와 함께' 살고 있는지, 어떻게 살아야 할지 질문한다.

내면의 두려움을 잘 다루지 못하면 우리 사회에 가득한 위기로 인한 두려움도 다룰 수 없다. 그러나 내면의 두려움으로부터 자유로워지면 분노와 혐오를 일으키는 언론, 정치인, 종교인을 포함한 사회 지도자들을 어렵지 않게 분별해 낼 수 있다. 그들에 의해 동요하는 대신 좀 더 정확하고 균형 있게 세상을 읽어 낼 수 있고, 그때 적절하고 지혜롭게 세상 속에서 살아 낼 수 있다.

위기에 놀라고 두려움에 휩싸여 분노, 혐오로 이어지는 세속적 사슬은 '낮에 속한 자들'에게 어울리지 않는다. 이 위기는 오히려 우리 자신의 소속과 정체성, 그리고 우리의 내면과 믿음, 더 나아가 세계관을 성찰할 기회이다. 그러므로 그리스도인들이 물리적으로 모이는 것을 자제하고 다른 방법을 찾는 것은 지역사회 감염을 막기 위한 이웃 사랑 때문이지, 막연한 두려움 때문이 아니어야 한다. 어떤 방식으로든 우리의 예배와 그리스도인 공동체로서의 삶을 멈출 수 없다! 더 나아가 우리는 이웃들이 받고 있는 신체적, 심리적, 경제적 고통을 알아채고, 이에 동참하기 위해 자신과 자신의 것을 기꺼이 내어놓을 수 있다. 이미 그러한 삶을 선도적으로 살아가는 그리스도인들과 교회가 곳곳에 있다!

코로나19가 가져온 위기는 그리스도인들과 교회가 두려움과 분노와 혐오로 가득 찬 세상의 스트레스 레벨을 낮추는 역할을 할 기회이다. 어둠이 깊을 때는 작은 빛이 더욱 빛나듯이, 위기 속에서 참된 그리스도인과 교회는 오히려 조용히 빛난다.

-〈국민일보〉 2020년 3월 9일

다시 재난,
다시
하나님 나라

코로나19는 하나님의 심판인가?

신종 코로나 바이러스 감염증(코로나19)과 같은 재난이 닥치면, 적지 않은 교회에서 하나님의 심판과 이와 관련된 회개에 대한 설교가 선포된다. 어떤 이들은 이에 대해 자연 현상에 불과한 재난에 과도하게 반응한다며 비판하기도 한다. 대부분의 교회와 그리스도인은 하나님의 심판과 죄를 개인적 차원에서만 다루어 왔기 때문에 '재난과 하나님의 심판'과 같은 주제를 성경적으로나 신학적으로 성찰하지 못한다. 상황이 이렇다 보니 구약에 나타나는 수많은 심판 이야기에 나타난 하나님은 신약의 사랑 많으신 하나님과는 다르게 낯설게 느껴진다.

과연 구약에 나타나는 화를 내고 벌을 주고 분풀이하는 심판의 하나님은, 한 학자가 말했듯 "보복에 능한 부족신"인가? 아니다. 하나님은 그의 다스림을 벗어나고 거부하여 어그러져 버린 세상을 바로잡으시려고 세상을 심판하신다. 하나님의 심판이 임할 때, 하나님을 거스르며, 정의를 구부리고, 사람을 비인간화하고 억압하고 착취했던 사람들은 두려움에 떤다. 그들이 어그러뜨린 것들이 바로잡힐 것이기 때문이다. 반대로 하나님 편에서 정의를 좇고 사랑과 평화를 일구던 사람들은, 하나님의 심판은 위로이며 기쁨이다. 갈망하던 하나님의 다스림과 회복이 나타날 것이기 때문이다. 시편 96편이나 98편에서 만물이 하나님의 심판을 환희의 노래로 화답하는 이유가 바로 여기에 있다. 불행히도 성경은 하나님의 심판을 환희보다는 두려움으로 받아들일 수밖에 없는 사람들과 나라들의 이야기로 가득 차 있다(창세기 6:11-12; 에스겔 16:49-50; 출애굽기 2:23-25; 신명기 9:4; 아모스 1-2장 등).

개인을 넘어선 전 세계적인 반역과 그로 인한 어그러짐을 회복하기를 하나님은 간절히 원하신다. 하나님은 '여호와의 날'에 메시아를 보내시기로 계획하신다. 구약의 후반부로 올수록 메시아를 대망하는 사상이 심화된다. 메시아가 올 때, 두려운 심판이 임하지만(스바냐 1:14-15), 동시에 평화가 전 우주적으로 증진될 것이다(이사야 9:6-7). 결국, 이 약속은 하나님 자신의 아들인 예수를 통해 성취되었다. 세상을 심판하러 오신 메시아께서 그 심판을 대신 받으시고 십자가에 죽으신 것이다! 그의 피를 힘입어 회복된 하나님과의 관계를 기점으로, 모든 것이 회복되기 시작한다. 거듭난 그리스도인들은 결국 완전한 회복에 이르게 될 소망을 품는다. 이 은혜가 너무도 커서 그리스도인들은 지난 이천 년 동안 사순절과 고난 주간은 물론, 매일 십자가를 묵상해 왔다.

아쉬운 점은 대부분의 그리스도인이 이 십자가 사건을 개인적인 차원에서만 이해한다는 것이다. 메시아가 십자가에 죽으심은 단지 우리 개개인의 죄의 문제를 해결하려는 것만은 아니었다. 하나님은 당신을 향한 전우주적, 전인류적 반역과 이로 인한 어

— 300

그러짐을 바로잡으려고 메시아를 보내셨다. 바울은 초대교회의 오래된 찬송시를 인용하면서, 하나님이 "십자가의 피로 만물…과 화해"하셨다고 선언한다(골로새서 1:20). 그런 맥락에서 죄인인 우리도 "그의 죽으심을 통하여 화해"하셨다고 선언한다(골로새서 1:22). 우리 개개인의 죄와 이에 대한 심판이 메시아의 대속적 죽음으로 면하여진 것을 하나님의 전 우주적 화해의 맥락에서 받아들여야 한다. 온 인류를 향한 하나님의 심판을 하나님은 예수 그리스도께 쏟으셔서, 이 기쁜 소식을 받아들이는 자들에게는 구원을 선사하시고, 남은 모든 자들이 구원에 이르도록 최종적인 심판의 날까지 오래 참으시며 기회를 주시고 계시는 것이다(베드로후서 3:9, 15; 디모데전서 2:4).

하나님의 심판은 이미 내려졌다(요한복음 3장). 예수 그리스도께서 그 심판을 받으셨다! 그러나 하나님의 마지막 심판은 예수께서 다시 오실 때까지 유예되었다. 그렇다면 마지막 심판이 유예된 시간 동안 하나님은 무엇을 하시는가? 하나님을 우상으로, 진리를 거짓으로, 바른 관계를 바르지 못한 관계로 바꾼 사람들(로마서 1:23, 25, 26)을 향해 무엇을 하시는가? 하나님은 이들을 그들의 욕정과 정욕과 타락한 마음에 내버려 두신다(로마서 1:23, 25, 26). 이것은 '신적 방기神的 放棄, Divine abandonment'라 부를 만하다. 이 내버려 두심이 하나님의 경고이다! 개인이나 사회가 돈이든, 성공이든, 하나님을 세상의 우상으로 바꾸고 살아가면, 그들은 하나님의 내버려 두심을 경험한다. 우상숭배는 진리의 비진리화

301 —

에 이어 반드시 실제적인 삶의 영역에 나타난다. 개인적으로 또는 사회적으로 삶의 깨어짐과 어그러짐은 하나님이 오래 참으시며 경고하시는 사인sign이다.

코로나19와 같은 재난의 원인에 대해 학자들이 논의하고 있지만, 대부분의 학자는 인간의 무한정한 탐욕을 근본 원인으로 보고 있다. 인간의 탐욕으로, 지키고 가꾸어야 할 생태계가 심각하게 파괴되고 있고, 이로 인해 야생동물과 인간의 접촉이 많아지면서, 변종 바이러스가 형성, 전파되고 있다는 것이다. 조류독감, 사스, 에이즈, 에볼라, 메르스, 그리고 코로나19…. 우리가 기억하고 있는 이름만도 이렇게 많다. 앞으로 더 심각한 바이러스가 올 것이라고 학자들은 경고한다.

코로나19는 마지막 심판에 이르기 전에 하나님이 인류를 향해서 주시는 경고이다. 하나님 대신 탐욕을 쫓고 있는 우리 개인과 사회를 향하신 하나님의 경고이다. 실인즉, 지진 기근 전쟁 그리고 전염병과 같은 경고음은 지난 이천 년 동안 반복되고 심화되고 전세계적으로 확장되고 있다. 이것이 계시록의 일곱 인(6장), 일곱 나팔(8-9장), 일곱 대접(15-16장)이 경고하는 내용이 아닌가? 하나님의 마지막 심판은 유예되었다. 이미 임한 하나님의 심판을 대신 받으신 메시아를 주로 고백하고 있는 사람들은, 이 코로나19로 혼란스러운 세상을 이상히 여기거나 두려움에 떨지 않는다. 경고음으로 듣는다. 최종적 심판이 멀지 않았음을 직감하고 "정의가 깃들여 있는 새 하늘과 새 땅"(베드로후서 3:13)을 간절히 기다린다.

이번 사순절은 우리 모두에게 특별하다. 단지 내 죄를 사하여 주신 하나님이 아니라, 우주적 화해를 위하여 우주적 심판을 유예하고 계시는 자비의 하나님, 자비하시기에 경고하시는 하나님을 묵상하고 예배할 수 있기 때문이다. 경고음은 더욱 강해질 것이다. 사람들의 마음도 더욱더 강퍅해질 것이다. 그러나 하나님을 사랑하는 것과 이웃을 사랑하는 일도 더욱 강해질 것이다, 메시아 예수를 주로 고백하는 자들 가운데서는. 두려움과 환희의 날이 머지않았다!

-〈국민일보〉 2020년 3월 16일

부록

① 주일 예배 회중?

코로나19는 우리나라뿐 아니라 전 세계에 좋든 나쁘든 심각한
영향을 끼치고 있다. 교회도 예외는 아니다. 아니, 오히려 한국적
인 상황에서는 그 한복판에 있는 것 같다. 여론은 초기에 기독교
이단인 신천지가 코로나 메가 집단 감염지가 되자, 그들의 독특
한 행태를 보도하며 우려를 표했었다. 불행히도 개신교 교회들에
서도 집단 감염 사례가 나타나고, 최근에는 이로 인한 개신교 교
회에 대한 비판과 비난이 이어지고 있다.

왜 천주교와 불교는 공식적으로 정기적 종교 행사를 멈추기로
결정했는데, 개신교는 그렇게 하지 못한 것일까? 여기에는 몇 가
지 이유가 있는데, 그중에 가장 중요한 것이 교회론과 관련된 것
이다. 개신교인 대부분이 '교회'가 '성도의 공동체'를 의미한다는
것 정도는 알고 있는 것 같지만, 실제로는 교회를 모이는 '장소'
라고 생각하는 사람이 대부분이다. 교회 주소도 사실은 예배당
또는 교회 사무실의 주소인데도 불구하고, 대부분 아무 거리낌
없이 교회 주소를 말하는 것은 교회를 장소의 개념으로 여긴다
는 것을 보여 준다. 거기에다 예배당 건물을 아직도 '성전'이라고
부르는 목회자와 성도가 대부분이니, 그리스도를 머리로, 또는

주춧돌이 되어서 함께 지어져 가는 성전이라는 신약의 가르침은 이론일 뿐이다.

상황이 이러니, 주일에 모여서 예배를 드리는 장소와 그 장소에 모인 사람들, 그들을 움직이는 조직을 교회라고 생각하는 것이 일반적 그리스도인의 생각이다. 그러나 신약에서 이야기하고 있는 교회는 하나님을 아버지로 부르는 사람들의 새로운 가족 공동체이며, 그리스도를 머리로 하는 유기적으로 연결된 공동체며, 성령으로 말미암아 함께 지어져 가는 마지막 날을 기다리는 공동체이다.

그러므로 교회는 절대로 공간이나 조직에 의해서 규정되지 않으며, 오히려 하나님과의 수직적 관계로 규정된다. 그들에게 하나님이 아버지이신가, 그들에게 그리스도가 진정한 머리(리더) 역할을 하시는가, 그들에게 성령은 마지막 시기에 실제로 내주하시며 일하시는 보혜사인가? 또한 교회는 수평적 관계로 규정된다. 그들은 서로 친가족 같은가, 그들은 서로 연결되어 없어서는 안 되는 존재인가, 그들은 마지막 날의 완성을 함께 기다리며 견디는 자들인가?

교회가 무엇인지에 대한 성경적 가르침에 뿌리를 내리지 않으면, 기독교는 다른 종교와 다를 바 없어진다. 종교적인 행위를 하는 장소가 구비되어야 하고, 그 행위를 이끌어야 할 공인된 사제가 필요하며 종교 조직을 운영할 직원들이 있어야 한다. 감염병으로 인해서 주일 예배를 지속하지 못하게 되었을 때, 많은 목회자와 성도들이 텅 빈 예배당을 바라보면서 비탄에 잠겼다. 함께 모여 예배를 드리지 못한다는 것은 참으로 비탄할 만한 일이다. 그러나 그 비탄함이 마치 교회가 중단되었거나, 우리의 신앙을 타협했거나, 버렸거나, 탄압을 받는다고 생각했기 때문이라면, 그것은 다시 질문해 보아야 한다.

초대교회가 그러했듯이, 오늘날의 교회가 주로 가정에서 모이는 작은 공동체들—그것을 소그룹, 구역, 가정교회 무엇으로 부르든—로 구성되어 있었다면, 그런 비탄함에 빠지지는 않았을 것이다. 만약 한국 개신교 교회가 진정으로 신약 성경에서 가르치는 교회를 세워 나가고 있었다면, 그 교회들은 크건 작건, 그 속에서 공동체가 형성되어 있었을 것이다. 물론 많은 교회가 이런저런 작은 모임으로 구성되어 있다. 문제는 그런 작은 모임이 교회라는 조직의 하부구조, 하부조직인지, 아니면 살아 있는 유기체인지 여부이다. 이런 위기 상황 속에서도 모임이 지속되고 있다면, 하나님의 살아 있는 공동체가 맞다. 그러나 모두 멈추고 있다면, 조직이다. 이런 위기 상황이라고 가족 공동체가 멈추지 않듯, 하나님의 공동체는 더욱더 멈출 수 없기 때문이다. 코로나19가 아니라 더 무서운 무엇이 온다 해도, 진정한 교회는 멈추지 않는다.

주일 예배로 모이는 모임은 우리 그리스도인들에게는 말할 수 없는 축복이다. 몇 주 온라인으로 예배를 드렸더니, 다 함께 모이는 날이 곧 오기를 학수고대하게 된다. 그러나 그 주일 예배가 교회 자체는 아니다. 더군다나 숫자가 많아질수록 공동체라고 부르기 힘들다. 주일 예배 회중, 주일 예배 집단 정도가 적당한 표현일 것이다. 주일 모이는 사람들을 공동체라고 부른다면, 지하철을 함께 타고 있는 사람도, 영화관에서 영화를 함께 보는 사람들도 공동체이다. 오히려 방향성에서는 지하철을 타고 있는 사람들이, 몰입도에서는 영화관에 있는 사람들이 더 강한 공동체성을 가지고 있는 것이 아닌가?

코로나19는 우리로 하여금 교회가 정말 무엇인지 다시 질문하게 한다. 주일에 모이는 집단으로서의 교회가 아니라, 어떤 상황에서도 살아남을 수 있는 하나님의 공동체로의 발돋움이 절실한 시기이다. 교회 조직이 진실한 공동체로 바뀔 수 있을까? 이것은 가능성의 질문이 아니다. 하나님의 뜻을 따를 것인가, 어떠한 위기 속에서도 살아남을 수 있을까에 대한 본질적인 질문이다. "서로 돌아보아 사랑과 선행을 격려하며, 모이기를 폐하는 어떤 사람들의 습관과 같이 하지 말고, 그날이 가까움을 볼수록 더욱 그리하자"(히브리서 10:24-25, 개역개정)라고 할 수 있는, 신약 성경을 따르고 있는 교회는 이런 위기 상황에서 더욱 빛난다.

-〈국민일보〉 2020년 3월 23일

부록

② 슬기로운 예배 생활과 목회자의 역할

코로나19 집단감염의 위험성을 우려해 상당히 많은 개신교 교회가 현장 예배 대신에 온라인 예배를 채택하고 있다. 그간 한국 교회가 주일성수를 강조해왔던 터라, 예배당에 모여 주일 예배를 드리지 않는 모습이 일부 교인에게는 충격으로 다가올 수 있다. 온라인 예배로 전환한 교회 역시 새로운 경험을 하고 있다. 아예 주일 예배를 드리지 않는 성도 숫자가 만만치 않게 나타나고 있으며, 온라인으로 접속한 성도 숫자도 설교 직전에 최고점을 찍었다가 설교가 끝나면 줄어드는 현상이 발생하고 있다. 평소 주일 예배에 늦던 사람은 설교만 떼어서 듣기 용이한 온라인 예배를 선호할지 모른다. 어쩌면 이제 굳이 예배당에 안 가도 되고, 예배 앞부분의 긴 예전이나 찬양 없이 설교만 달랑 들어도 되는 시대가 도래하는 것은 아닌지 염려된다.

코로나19 이후, 모든 교회의 목회자들과 재직들이 주일 예배를 드리기 위해서 다양한 방법으로 고군분투하고 있다. 온라인 예배를 드리기도 하고, 적지 않은 교회들은 예배 순서와 함께 설교를 음성이나 영상 또는 글로 배포하고, 가정이나 소그룹별로 예배를 드리기도 한다. 특수한 상황에 따른 고육지책이었으나,

이런 시도 덕분에 개신교 예배의 본질이 무엇인지가 더 또렷해
진 면도 있다. 그러고 보면, 지난 기고문에서 다루었듯이 예배당
을 교회로 보는 생각과 함께, 개신교의 예배가 너무 오랫동안 예
배당 예배, 그것도 주일 예배에 집중되어 있었다. 주일 예배당 예
배가 일주일 예배 생활의 클라이맥스인 것은 분명하다. 하지만
이에 비해 개인 예배, 가정 예배, 작은 공동체적 예배는 상대적으
로 덜 강조되었다. 주일에 모여 함께 예배하지 못하는 상황을 만
든 코로나19는 예배의 본질과 슬기로운 예배 생활에 대해 진지
한 성찰을 요구한다.

예배의 본질을 짧게 요약하기는 어렵지만, 구약성경의 예배는
'하나님의 이름을 부르며' '하나님의 얼굴을 구하는' 일이었으며,
속죄의 제물에 의지해서만 가능했다. 구약성경의 예배가 신약성
경에 이르러서는, 예수 그리스도의 '단 한 번의 속죄'로 말미암아
모든 성도가 지성소에 들어갈 수 있는 담대함과 확신을 얻는 것
으로 확장된다. 오직 한 분, 대제사장이신 예수 그리스도로 말미
암아 놀라운 은혜의 자리에 들어갈 수 있게 되었다. 모든 성도가
주님의 이름을 부르며, 그의 얼굴을 구하고, 그의 품을 사모할 수
있게 되었다. '사제'의 도움 없이 모든 신자가 하나님 앞에 설 수
있다는 '전 신자 제사장priesthood of all believers'은 개신교 교회론뿐 아
니라, 예배론의 핵심이다.

메시아이신 예수로 말미암아 열린 '새롭고 산 길'을 누리는 것
은 그리스도인의 특권이자 영광이다. 그런데 한국 개신교에는 예

배를 드릴 때 목회자가, 그것도 '기름 부음을 받은 종'이 꼭 있어야 한다는 생각이 아직도 남아 있다. 그래서 대다수 개신교인에게 예배는 '주일 예배'를 뜻하고, 수요 예배, 새벽 예배, 금요 예배에도 목회자의 인도를 필수로 여기는 경향이 크다. 그러나 예배의 본질은 한 명이 모이든 천 명이 모이든, 각자가 그리스도의 보혈을 의지하고 성령에 힘입어 하나님 앞으로 나아가는 것이다. 모든 그리스도인은 단독자로 하나님 앞에 설 수 있다! 그런데 어느새 목회자가 없으면 예배를 드리지 못하고, 심지어 예배가 아니라고 생각한다. 예배라 해도 별로 중요하지 않은(?) 예배라 여긴다.

그렇다면 목회자의 역할은 무엇인가? 개신교 교회에서 목회자는 성경을 가르치는 중요한 역할을 감당한다. 구교가 성경을 가르치지 않아 온갖 비진리와 미신이 창궐했을 때, '오직 성경'을 기치로 종교개혁이 이루어졌고, 그 이후로 성경을 가르치는 일은 개신교 예배의 중심이 되었다. 이는 초대교회 예배의 원형을 회복한 것으로 평가할 수 있다. 목회자의 중요한 역할 또 한 가지는 하나님을 모르는 사람이 예수를 믿고 성령에 힘입어 회심하도록 돕는 것이며, 회심한 사람에게는 무엇보다 예배를 가르치는 것이다. 아무리 어린 그리스도인이라 해도 하나님을 아버지라 부르며 예배하는 감격을 누릴 수 있다. 더 나아가 "두세 사람이 내 이름으로 모인 곳에 나도 있겠다"라고 예수께서 말씀하셨으므로 성도라면 누구나 스스로 공동체적 예배를 이끌 수 있으며, 그 준비를 시키는 것 역시 목회자의 몫이다. 목회자만이 제사장이며 예 — 310

배를 집전할 수 있다는 생각은 적어도 신약 성경이 가르치는 바는 아니다. 오히려 목회자는 모든 성도가 개인적으로 또는 자신이 속한 공동체에서 예배할 수 있는 '제사장다운 성도'로 발돋음할 수 있도록 섬겨야 한다.

한국 교회는 코로나19에 대응하면서, 개인 예배를 중심으로 가정이나 작은 공동체별로 드리는 예배를 회복해야 한다. 우리는 코로나19만이 아니라, 세계적이고 국지적인 또는 개인적인 재난을 언제든지 겪을 수 있는, '흔들리는 세상'에서 살고 있다. 함께 모여 예배를 드리지 못하는 상황은 언제든 다시 일어날 수 있다. 목회자는 성도들에게 어떤 상황 속에서도 드릴 수 있는 예배를 가르쳐야 하고, 모든 성도는 그 예배 영성을 배워야 한다.

그리스도인이라면 누구나 주일에 자유롭게 함께 예배하는 날을 간절히 사모한다. 홀로 드리는 예배만큼이나, 하나님의 가족이요, 그리스도의 몸이요, 성령의 전인 교회가 함께 모여 드리는 예배가 얼마나 소중한가! 주일에 모든 공동체가 함께 모여, 주님의 행하신 일을 선포하며, 주님의 다시 오심을 기다리는 일은, 하나님 나라가 완전히 임할 때까지 그리스도인이 붙들어야 할 중요한 임무이며, 누려야 할 특권이다. 그러나 주일에 '다 같이' 모이지 못해도 우리는 예배할 수 있다. 아니 예배한다! 지성소에 들어갈 특권을 얻은 자에게 예배는, 어떤 상황에서도 쉴 수 없는 일이기 때문이다.

-〈국민일보〉 2020년 3월 30일

부록

③ 이단 백신과 치료제

코로나19로 인해 신천지의 존재와 행태가 만천하에 드러났다. 빠르게 성장하는 신천지를 우려하는 시선이 개신교 정통교회 내에 있었지만, 실제로 피해를 입은 지인이 없는 한 대다수는 그 심각성을 인지하지 못했다. 하지만 이번 코로나19는 신천지의 심각성을 한국 사회에 폭로하였고, 개신교 교계는 더욱 능동적으로 이에 대응해야 하는 큰 과제를 떠안았다. 전 세계가 코로나19 백신과 치료제를 절실히 찾고 있듯이, 교회도 이단 백신과 치료제를 찾아야 한다.

기독교는 다른 종교보다 이단이 생길 여지가 다분하다. 얼핏 보면, 기독교에서 이야기하는 구원은 인간의 특별한 노력이 없이도 가능해 보인다. 그리고 누구나 읽을 수 있는 성경이지만 해석이 필요한 고대 문서이기도 해서 조금만 풀이를 뒤틀어 인간의 불안감과 욕망을 자극하면 사람을 조작하기에 용이하다. 이러한 특징 때문에 정통교회가 본질에서 벗어날 때마다 이를 악용하는 이단이 기독교의 역사 속에 반복해서 창궐했다. 이단의 발흥은 정통교회가 세속화했다는 방증이었다.

코로나19로 신천지의 실체가 폭로되었으므로 그 폐해는 다소

감소할 것이다. 하지만 멀게는 통일교부터 가깝게는 JMS나 만민 중앙교회까지 이단은 정체가 폭로된 다음에도 그 기세가 줄어들지 않았다. 그뿐만 아니라, 변종 이단들이 끊임없이 탄생했다. 코로나19 이후 한국 사회는 전 세계적 혼란 속에서 더욱 어지럽게 흘러갈 것이고, 이런 상황을 틈타 이단들은 더욱 활개 칠 것이다. 지금까지도 그래 왔듯이 기존 교회에 실망한 성도를 먹잇감으로 삼아 교세를 더욱 확장할 것이다. '가나안' 성도와 '온라인' 성도가 점점 많아지고 있으므로 이단은 코로나19보다도 더 위험한 감염원이 될지 모른다.

그런데 왜 그리스도인이 성경을 오용·악용하고 비상식적이며 심지어 비윤리적인 이단에 쉽사리 넘어갈까? 그 이유는 크게 두 가지이다. 모든 이단에 대해 백신이며 치료제였던 바른 믿음Orthodoxy과 바른 실행Orthopraxy을 상실했기 때문이다. 바른 믿음은 단지 성경과 교리를 공부하고 암기한다고 얻어지지 않는다. 신자 개인이 성경의 진리를 이해하고, 이를 통해 자신과 세상을 해석할 때 얻어진다. 안타깝게도 오늘날 그리스도인이 이해하는 성경의 진리는 매우 간단하고 피상적이다. 그마저도 성경을 스스로 깨우치지 못하고 목회자의 설명에 과도하게 의존하고 있다. 종교개혁의 핵심이었던, 성경의 진리는 그 뜻을 알려는 자에게 명료clarity하고, 구원을 얻기에 충분하다는sufficiency 주장이 무색할 정도이다.

진리를 깨달았다면 자신의 말로 설명할 수 있다는 것이 기독교의 주장이다. 기독교의 하나님이 구원의 신비를 인간의 언어로 소통하셨기 때문이다. 그런데 대다수 성도는 자신의 믿음을 다른 이에게 잘 설명하지 못한다. 스스로 충분히 설득되지 않은 사람은 이단의 설득에 당연히 취약하다. 이는 개신교 교회에 팽배한 반지성주의 때문이기도 하다. "믿습니다"라고 반복해서 외쳤으나 정작 무엇을 믿는지가 선명하지 않다. 이단은 선명하지 않은 것을 선명하게 해준다며 접근한다. 성경에 관해 제대로 된 설명을 듣지 못해 갈급한 이들에게 접근해서 지금까지 어느 정도 성과를 거두었으며, 불행히도 앞으로도 계속 그럴 것이다.

바른 믿음 없이는 바른 실행도 불가능하다. 예배당이 교회가 되고, 주일성수와 주일 예배가 신앙생활의 거의 전부를 차지하는 현상이 대표적인 예이다. 교회가 사랑을 배우고 익히는 공동체가 되지 못하면 조직이 되기 쉽고, 그 안에 권력 구조가 필수로 등장한다. 결국, 세상의 여타 조직처럼 분쟁과 분열이 표출될 수밖에 없다. 또한, 일주일 중 주일 하루만 하는 신앙생활은 실제 삶의 현장에서 맥을 못 추고, 세상 가치와 방식에 동화되기 마련이다. 이렇게 세속화한 신앙은 초신자는 물론이고 오래된 신자까지 기독교에 회의를 품게 만들고, 이들은 쉽사리 이단에 노출된다.

바른 실행의 핵심은 '이웃 사랑'이다. 소외되고 가난하고 삶에 꿈을 꿀 수 없는 사람들을 '내 몸과 같이 사랑하는 것'은 말과 혀로가 아니라, 시간과 에너지를 희생할 때 가능하다. 이런 사랑과 관심은 누구에게나 필요하고, 그래서 주일에 예배당에 오는 사람도 적지 않다. 그런데 기존 교회가 제공하는 것이 주일 예배와 간단한 종교 행사가 전부이면, 그런 사람은 당연히 만족하지 못하고, 이단의 친절함과 구체적인 사랑(?)에 쉽게 넘어간다. '빛의 천사'로 위장한 그들은 소외되고 가난한 사람은 물론이고 혼란한 삶 속에서 방황하는 젊은이들에게 거부하기 어려운 손을 내민다.

코로나19 이후, 기독교는 심각하게 씨름해야 한다. 우리가 이미 가지고 있었던 백신과 치료제를 재발견하고 그것을 사용해야 한다. 먼저, 바른 믿음이라는 백신과 치료제! 모든 성도가 자신이 믿는 바를 기독교의 유일한 권위인 성경에 기초해서 선명히 이해하고, 그 진리로 자신의 삶과 세상을 해석하고 살아 내며 설명해 줄 수 있어야 한다. 다음, 바른 실행이라는 백신과 치료제! 우리가 믿고 따르는 바를 개인의 삶과 공동체 속에서 구체적으로, 무엇보다 사랑으로 드러내야 한다. 사회가 혼란해지면서 이단은 더욱 창궐할 것이고, 더욱 맹렬히 개신교인들을 감염시키려 할 것이다. 예배당 입구에 "이단 출입 금지"라고 써 붙이는 것으로는 충분하지 않다. 그러나 지난 이천 년 동안 그 효능이 입증된 백신과 치료제를 잘 사용한다면, 우리의 선조들의 교회가 경험했듯이 우리의 교회들도 더욱 견고해질 것이다.

-〈국민일보〉 2020년 4월 6일

부록

다시 재난, 다시 하나님 나라 위기에도 소멸하지 않는 공동체

김형국 지음

2023년 2월 21일 초판 발행

펴낸이 김도완   **펴낸곳** 비아토르
등록번호 제2021-000048호   **주소** 서울시 종로구 삼일대로 428, 500-26호
        (2017년 2월 1일)   (우편번호 03140)
전화 02-929-1732   **팩스** 02-928-4229
전자우편 viator©homoviator.co.kr

편집 박동욱   **디자인** 즐거운생활
제작 제이오   **인쇄** (주)민언프린텍   **제본** 다온바인텍

ISBN 979-11-91851-68-7 03230   **저작권자** ©김형국, 2023